Hikeline
Wanderführer

Michael Moll

Thüringer Wald

Die schönsten Wanderrouten rund um den Rennsteig

Esterbauer

Michael Moll
Hikeline®-Wanderführer
Thüringer Wald

A 3751 Rodingersdorf, Hauptstr. 31
Tel.: +43/2983/28982-0, Fax: -500
E-Mail: hikeline@esterbauer.com
www.esterbauer.com

1. Auflage 2011
ISBN: 978-3-85000-576-0

Bitte geben Sie bei jeder Korrespondenz die Auflage und die ISBN an!

Umschlagbild: Michael Moll
Bildnachweis: Michael Moll

Dank an alle, die uns bei der Erstellung dieses Buches tatkräftig unterstützt haben.
Das Hikeline-Team:
Heidi Authried, Beatrix Bauer, Markus Belz, Michael Bernhard, Michael Binder, Veronika Bock, Sandra Eisner, Roland Esterbauer, Gabi Glasstetter, Dagmar Güldenpfennig, Carmen Hager, Heidi Huber, Tobias Klein, Martina Kreindl, Eveline Müllauer, Gregor Münch, Karin Neichsner, Niki Nowak, Julia Pelikan, Petra Riss, Christian Schlechte, Erik Schmidt, Mandy Schwalbe, Michael Smogavetz, Matthias Thal, Martin Wischin, Wolfgang Zangerl.

Kartografie erstellt mit axpand
(www.axes-systems.com)

Vorwort

Die Bezeichnung Thüringer Wald ist irreführend, handelt es sich doch um ein Mittelgebirge mit Höhen bis zu 982 Metern. Zahlreiche Berge erreichen über 900 Meter und bieten eine grandiose Aussicht in Richtung Werra auf der einen und in Richtung Saale auf der anderen Gebirgsflanke. Dennoch ist die Bezeichnung Thüringer Wald auch wiederum richtig, denn das gesamte Gebirgsmassiv ist geprägt von Buchen- und Fichtenwäldern, lediglich unterbrochen von idyllischen Dörfern mit malerischer Fachwerkkulisse. Hauptwanderweg ist zwar der Rennsteig, der sich auf der Kammlinie des Mittelgebirges befindet, doch in diesem Buch werden überwiegend die zahlreichen Seitentäler mit ihren dazugehörigen Berggipfeln vorgestellt. Wanderungen an plätschernden Bächen, zu sehenswerten Wasserfällen und zu Aussichtspunkten mit grandioser Fernsicht runden das Angebot ab.

Präzise Karten, genaue Streckenbeschreibungen, detaillierte Stadt- und Ortspläne und Hinweise auf das kulturelle und touristische Angebot der Region – in diesem Buch finden Sie alles, was Sie zu einer Wanderung im Thüringer Wald brauchen – außer gutem Wetter, das können wir Ihnen nur wünschen.

GPS Tracks

Die GPS-Tracks zu diesem Buch erhalten Sie nach Registrierung im Internet unter: www.esterbauer.com

Produktcode: 576-Gk89-m894

Zeichenerklärung

* in Auswahl

Wanderweg auf Hartbelag
z. B.: befestigter Fußweg • ruhige Anliegerstraße

Wanderweg
breiter oder gut begehbarer Weg
z. B.: Wald- und Forstweg

Wandersteig, Pfad
schmaler Weg/Pfad • Wiesenweg

Klettersteig, Kletterstelle
- schwierige Stelle
- Trittsicherheit erforderlich
- Leiter

Verkehrsreicher Abschnitt
- Strecke auf oder direkt an Straße mit starker Verkehrsbelastung

Variante, Alternativstrecke
z. B.: Ausflüge • Abkürzungen • Ein- oder Ausstiege • alternative Hauptroute

Sonstige Wanderwege
- kreuzende Fernwanderwege • nachträgliche, von uns nicht geprüfte Wege

Wanderweg geplant

Wanderweg gesperrt

Tunnelstrecke, Unterführung

Fährverbindung

5 **Wegpunkt**

Gefahrenstelle

Text beachten

Treppe

Etappenanfang, -ende

Touristinformation

Hotel, Pension

Jugendherberge

Campingplatz

Zeltplatz

Gasthaus

Einkaufsmöglichkeit

Kiosk

Erlach **sehenswerter Ort**

Einrichtung im Ort vorhanden

sehenswerte Kirche, Kloster

sehenswertes Schloss, Burg

sehenswerte Ruine

sonstige Sehenswürdigkeit

Museum

Ausgrabungsstätte

Tierpark

Naturpark, -denkmal

Aussichtspunkt

Rastplatz

Unterstand

Schutzhütte

Grillplatz

Wanderparkplatz

Brunnen*

Freibad

Hallenbad

Bushaltestelle*

Maßstab 1 : 35.000

1 cm ≙ 350 m   1 km ≙ 2,9 cm

0   1   2   3 km

Kirche
Kloster
Kapelle
Schloss, Burg
Ruine
Turm
Funk-, Sendeanlage
Kraftwerk
Umspannwerk, Trafostation
Windmühle; -kraftanl.
Wassermühle Bergwerk
Bergwerk
Wegkreuz
Höhle
Leuchtturm
Sportplatz, Stadion
Denkmal
Flughafen
Quelle
Kläranlage
Schiffsanleger
historischer Grenzstein, Römerstein
Grabanlage, Hügelgrab

Nur in Ortsplänen

Parkplatz
Parkhaus/Tiefgarage
Post*
Apotheke*
Krankenhaus
Feuerwehr
Polizei
Theater*

Wald
Wiese, Weide
Fels
Nassfläche, Sumpf, Moor
Heide
Weingarten
Friedhof
Garten
Sand, Düne
Siedlungsfläche
Öffentliche Gebäude
Industriegebiet
See, Staudamm, Fluss
Kanal
A13 Autobahn
B12 Schnellverkehrsstraße
B236 Fernverkehrsstraße
Hauptstraße
Straße
Nebenstraße
Fahrweg
Pfad
Eisenbahnlinie / Bahnhof
Fähre
Staatsgrenze / Grenzübergang
Landesgrenze
Kreisgrenze, Bezirksgrenze
Naturparkgrenze
700 Höhenlinie 100m
Höhenlinie 25m
Damm
318 5242 Kilometerraster mit UTM-Koordinaten

Inhalt

Der Autor

Der in Essen geborene **Michael Moll** ist seit vielen Jahren als Reisebuchautor unterwegs und veröffentlichte bisher rund zwei Dutzend Reiseführer, überwiegend in den Bereichen Wander- und Wohnmobilreisen. Für seine Recherchetouren benutzt er niemals das Flugzeug, weshalb er zwar langsamer unterwegs ist, jedoch weitaus mehr Eindrücke aufnehmen kann. Um Ozeane zu überqueren, fährt er auf Frachtschiffen und für seine Reise nach China war er ausschließlich mit dem Zug unterwegs.

Neben der Erstellung von Reiseführern hält er Multimediavorträge über seine Touren und veranstaltet Ausstellungen, in denen er seine Bilder präsentiert. So präsentiert er zum Beispiel während der Sommersaison 2011 Bilder in der Dorfkirche von Suhl-Vesser und im darauf folgenden Jahr in der Gesenkschmiede in Zella-Mehlis am Rande des Thüringer Walds. Zudem ist er auch in Bereichen der Tourismusförderung aktiv. So entwarf er beispielsweise ein Denkmal, welches den geografischen Mittelpunkt von Sachsen-Anhalt markiert und auf seine Initiative hin aufgestellt wurde.

Über seine Reisen und Projekte berichtet er auch im Internet: www.michael-moll.com

Thüringer Wald

Die Bezeichnung Thüringer Wald ist irreführend. Natürlich handelt es sich um eine stark bewaldete Region, doch ist es nicht nur ein einfacher Wald. Der Thüringer Wald ist ein Mittelgebirge, welches fast bis auf 1.000 Metern Höhe aufragt. Es wird im Westen durch das breite Tal der Werra von der leicht hügeligen Rhön getrennt, wahrend es im Osten an das Thüringer Becken grenzt.
Der gesamte Gebirgszug steigt bei Eisenach sanft an und verläuft von dort in südöstliche Richtung bis an die bayerische Landesgrenze. Dabei ist es zwar rund 150 km lang, aber nur rund 35 km breit. Ab einer gedachten Linie zwischen Lichtenau und Gehren handelt es sich aber im südwestlichen Bereich formal betrachtet um das Thüringer Schiefergebirge, welches jedoch oft als Teil des Thüringer Waldes bezeichnet wird, zumal der Übergang fließend ist.
Die höchste Erhebung des Thüringer Waldes befindet sich in der Nähe des Wintersportzentrums Oberhof und nennt sich Großer Beerberg. Dieser 982 Meter hohe Gipfel ist jedoch nicht ganz zu erreichen, da es sich um eine abgeflachte Kuppe mit einem Moorgebiet handelt. Nicht weit davon entfernt befindet sich jedoch der Schneekopf, der nur 14 Meter kleiner und mit seinen Möglichkeiten zu Fernblicken ein beliebter Aussichtspunkt bei Ausflüglern ist.

Blick in das Thüringer Becken

Weitere bekannte Berge sind der Große Inselsberg bei Brotterode, der zwar nur der vierthöchste Berg der Region ist, jedoch seine benachbarten Gipfel weit überragt und daher sehr markant wirkt. Des Weiteren ist der Kickelhahn erwähnenswert, der als Hausgipfel von Ilmenau bereits von Goethe mehrfach erklommen wurde und der Große Farmdenkopf, welcher als höchster Punkt des Thüringer Schiefergebirges gilt und auf dessen Gipfel sich das Oberbecken des bundesweit größten Pumpspeicherwerks befindet.
Geologisch betrachtet gibt es zwischen dem Thüringer Wald und dem Thüringer Schiefergebirge erhebliche Unterschiede. Wie der Name es bereits verrät, besteht letzteres überwiegend aus Schiefergestein. Gut zu erkennen ist dies auch für Laien an den schiefergedeckten Hausfassaden in den umliegenden Ortschaften. Der nordwestliche Bereich, also der Thüringer Wald im engeren Sinne, ist vom Porphyr geprägt. Hierbei handelt es sich um vulkanisches Gestein, welches bei der Entstehung des Thüringer Waldes an die Oberfläche trat.
Der Naturraum Thüringer Wald ist abwechslungsreich. Während im Nordwesten von Eisenach bis Schmalkalden bzw. Friedrichroda Buchenwälder dominieren geht der mittlere Thüringer Wald in einen Fichtenwald über. Zwischendurch trifft man immer wieder Laubmischwälder, Bergwiesen und in den höheren Lagen auf Hochmoore. Allerdings ist der Thüringer Wald kein Nationalpark und so wird man beim Wandern oftmals auf Nutzwald bzw. auf Waldarbeiter treffen.
Wer sich aber leise auf einsamen Wegen fortbewegt, wird auch einen Teil der Fauna kennen lernen. Dazu gehört natürlich das Wild, insbesondere Rehe und Damhirsche, aber es besteht auch die Möglichkeit auf Wildschweine zu treffen. Ganz sicher wird man aber kleinere Tiere zu Gesicht bekommen, wie z. B. flinke Eichhörnchen, im Unterholz raschelnde Mäuse, schwarz-gelbe Feuersalamander und Blindschleichen, die die Wanderwege kreuzen. Auch Ornithologen werden auf ihre Kosten kommen. Mit Auerhühnern, Buntspechten, Eichelhähern und Bussarden haben Sie in luftiger Höhe eine große Auswahl an Tierbeobachtungen.

Tourismus

Hand aufs Herz, wer vom Thüringer Wald hört, denkt sogleich an den legendären Rennsteig. Und gewiss, der Thüringer Wald ist vom Rennsteig geprägt. Dieser rund 170 Kilometer lange Fernwanderweg beginnt in Hörschel bei Eisenach und endet in Blankenstein an der Saale. Dabei verläuft er auf der Kammlinie des Thüringer Waldes und folgt somit einem historischen Grenzweg. Der Rennsteig ist ein perfekt ausgeschilderter Wanderweg mit sehr guter Infrastruktur und durch seinen Verlauf auf dem Bergkamm überwiegend abseits der meist in den Tälern liegenden Ortschaften. Jedoch erfreut sich der Rennsteig gerade deswegen großer Beliebtheit, was natürlich dazu führt, dass man besonders an sonnigen Sommertagen nicht alleine unterwegs ist. Zu den Fernwanderern gesellen sich dann auch noch zahlreiche Tagesausflügler.

Bereits im 13. Jahrhundert wurde der Rennsteig zum ersten Mal erwähnt, damals natürlich nicht im Zusammenhang mit dem Wandertourismus, sondern vielmehr als Grenzweg. Dieser wurde ab dem 16. Jahrhundert mit mehr als 1.300 Grenzsteinen markiert, von denen heute noch eine Vielzahl am Wegesrand zu sehen ist. Die erste Rennsteigwanderung erfolgte im Jahr 1830 durch Julius von Plänckner, dem gegen Ende des Jahrhunderts August Trinius folgte. Dadurch entstand eine Wanderbewegung, die bis heute anhält. Seit dem Jahr 2000 trifft man bei den Wanderungen im Thüringer Wald oftmals auf den Rennsteigradweg. Dieser verläuft natürlich nicht auf den teilweise schmalen und wurzeligen Pfaden des historischen Grenzwegs.

Neben dem Rennsteig ist natürlich auch der Wintersport ein großes Thema im Thüringer Wald. Hier ist vor allen Dingen die Ortschaft Oberhof hervor zu heben, die während der DDR-Zeit zu einem Wintersportzentrum ausgebaut wurde. Dank überdachter Skihallen kann dort mittlerweile auch im Sommer Wintersport betrieben werden. Zusätzlich findet man in Oberhof eigens angelegte Winterwanderwege, die nicht nur Langläufern auf Skiern vorenthalten sind.

Doch neben diesen beiden Möglichkeiten gibt es noch viele weitere Wanderwege in der Region, die überwiegend als Rundwanderwege benutzt werden können und zu zahlreichen interessanten und sehenswerten Orten führen, die nicht direkt am Rennsteig liegen und die darüber hinaus auch wieder zum Ausgangspunkt der Wanderung zurück führen.

Beinahe jede der zahlreichen Gemeinden im Thüringer Wald hat mindestens einen ausgewiesenen Rundweg, der entweder um die Ortschaft herum führt oder den Wanderer zu einer nahe gelegenen Sehenswürdigkeit bringt.

Streckencharakteristik

Länge, Höhenmeter, Anforderungen

Die fünfzig Touren in diesem Buch umfassen kurze Spaziergänge für Einsteiger oder Kinder (4-5 km) sowie längere Wanderungen mit zahlreichen Aufstiegen (bis zu 16 km). Zwar ist der Thüringer Wald kein alpines Hochgebirge, so dass Höhenunterschiede im vierstelligen Bereich nicht vorkommen, dennoch sollten die Wanderungen nicht unterschätzt werden. Ein Großteil der beschriebenen Routen beginnt auf Wanderparkplätzen oder an Bahnhöfen, die sich in einem der zahlreichen Täler befinden. So sind also oftmals zunächst einige Höhenmeter zu überwinden um in höhere Lagen zu gelangen, dafür heißt es zum Schluss einer Rundwanderung aber dementsprechend, dass es wieder bergab geht. Vereinzelte Touren beginnen aber auch an Wanderparkplätzen nur wenig unterhalb eines Gipfels, so dass diese keine größere Kondition voraussetzen und man die Gipfelbesteigung mit wenig Aufwand vollziehen kann. Die zu bewältigenden Höhenmeter liegen in der Regel zwischen 200 bis 600. Die Angabe der Gehzeiten kann nur als Richtwert genannt werden und hängt natürlich auch von der eigenen Kondition sowie der Dauer von Pausen ab. Längere Pausen, beispielsweise zu einem Mittagessen in einer Berghütte oder für ein umfangreiches Picknick sind hierbei nicht berücksichtigt. Kürzere Pausen für einen Fotostopp oder den Genuss eines Panoramas hingegen schon.
Die Wanderwege sind überwiegend einfach zu begehen. Nur in wenigen Touren gibt es kurze Abschnitte, die erhöhte Vorsicht oder Trittsicherheit benötigen. An den entsprechenden Stellen wird darauf hingewiesen. So vielfältig der Thüringer Wald ist, so vielfältig sind aber auch die Wanderwege. Einen fast durchgehend asphaltierten und ebenen Wanderweg rund um einen Stausee kann man genauso vorfinden, wie wurzelige Pfade in bewaldeten Bergflanken, bei denen festes Schuhwerk notwendig ist.

Wegweisung

Wegweiser (Zwiesel) im Thüringer Wald

Auf den ersten Blick ist die Ausschilderung im Thüringer Wald ideal und scheinbar perfekt. Dieses trifft auf den Rennsteig auch zu. Doch bei genauerem Hinsehen bzw. beim Wandern wird man sich an der einen oder anderen Weggabelung kopfschüttelnd nach dem richtigen Weg fragen. Typisches Markenzeichen der Region sind die grünen Hinweisschilder an sogenannten Zwieseln (Schilderbäume), auf denen Wanderziele namentlich aufgeführt sind. Nur selten werden dabei Kilometerangaben gemacht und wenn, dann sollte man sich nicht in jedem Fall darauf verlassen. An großen und wichtigen Kreuzungen, die meistens einen historischen Namen tragen, sind ganze Schilderbäume aufgestellt. Doch an diesen Schilderbäumen findet man nicht selten Bezeichnungen, von denen man vorher nie etwas las und auch auf dem weiteren Weg nicht mehr lesen wird. Die Idee mit den grünen Schildern ist wirklich toll, die ideale Umsetzung scheitert jedoch gelegentlich am Willen der verantwortlichen Gemeinde. Die erwähnten Schilderbäume befinden sich somit an verkehrsreichen Wegekreuzungen und als sogenannter Wandertreffpunkt in den Ortskernen. Dazwischen, auf den eigentlichen Wanderwegen, herrscht nicht selten Unsicherheit, hervorgerufen durch Gabelungen, abzweigende Wege und fehlende Zwischenwegweisungen. Wenig verlässlich sind zudem Wanderwege, die üblicherweise mit farbigen Punkten oder anderen geometrischen Symbolen ausgewiesen sein sollen. Hier kann es durchaus passieren, dass diese Wegweisung plötzlich endet oder eine andere Wegweisung (gelber Strich statt grünem Punkt etc.) vorgenommen wurde. Die für den Thüringer Wald verantwortliche Tourismusbehörde hat auf Nachfrage mitgeteilt, dass an der Beseitigung dieser fehlerhaften

Umstände gearbeitet wird. So ist zu hoffen, dass die Ausschilderung in den kommenden Jahren zuverlässiger wird.
Diese teilweise mit Makeln behaftete Wegweisung ist mit ein Grund dafür, warum die Wegbeschreibungen in diesem Buch teilweise sehr penibel vorgenommen wurde.
Doch es gibt auch Wanderwege, die eine sehr vorbildliche Beschilderung vorweisen können. Hierbei handelt es sich zumeist um Wege, denen ein spezielles Symbol zugeordnet wurde. Zum Beispiel ist das bei Steinheid-Limbach der mit einem Goldsack ausgeschilderte Goldpfad und der Rundwanderweg um das Pumpspeicherwerk Goldisthal (Turbinensymbol) sowie die Wanderwege im Bereich Ilmenau (Kickelhahnturm als Symbol, Rodlersymbol auf dem Bob- und Rodelwanderweg, diverse Nummerierungen).

Ausstattung

Auf beinahe jedem Wanderweg gibt es ausreichend Möglichkeiten eine Rast einzulegen. Neben herkömmlichen Sitzbänken existieren teilweise kunstvoll geschnitzte Rastplätze sowie überdachte Picknickplätze. Des Weiteren sind nicht selten einfache Schutzhütten vorzufinden. Da es sich beim Thüringer Wald nicht um ein Hochgebirge handelt, dienen diese Holzhütten aber eher nur der Möglichkeit sich vor einem vorüberziehenden Unwetter zu schützen als zur Übernachtung.
Vielerorts wurden Informationstafeln aufgestellt oder ein Teil der Wege besteht aus einem Naturlehrpfad. An hochfrequentierten Plätzen bzw. markanten und bekannten Wegpunkten, insbesondere in Rennsteignähe gibt es sogenannte Bauden, in denen gastronomische Einrichtungen zu finden sind (Veilchenbaude, Liftbaude etc.). Darüber hinaus befindet sich in jedem Ort eine Einkaufsmöglichkeit um den notwendigen Proviant aufzufrischen.

Tourenplanung

Infostellen

Tourist Information Thüringen, Willy-Brandt-Pl. 1, 99084 Erfurt, ✆ 0361/37420, www.thueringen-tourimus.de
Regionalverband Thüringer Wald e.V., Krankenhausstr. 12, 98693 Ilmenau, ✆ 03677/6899623, www.thueringer-wald.com

Verband Naturpark Thüringer Wald e.V., Dorfstr. 16, 98749 Friedrichshöhe, ✆ 036704/70990, www.naturpark-thueringer-wald.de
Biosphärenreservat Vessertal, Waldstr. 1, 98711 Schmiedefeld am Rennsteig, ✆ 036782/6660, www.biosphaerenreservat-vessertal.de.

An- und Abreise mit der Bahn

Infostellen

Deutsche Bahn AG, www.bahn.de, **Reise-Service**, ✆ 0180/5996633 (€ 0,14/Minute aus dem Festnetz, Tarif bei Mobilfunk abweichend), Mo-So 0-24 Uhr, Auskünfte über Zugverbindungen, Fahrpreise im In- und Ausland, Buchung von Tickets und Reservierungen.
Kostenlose Fahrplanauskunft ✆ 0800/1507090

Eisenach, Erfurt und Würzburg sind die drei großen Einfallstore in den Thüringer Wald. Sie sind allesamt mit dem ICE erreichbar und bieten Verbindungsmöglichkeiten in das Mittelgebirge mittels Regionalexpress. Angesteuert werden dabei dann Bahnhöfe in Oberhof, Suhl, Schmalkalden oder Ilmenau. Des Weiteren gibt es im Bereich von Tabarz und Brotterode die Thüringer Waldbahn. Hierbei handelt es sich um eine Überlandstraßenbahn, von denen in Deutschland nicht mehr viele existieren. Genauer gesagt, handelt es sich um die Linie 4 der Gothaer Straßenbahn.
Von allen genannten Ortschaften verkehren mindestens Busse in die weiteren Gemeinden.

An- und Abreise mit dem Auto

Der Thüringer Wald wird seit dem Jahr 2003 von der Autobahn 71 durchzogen. Doch glücklicherweise befindet sich die Straße weit unter der Erde. Der sogenannte Rennsteigtunnel ist mit seinen fast acht Kilometern Länge der längste Autobahntunnel Deutschlands und verläuft von Suhl bzw. Zella-Mehlis im Westen unterhalb des Gebirges bis Gräfenroda. Beim Wandern im Thüringer Wald merkt man nicht sehr viel von diesem Bauwerk, aber für die Anreise mit dem Pkw ist diese Fernstraße eine deutliche Erleichterung. Im Bereich Oberhof existiert eine Autobahnausfahrt, womit man ohne Probleme bis in die höchsten Lagen des Mittelgebirges fahren kann. Die Autobahn 71 ist von Süden her über die ebenfalls sehr neue Autobahn 73 ab Nürnberg erreichbar. Von Nordosten kommend befährt man die A71 ab dem Autobahnkreuz Erfurt, wo sie die Autobahn 4 quert. Alternativ besteht die Möglichkeit, die Autobahn 4 bereits bei Eisenach zu verlassen und von dort an der Ostseite des Gebirges über die Bundesstraße 88 Richtung Südost zu gelangen. Sämtliche Ausgangspunkte in diesem Buch sind mit dem Auto sehr einfach zu erreichen und beherbergen mindestens einen Parkstreifen am Straßenrand, in der Regel aber sogar einen Wanderparkplatz. Nahezu alle angegebenen Parkplätze sind kostenfrei, abgesehen von den Parkplätzen bei den Oberhoftouren (Grenzalder und Oberhof-Zentrum). Hier ist die Mitnahme von Kleingeld notwendig.

Beste Reisezeit

Der Thüringer Wald gilt als relativ schneesicher, was im Winter zur Folge hat, dass die Wanderwege unter einer dicken Schneedecke liegen. Sicherlich ist eine Wanderung dann auch sehr reizvoll und bei manchen vorgeschlagenen Routen machbar. Doch viele der Wanderungen führen zumindest abschnittsweise über Stock und Stein und vor allem teilweise steil bergauf, weshalb von winterlichen Experimenten weitestgehend abzuraten ist. Empfehlenswert sind hier eher die eigens angelegten Winterwanderwege, beispielsweise im Raum Oberhof.

Die drei anderen Jahreszeiten bieten sich aber geradezu für Touren im Thüringer Wald an. Wenn der letzte Schnee im Frühjahr verschwunden ist und sich die ersten Blüten zaghaft zeigen, sollten so langsam die Wanderstiefel geschnürt werden. Allerdings muss hier noch mit einigen nachwinterlichen Aufräumarbeiten gerechnet werden. Der Sommer ist natürlich die beste Jahreszeit für Wanderungen in Deutschland. Selbst an heißen Sommertagen bieten die dichten Wälder viel Schatten und die lauen Lüftchen, die in Gipfelhöhe zu spüren sind, spenden angenehme Kühle. Aber nicht weniger schön sind die Herbstfarben in der Zeit von Ende September bis Anfang November. Gelb und rot leuchten dann die Laubbäume und stechen teilweise vereinzelt zwischen den weiterhin grün strahlenden Nadelbäumen hervor. Zudem ist auch der Andrang im Herbst deutlich geringer, weshalb man viel öfter auf einsame Wanderwege trifft.

An der Ohratalsperre, Tour 16

Übernachtung

Eine Unterkunft zu finden ist nicht schwer. Die größeren Gemeinden verfügen meist über eine hilfreiche Touristeninformation, die den Schlafplatzsuchenden mit Informationen versorgt. Die Preise können als äußerst günstig bezeichnet werden, besonders, wenn man den bekannteren Orten wie Oberhof fernbleibt. Dafür sind Zelttouristen allerdings ein wenig benachteiligt. Campingplätze sind nur rar gesät, jedoch sehr schön inmitten der Natur gelegen. Ideal sind auch Reisende mit dem Wohnmobil versorgt. In vielen kleinen Gemeinden gibt es extra ausgewiesene Stellplätze, die entweder kostenlos (unter anderem Eisenach, Suhl-Vesser, Brotterode, Tabarz, Hinternah) oder gegen eine kleine Gebühr (unter anderem Ruhla, Schmiedefeld, Ilmenau, Luisenthal) genutzt werden können. Ver- und Entsorgungsmöglichkeiten wie in Ilmenau gibt es jedoch nicht ganz so viele.

Thüringer Wald Card

Der Verband Naturpark Thüringer Wald e.V. bietet eine Bonuskarte an, die an vielen Orten Ermäßigungen ermöglicht. Sie kostet 5 Euro und ist ein Jahr gültig, dabei gilt nicht das Kalenderjahr, sondern der Monat, in dem die Karte erworben wurde. Ermaßigungen gibt es zum Beispiel in den Schwimmbädern in Tabarz und Brotterode oder beim Eintritt in die Marienglashöhle bei Friedrichroda sowie in das Besucherbergwerk Schwarze Crux und in den Schlössern Elgersburg sowie Bertholdsburg um nur einige wenige Sehenswürdigkeiten zu nennen, die in diesem Buch vorgestellt werden und an denen die Routenvorschläge vorbei führen.

Sie kann in fast jeder Touristeninformation der Region erworben werden oder im Internet bestellt werden: www.thueringer-wald-card.info.

Bekleidung, Ausrüstung

Für eine gelungene Wanderung ist die Ausrüstung ein wichtiger Faktor. Der Markt für Outdoorbekleidung ist mittlerweile unübersehbar, deswegen hier nur einige Grundregeln:
Der wichtigste Ausrüstungsgegenstand sind Schuhe mit Profilsohle. Die Passform sollte man vor einer längeren Unternehmung unbedingt auf Tagestouren überprüfen!
Für die Kleidung gilt das „Zwiebelprinzip": Mehrere Schichten erfüllen verschiedene Funktionen und lassen sich separat tragen und vielfältig kombinieren. Die unterste Schicht soll Schweiß vom Körper weg führen, darüber folgen bei Bedarf eine wärmende Schicht und zuletzt die äußerste Hülle, die Wind und Regen abhalten, trotzdem aber dampfdurchlässig sein soll.
Als Materialien kommen entweder Kunstfasern – leicht, wenig Feuchtigkeitsaufnahme, leider manchmal starke Geruchsbildung – oder hochwertige Wolle – etwas schwerer, wärmt aber auch im nassen Zustand und nimmt kaum Geruch an – in Frage. Baumwolle ist für anspruchsvolle Touren weniger geeignet, denn sie nimmt viel Feuchtigkeit auf und braucht sehr lange zum Trocknen.
Für Tagestouren benötigt man einen Regenschutz, eine Trinkflasche, Sonnenschutz, ein kleines Erste-Hilfe-Set und etwas Verpflegung für unterwegs. Bei Mehrtagestouren kommen noch Wäsche zum Wechseln, ein kleines Waschzeug und Kleidung für den Abend dazu. All das sollte in einem Rucksack von maximal 35 Litern Volumen Platz finden. Vor allem untrainierte Menschen sollten darauf achten, sich nicht zu viel Gepäck zuzumuten, denn die zusätzliche Belastung durch das Tragen kann eine schöne Wanderung schnell zur Quälerei werden lassen. Wenn Sie sich beim Packen des Reisegepäcks nicht einschränken wollen, dann sollten Sie einen Gepäcktransfer buchen (s. unten stehende Anbieter).

Wanderreiseveranstalter und Gepäcktransport

Eurohike, A-5162 Obertrum, Mühlstr. 20, 0043/(0)6219/7444, office@eurohike.at, www.eurohike.at

Zu diesem Buch

Dieser **Hikeline-Wanderführer** enthält alle Informationen, die Sie für Ihre Wanderung benötigen: exakte Karten, eine detaillierte Wegbeschreibung und die wichtigsten Informationen zu touristischen Attraktionen und Sehenswürdigkeiten.
Und das alles mit der **Hikeline-Garantie**: Die Routen in unseren Büchern sind von unserem professionellen Redaktionsteam vor Ort geprüft worden. Um höchste Aktualität zu gewährleisten, nehmen wir nach der Erhebung Korrekturen von Lesern bzw. offiziellen Stellen bis Redaktionsschluss entgegen, die dann jedoch teilweise nicht mehr an Ort und Stelle verifiziert werden können.

Papier

wasserfest

Alle unsere Wanderführer werden auf hochwertigem Synthetikpapier gedruckt, welches nicht nur reißfest und besonders leicht, sondern auch komplett wasserfest ist. Dadurch lassen sich die Bücher bequem in der Jackentasche tragen und auch bei Regen problemlos verwenden. Wenn das Buch stark durchnässt wurde, lassen Sie es einfach mit aufgefächerten Seiten trocknen.

Konzept

Am Beginn jeder Tour finden Sie grundlegende Informationen wie Start- und Zielort, die Länge, die zu bewältigenden Höhenmeter im

Auf- und Abstieg, die Gesamtschwierigkeit, die durchschnittliche Wegzeit in normalem Gehtempo, ein Höhenprofil und die Anteile an Asphaltwegen, Wanderwegen und -pfaden sowie eine kurze Charakteristik der Tour. Die Gehzeiten und die Gesamtschwierigkeit werden bei allen Touren nach einem einheitlichen Prinzip ermittelt, somit sind Abweichungen von der Beschilderung vor Ort – bei der z. B. die Gehzeit oft von Gemeinde zu Gemeinde unterschiedlich berechnet wird – möglich.

Gesamtschwierigkeit der Tour

Leicht

Leicht: Angenehme Familienwanderung, insgesamt nur geringe Höhenunterschiede und keine starken Steigungen und Gefälle, wenige kurze steilere Abschnitte sind aber möglich. Die Tour verläuft meist auf breiten und gefahrlos zu begehenden Wegen, sie kann (fast) bei jeder Witterung begangen werden. Die Wanderung stellt keine großen Anforderungen an Ausrüstung, Erfahrung und Kondition.

Mittel

Mittel: Die Wanderung erfordert normale Kondition und etwas Ausdauer. Längere Steilabschnitte und schmale, steinige Pfade oder schwierig zu begehende Bereiche sind möglich, Trittsicherheit ist teilweise erforderlich. Im Gebirge können gesicherte Kletter- und Gehpassagen sowie Leitern vorkommen, die Hände werden – wenn überhaupt – nur auf wenigen Metern zur Fortbewegung benötigt. Die Wege können witterungsbedingt schwieriger begehbar und rutschig sein.

Schwer

Schwer: Die Tour erfordert abschnittsweise große Anforderungen an Kondition, Erfahrung und Orientierung. Große Höhenunterschiede mit z. T. auch längeren steilen Abschnitten sind zu überwinden und/oder die Tour ist sehr lang sowie über weite Strecken schwierig zu begehen. Wege können ausgesetzt sein, im Gebirge kommen drahtseilgesicherte Passagen bzw. leichte Kletterstellen vor, Trittsicherheit ist unbedingt erforderlich. Die Begehbarkeit ist stark witterungsabhängig.

Karten

Eine Übersicht über die geografische Lage des Thüringer Waldes gibt Ihnen die Übersichtskarte auf der vorderen inneren Umschlagsseite.

Die Detailkarten sind im Maßstab 1:35.000 erstellt. Dies bedeutet, dass 1 Zentimeter auf der Karte einer Strecke von 350 Metern in der Natur entspricht. Zusätzlich zum genauen Routenverlauf informieren die Karten auch über die Beschaffenheit des Bodenbelags bzw. über die Art des Weges sowie über kulturelle und gastronomische Einrichtungen entlang der Strecke. Die Höhenlinien haben einen Abstand von 20 Metern.
Allerdings können selbst die genauesten Karten den Blick auf die Wegbeschreibung nicht ersetzen. Stellen mit schwieriger Wegfindung werden in der Karte mit dem Symbol ⚠ gekennzeichnet, im Text finden Sie das gleiche Zeichen zur Markierung der betreffenden Stelle wieder, manchmal ergänzt durch ein Foto.
Die beschriebene Haupttour wird immer in Blau, Varianten oder Abstecher in Grün dargestellt. Die genaue Bedeutung der einzelnen Symbole wird in der Zeichenerklärung auf den Seiten 4 und 5 erläutert.

Textteil

Der Textteil besteht im Wesentlichen aus der genauen Routenbeschreibung. Manche besonders markante oder wichtige Punkte auf der Strecke sind als Wegpunkte **1**, **2**, **3**, ... durchnummeriert und – zur besseren Orientierung – mit dem selben Symbol in den Karten und im Höhenprofil wieder zu finden. Bei Varianten wird das selbe System angewendet, allerdings mit Großbuchstaben **A**, **B**, **C**,...
Die Kilometerangaben, im Text hochgestellt, zeigen Ihnen die schon zurückgelegte Strecke seit dem Etappenstart an, sie sind auf hundert Meter gerundet.
Ferner sind alle wichtigen **Orte** zur besseren Orientierung aus dem Text hervorgehoben. Die Symbole Ortsanfang und Ortsende kennzeichnen ein größeres, geschlossenes Siedlungsgebiet. Gibt es interessante Sehenswürdigkeiten in einem Ort, so finden Sie unter dem Ortsbalken die jeweiligen Adressen, Telefonnummern und Öffnungszeiten.
Die Beschreibung der einzelnen Orte sowie historisch, kulturell oder naturkundlich interessanter Gegebenheiten entlang der Route tragen zu einem abgerundeten Reiseerlebnis bei. Diese Textblöcke sind kursiv gesetzt und unterscheiden sich dadurch auch optisch von der Streckenbeschreibung.

Absätze in grüner Farbe behandeln Varianten und Ausflüge.

TIPP Textabschnitte in Blau heben Stellen hervor, an denen Sie auf den weiteren Wegeverlauf und auf mögliche Varianten hingewiesen werden. Sie geben auch Empfehlungen und Erläuterungen zu Sehenswürdigkeiten oder Freizeitaktivitäten etwas abseits der Route.

Übernachtungsverzeichnis

Im Informationsteil zu Beginn des Buches unter Wanderreiseveranstalter bzw. im Übernachtungsverzeichnis auf den letzten Seiten finden Sie auch das Zeichen . Dies bedeutet, dass ein Reiseveranstalter oder ein Beherbergungsbetrieb einen Gepäcktransfer anbietet.

Auf den letzten Seiten dieses Wanderführers finden Sie zu fast allen Orten entlang der Strecke eine Vielzahl von Übernachtungsmöglichkeiten vom einfachen Zeltplatz bis zum 5-Sterne-Hotel.

GPS-Navigation

GPS (Global Positioning System) erlaubt eine präzise Positionsbestimmung mittels Navigationssatelliten und einem Empfangsgerät, dem GPS-Empfänger. Die Navigation basiert auf dem UTM-System (Universal Transversal Mercatorprojection). Das UTM-Gitternetz unterteilt die Erde in 60 Zonen von je 6 Grad Breite. Die Positionsangabe setzt sich aus dem „East"- oder Rechtswert und dem „North"- oder Hochwert zusammen. Der „East"- Wert (E) gibt den Abstand zum jeweiligen Bezugsmeridian in Kilometern plus 500 Kilometer zur Vermeidung negativer Zahlen an. Der „North"- Wert (N) gibt den Abstand zum Äquator in Kilometern an.

GPS-Navigation in der Karte

Das Gebiet dieser Karten liegt in der Zone 32 und hat den Bezugsmeridian 9 Grad Ost. Um zu navigieren ist der GPS-Empfänger auf WGS 84 (World Geodetic System 1984) und UTM-Projektion einzustellen. Die Koordinaten (East und North) sind in der Karte in Kilometern, auf dem GPS-Empfänger in Metern angegeben. Für die GPS-Navigation ist auf den Karten ein grau gepunktetes Gitter mit einer Maschenweite von 1 Kilometer vorhanden. Da einige Karteninhalte hervorgehoben oder generalisiert dargestellt werden, ist eine absolute Lagegenauigkeit nicht immer garantiert.

leicht

Tour 1 — 6,1 km

Hinauf zur Wartburg

Start/Ziel: Eisenach, Nikolaikirche am Karlsplatz

Markierung: blaues Kreuz auf weißem Grund und Straßenbeschilderung

Gehzeit: 3 Std. **Aufstieg:** 672 m **Abstieg:** 672 m

Hartbelag: 68 % **Wanderwege:** 32 % **Wanderpfade:** 0 %

Charakteristik: Eine kurze aber abwechslungsreiche und kulturell interessante Tour liegt vor Ihnen. Neben der Stadtbesichtigung im Zentrum von Eisenach geht es am Südrand der Stadt auf einen Berg, auf dem nach einem steilen Anstieg die legendäre Wartburg zur Besichtigung einlädt und einen herrlichen Rundumblick ermöglicht.

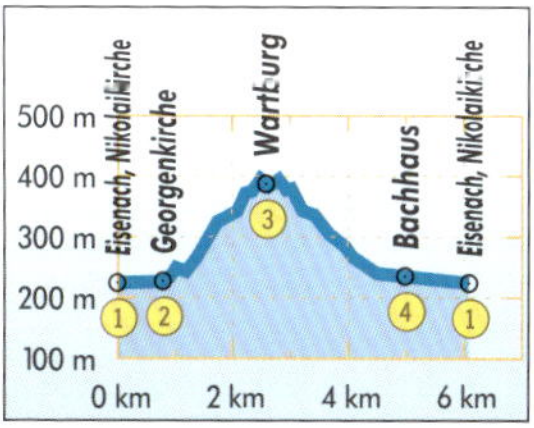

Nikolaitor in Eisenach

Eisenach

PLZ: 99817; Vorwahl: 03691

Tourist-Info, Am Markt 24, ✆ 79230

Bachhaus, Frauenplan 21, ✆ 79340, ÖZ: tägl. 10-18 Uhr. Gezeigt wird die weltweit größte Ausstellung zu Johann Sebastian Bach in seinem mutmaßlichen Geburtshaus.

Lutherhaus, Lutherpl. 8, ✆ 29830, ÖZ: tägl. 10-17 Uhr. Während seiner Eisenacher Schulzeit soll der Reformator Martin Luther in dem hübschen Fachwerkbau gewohnt haben. Heute informiert eine kleine Ausstellung über seine Zeit in Eisenach und auf der Wartburg.

automobile welt eisenach, Friedrich-Naumann-Str. 10, ✆ 77212, ÖZ: Di-So 10-17 Uhr. Präsentiert wird die Eisenacher Automobilbaugeschichte seit dem Ende des 19. Jh., als die ersten Wartburgs vom Band liefen. Später folgten Fahrzeuge der Marke BMW, Trabant und seit der Wiedervereinigung Opel-Modelle.

Georgenkirche, Am Markt, um 1180 erbaut, 1221 Traukirche für Landgraf Ludwig IV. mit der ungarischen Königstochter Elisabeth. Martin Luther predigte und sang in der Georgenkirche, 1685 wurde Johann Sebastian Bach in dem Gotteshaus getauft.

Nikolaikirche. Gegen Ende des 12. Jh. wurde die Nikolaikirche erbaut und gilt als eines der letzten im romanischen Stil erbauten Bauwerke in Thüringen.

Schmales Haus, Johannispl. 9, ✆ 210999, Führungen n. V. Das schmale Haus hat nur eine Grundfläche von 20 m² bei einer Breite von 2,05 m. Das vermutlich über 250 Jahre alte Fachwerkhaus ist auf beiden Etagen bewohnt.

Thüringer Museum im Schloss, welches ab 1742 gebaut wurde.

Nikolaitor. Gleich neben der Nikolaikirche steht das einzig erhaltene Stadttor Eisenachs.

Die Geschichte Eisenachs ist untrennbar mit der Historie der Wartburg verbunden. Allerdings erhielt letztere zuerst schriftliche Erwähnung. Im Jahr 1067 soll Graf Ludwig der Springer aus dem Geschlecht der Ludowinger die Wartburg errichtet haben. Doch erst zwei Jahrhundert darauf wird zum ersten Mal von einer Ortschaft namens Eisenach berichtet. Das Geschlecht der Ludowinger endete im Jahr 1247 als Heinrich Raspes starb. In der Folge entbrannten die Thüringer Erbfolgekriege woraufhin sich Hessen von Thüringen abspaltete.

Mehrere Katastrophen wie die Explosion eines Munitionstransporters und ein Stadtbrand in den folgenden Jahrhunderten ließen das Stadtbild verändern. Mit der Gründung einer Fahrzeugfabrik im Jahr 1896 beginnt eine ganz neue Ära in der Stadt. 1.300 Arbeiter machten diese vierte Automobilproduktionsstätte in Deutschland zu einem Thüringer Großbetrieb. Zunächst wurden Fahrzeuge der Marke Dixi gebaut, doch wegen wirtschaftlicher Schwierigkeiten

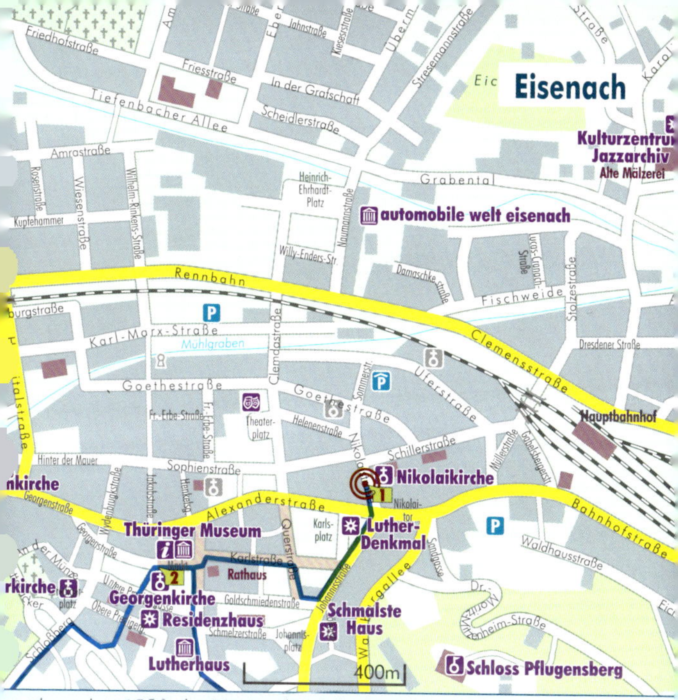

übernahm 1928 der Motorenhersteller BMW das Werk und begann mit seinem Fahrzeugbau. Durch den Zweiten Weltkrieg wurde auch Eisenach stark in Mitleidenschaft gezogen. Im April 1945 übernahmen die amerikanischen Truppen das Kommando in der Stadt, die es im Juli an die Sowjets übergab. Unter sowjetischer Leitung wurde das Automobilwerk wieder aufgebaut wobei zunächst alte BMW-Modelle weiter gebaut wurden. Erst ab dem Jahr 1951 durfte das Werk nach einem Gerichtsbeschluss, initiiert durch die BMW AG, den Namen BMW nicht mehr nutzen. Fünf Jahre später rollte dann der erste Wartburg 311 vom Band. Ihm folgten weitere Wartburg-Modelle bis zur Öffnung der innerdeutschen Grenze und dem damit verbundenen Zusammenbruch der DDR-Wirtschaft. Doch schon drei Jahre nach der Wende ging es mit dem Eisenacher Automobilbau weiter. Die Adam Opel AG übernahm das Werk und baute es zur damals modernsten Fertigungshalle um. 1999 wurde die Burg Wartburg zum UNESCO-Weltkulturerbe ernannt.

Wartburg

Eisenach

1 0,0 (225) Von der **Nikolaikirche** über den **Karlsplatz** ⇝ am **Lutherdenkmal** vorbei ⇝ durch die **Johannisstraße** ⇝ an der ersten Möglichkeit links hinein ⇝ am Johannisplatz steht auf der linken Seite das Schmalste Haus ⇝ zurück zur Johannisstraße ⇝ geradeaus in die Fußgängerzone ⇝ an der Kreuzung links in die **Karlstraße** ⇝ am Ende der Karlstraße auf den **Marktplatz**.

2 0,8 (227) Hinter der Georgenkirche den **Pfarrberg** hinauf ⇝ über das Kopfsteinpflaster steil bergauf ⇝ die Treppenanlage Wingolf hinauf ⇝ auf der Asphaltstraße rechts hinab ⇝ am Ende links die Straße **Schlossberg** hinauf ⇝ der Wegmarkierung in den Wald hinein folgen ⇝ an der rot-weißen Schranke vorbei ⇝ bergauf bis zur **Eselstation** ⇝ dem Schotterweg mit der Ausschilderung zur Burg folgen ⇝ den letzten steilen Anstieg auf Kopfsteinpflaster hinauf.

Wartburg

Wartburg, Auf der Wartburg, ✆ 2500, ÖZ: April-Okt. 8.30-20 Uhr, Nov.-März 9-17 Uhr. Weltkulturerbe und herausragendste Sehenswürdigkeit Eisenachs sowie des Thüringer Walds. Die Burg befindet sich auf einem schroffen Felsgrat hoch über der Stadt.

3 2,6 (401) Nach der ausgiebigen Besichtigung und dem herrlichen Panorama durch das Burgtor wieder hinab ⇝ bis zur Eselstation auf Kopfstein und Schotter im Wechsel ⇝ an der Eselstation die Straße überqueren ⇝ gleich dahinter rechts in den Waldweg hinein ⇝ der Beschilderung Reuterweg folgen ⇝ nach einer langen Linkskurve bis zu einer Gabelung ⇝ an der Gabelung den mittleren Weg benutzen ⇝ in einer weiteren Kurve an einem **Teich** vorbei ⇝ aus dem Wald heraus und über den **Reuterweg** hinab bis zur Hauptstraße Mari-

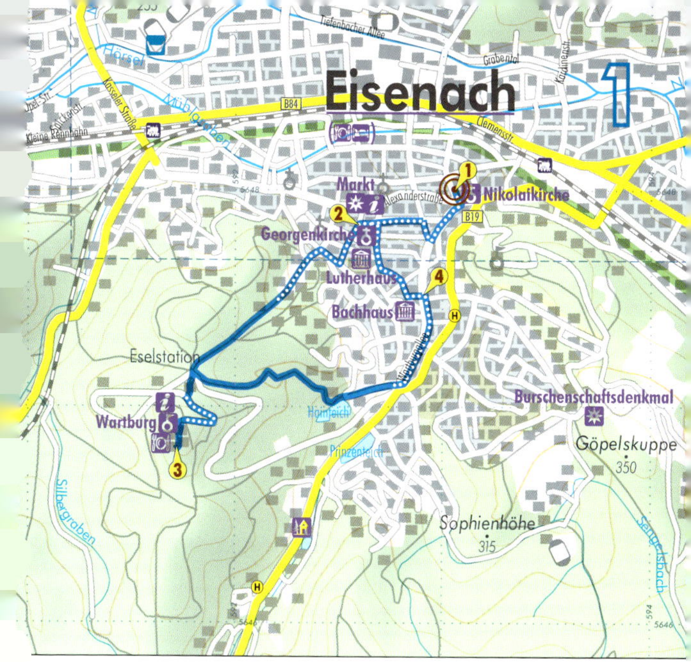

ental ~ auf der **Wartburgallee** am Kartausgarten entlang und an der Wandelhalle vorbei ~ gegenüber der Wandelhalle in die **Barfüßerstraße** ~ sofort wieder rechts ~ bis zum Bachhaus.

Bachhaus. Das Bachmuseum befindet sich im mutmaßlichen Geburtshaus des Barockkomponisten Johann Sebastian Bach, der in Eisenach am 21. März 1685 das Licht der Welt erblickte sowie in dem modernen Gebäudeabschnitt daneben. Gegenüber des Museums erhebt sich das Denkmal dem Musiker zu Ehren.

4 **5,0 (237)** Gegenüber vom Bachhaus in die **Lutherstraße** ~ am ehemaligen Gasthof vorbei, in dem August Bebel sprach ~ in einer Rechtskurve leicht hinab bis zum Lutherhaus.

Lutherhaus. Bei dem als Lutherhaus bekannte Fachwerkgebäude handelt es sich um das Wohnhaus der Familie Cotta, bei der Martin Luther in jungen Jahren gewohnt hat.

Neben dem Lutherhaus wieder an der Georgenkirche vorbei ~ über den **Marktplatz** ~ zwischen Rathaus und Schloss in die **Karlstraße** ~ am Ende der Karlstraße links zurück zum Karlsplatz.

1 **6,1 (225)** Ende der Wanderung am Karlsplatz.

Eisenach

Tour 2 7,2 km

Drachenschlucht

Start/Ziel: Parkplatz „Hohe Sonne" an der B19 zwischen Eisenach und Wilhelmsthal

Anfahrt: Ab Eisenach über die B19 stadtauswärts in Richtung Süden bzw. Bad Salzungen/Meiningen. Der Parkplatz erscheint nach einer langen Steigung auf der rechten Seite.

Markierung: Blaues Kreuz auf weißem Grund bis Mariental, Grüner Punkt bis Hohe Sonne

Gehzeit: 2½ - 3 Std. **Aufstieg:** 549 m **Abstieg:** 549 m

Hartbelag: 1 % **Wanderwege:** 81 % **Wanderpfade:** 18 %

Charakteristik: Ein Muss für Wanderer im Thüringer Wald. Die sehr schmale und atemberaubende Drachenschlucht verengt sich bis zu einer Breite von nur noch 68 Zentimetern und gilt natürlich als Highlight. Beliebt sind auch Kombinationen mit der Wanderung zur nahe gelegenen Wartburg, doch sollte man sich die weniger bekannte und dadurch auch einsamere Landgrafenschlucht ebenfalls nicht entgehen lassen. Diese bringt Sie bergauf wieder zurück zum Parkplatz.

Tipp: Es besteht auch die Möglichkeit von der Hohen Sonne durch die Drachenschlucht oder durch die Landgrafenschlucht zur Wartburg zu wandern und von dort aus weiter nach Eisenach. Für diese Streckenwanderung empfiehlt sich die Anreise zur Hohen Sonne mit den Buslinien 11 und 31 ab Eisenach.

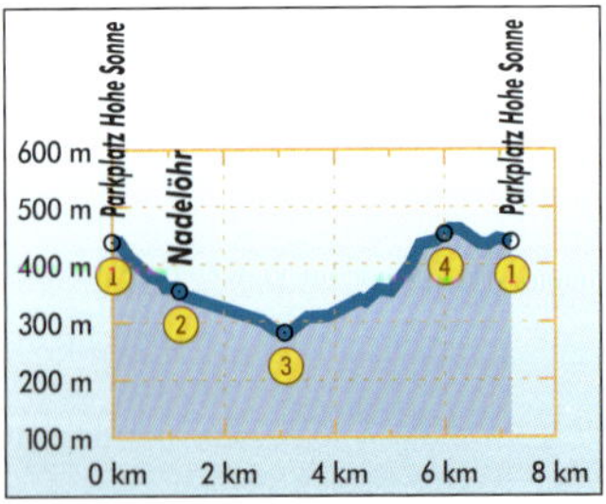

Tipp: Unbedingt festes Schuhwerk!

In der Drachenschlucht

Parkplatz Hohe Sonne

Hohe Sonne, Mo-Fr 8.30-18 Uhr, Sa-So 10-18 Uhr

1 0,0 (439) Am **Parkplatz** der Hohen Sonne auf den Rennsteig ~ am zweiten Abzweig an den Sitzbänken rechts ~ die Stufen hinab ~ durch den Wald hinab ~ über eine Kreuzung hinweg ~ an der **Quelle** vom Marienbach vorbei ~ über die Holztreppe bergab ~ über einen Holzsteg bis zur ersten Engstelle.

Erste Engstelle

Auf schmalen Holztreppen durch die Enge ~ im Wechsel auf Treppen und Wanderwegen hinab ~ kurvenreich durch die Schlucht ~ bis zur zweiten Engstelle.

Zweite Engstelle

2 1,2 (329) Durch das **Nadelöhr** ~ kurvig durch das ebene Tal ~ vorbei an einem überdachten **Rastplatz** ~ auf Holzbohlen bis zur letzten Engstelle.

Dritte Engstelle

Auf einem **Gitter** durch die enge Passage ~ nach einer Rechtskurve die enge Schlucht verlassen ~ parallel zum **Marienbach** ~ weiter bis zur Straße Mariental.

3 3,1 (276) Die Straße überqueren ~ auf der anderen Straßenseite halblinks am Parkstreifen vorbei ~ in den Wald hinein ~ am Aufgang zum Königstein vorbei ~ hinter dem **Teich** rechts in die **Landgrafenschlucht** ~ in Kurven durch das Tal hindurch ~ über mehrere Treppen bis zu einer **Holzbrücke**.

Nach Überquerung der Brücke links halten ~ die Holztreppe

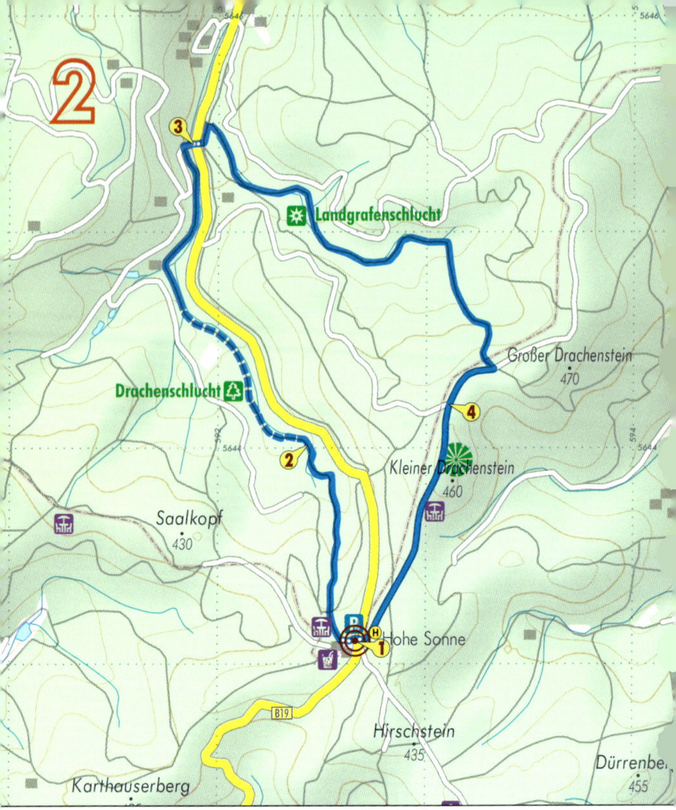

hinab auf die andere Talseite ~ einen weiteren Holzsteg links liegen lassen ~ nach einer Rechtskurve geradeaus und bergauf ~ hier dem grünen Punkt folgen ~ auf einem schmalen Pfad steil bergauf ~ nach einer S-Kurve Ankunft auf einem breiten Waldweg ~ rechts abbiegen ~ dem Weg folgen bis zu einer Gabelung.

4 **6,0 (452)** An der Gabelung links halten ~ geradeaus an einem Aussichtpunkt vorbei ~ den **Rastplatz** und den **Holzlehrpfad** passieren ~ auf ebenem Weg geradeaus ~ hinter der Schranke bis zur Straße ~ die Straße überqueren.

1 **7,2 (439)** Ende der Wanderung am Parkplatz der Hohen Sonne.

Parkplatz Hohe Sonne

leicht

Tour 3 — 9,4 km

Königshäuschen

Start/Ziel: **Ruhla-Thal, Rösickestraße in Höhe Haus Nummer 19**

Anfahrt: **Die Landstraße nach Ruhla an der Bushaltestelle bei der Wanderherberge Rennsteig verlassen. Die Straßen Am Park, Dorfstraße und Rösickestraße bis zum Ende durchfahren, in Höhe von Haus Nummer 19 am Seitenrand parken.**

Markierung: **Gelbes Kreuz auf weißem Quadrat**

Gehzeit: **2½ - 3 Std.** *Aufstieg:* **873 m** *Abstieg:* **873 m**

Hartbelag: **19 %** *Wanderwege:* **72 %** *Wanderpfade:* **9 %**

Charakteristik: Der stete Aufstieg gleich zu Beginn der Tour durch teilweise hohes Gras wird belohnt durch eine Rundwanderung auf befestigten Wegen mit tollen Ausblicken beim Königshäuschen. Ab dem Meisenstein führt die Wanderung stets bergab.

Tipp: Die Gemeinde Ruhla empfiehlt auch das Parken auf dem Parkplatz Fuchsgrund. Dafür muss man jedoch das Schild „Forstweg" am Ende der Rösickestraße ignorieren, was eigentlich widersprüchlich ist, doch auch von der heimischen Bevölkerung getan wird.

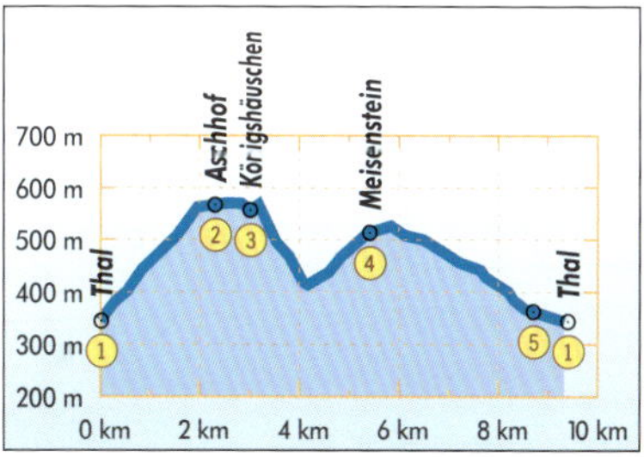

Thal (Ruhla)

PLZ: 99843; Vorwahl: 036929

Wanderherberge Rennsteig, ✆ 62288, ÜZ: März-Okt. 10-18 Uhr, u. n. V.

1 **0,0 (344)** Gegenüber dem **Haus Nummer 19** halblinks dem grasbewachsenen Weg berg-

Königshäuschen

auf folgen ⇝ oben angekommen, den Forstweg überqueren und weiter geradeaus ⇝ dem nur leicht ansteigenden Schotterweg folgen ⇝ an einer von links kommenden Einmündung rechts halten, weiter bergauf.

Aschhof

2 2,3 (565) Die **Schutzhütte** am Aschhof rechts liegen lassen ⇝ an der folgenden T-Kreuzung mit Sitzbank links abbiegen ⇝ ab hier dem gelben Kreuz auf weißem Quadrat folgen ⇝ an einer Gabelung den linken Weg benutzen ⇝ bei einer weiteren Gabelung erneut links leicht bergab gehen.

Königshäuschen

Königshäuschen, ÖZ: April-Sept., Sa 9-22 Uhr und So 9-18 Uhr, Okt.-März Sa 9-22 Uhr und So 9-16 Uhr.

3 3,0 (554) Hinter dem Königshäuschen an den Toiletten vorbei ⇝ weiter dem gelben Kreuz auf weißem Quadrat folgen ⇝ beim nächsten Abzweig erst wenige Meter rechts, dann sofort wieder links ⇝ das gelbe Kreuz ist erst auf der linken Seite an einem Baum sichtbar, wenn man den Waldweg ein wenig hinab gegangen ist ⇝ der lang gezogenen Linkskurve folgen ⇝ durch den Hohlweg hindurch ⇝ bergab bis zu einer **Holzhütte**, dort links halten ⇝ am Abzweig rechts bergauf, der Beschilderung zum Meisenstein folgen (die Kilometerangabe auf dem Schild stimmt nicht) ⇝ an der T-Kreuzung links halten.

Der **Meisenstein** ist ein bis zu 50 m hoher Felsstock aus Porphyr, vermutlich aus erstarrter Lava entstanden. Es wird vermutet, dass er als

ehemaliger Grenzpunkt der Mark Lupnitz benutzt wurde.

4 **5,4 (510)** Auf dem geschotterten Weg vor dem Meisenstein links halten ⁓ leicht bergab bis zu einer mit einem roten Punkt markierten Gabelung, dort links halten ⁓ dem kurvigen Verlauf folgen ⁓ bei einer T-Kreuzung dem asphaltierten Weg nach links folgen ⁓ weiter bergab ⁓ den schmalen **Bach** überqueren.

Fuchsgrund

5 **8,7 (364)** Den überdachten Rastplatz Fuchsgrund rechts liegen lassen ⁓ am Brauchwasserbecken vorbei ⁓ auf dem Schotterweg das Firmengelände passieren.

1 **9,4 (344)** Ende der Wanderung an Haus Nummer 19.

Thal (Ruhla)

Tour 4 — 10,3 km

Auf den Meisenstein

Start/Ziel: Parkplatz am Fuchsgrund in Ruhla-Thal

Anfahrt: Die Landstraße nach Ruhla an der Bushaltestelle bei der Wanderherberge Rennsteig verlassen. Die Straßen Am Park, Dorfstraße und Rösickestraße bis zum Ende durchfahren, das erste Hinweisschild Forstweg wird ignoriert.

Markierung: roter und grüner Punkt sowie grünes Dreieck im Wechsel, Straßenbeschilderung

Gehzeit: 4 - 4½ Std. **Aufstieg:** 379 m **Abstieg:** 379 m

Hartbelag: 72 % **Wanderwege:** 0 % **Wanderpfade:** 28 %

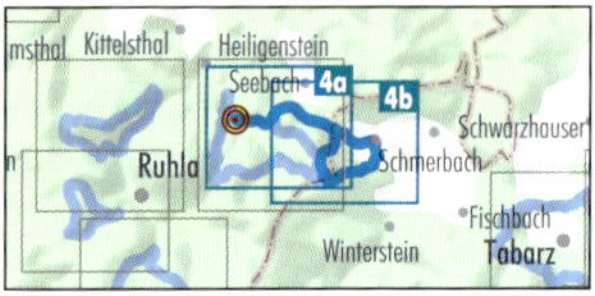

Charakteristik: Dies ist eine wenig anstrengende Tour, die jedoch einen grandiosen Ausblick vom Meisenstein bietet. Zunächst geht es auf befestigten Wegen durch den Wald, später kommt jedoch ein kurzer aber knackiger Anstieg, der mit dem Rundumblick belohnt wird. Zwischendurch hat man immer wieder schöne Aussichten auf die kleine Ortschaft Schmerbach, welche man anschließend durchqueren wird.

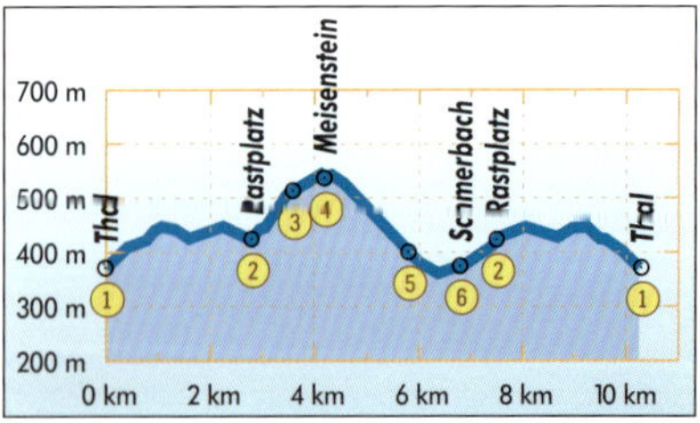

Thal

1 **0,0 (364)** Am überdachten **Rastplatz** am Fuchsgrund den **Parkplatz** verlassen ~ links in den Wald hinein ~ über den kleinen Bach bis zu den Schildern ~ vor den Schildern rechts und bei der Gabelung links bergauf ~ dem roten Punkt folgen ~ auf der Asphaltstraße kurvig hinauf ~ ab einer Kreuzung geradeaus eben weiter ~ bis zu einem überdachten **Rastplatz**.

2 **2,8 (416)** Am Rastplatz rechts abbiegen ⤳ den Schotterweg hinauf ⤳ auf der linken Seite kann die Aussicht auf Schmerbach genossen werden ⤳ weiter am Waldrand entlang ⤳ an einer Gabelung rechts ⤳ dem grünen Dreieck folgen ⤳ im Wald an einer Gabelung erneut rechts ⤳ steil bergauf.

3 **3,6 (500)** Hinter einer kleinen **Lichtung** weiter geradeaus in den Nadelwald ⤳ der Beschilderung zum Meisenstein folgen ⤳ an der Weggabelung links, nicht dem befestigten Weg folgen ⤳ steil bergauf durch das Gras ⤳ nach einer langen Rechtskurve am Abzweig Winterstein vorbei bis zur Schutzhütte ⤳ links neben der **Schutzhütte** weiter bis zum **Aussichtspunkt**.

Meisenstein

Der **Meisenstein** ist ein bis zu 50 m hoher Felsstock aus Porphyr, vermutlich aus erstarrter Lava entstanden. Es wird vermutet, dass er als ehemaliger Grenzpunkt der Mark Lupnitz benutzt wurde.

AUSSICHT Vom Aussichtspunkt hat man einen wunderbaren Ausblick auf den nordwestlichen Thüringer Wald zwischen Ruhla und Brotterode. Weiter unten ist der Wanderweg der Tour 3 zu erkennen, der unterhalb des Meisensteins verläuft.

4 **4,2 (552)** Nach dem Genuss der Fernsicht geht es zurück zum Abzweig nach Winterstein ⤳ dem roten Punkt nach Winterstein fol-

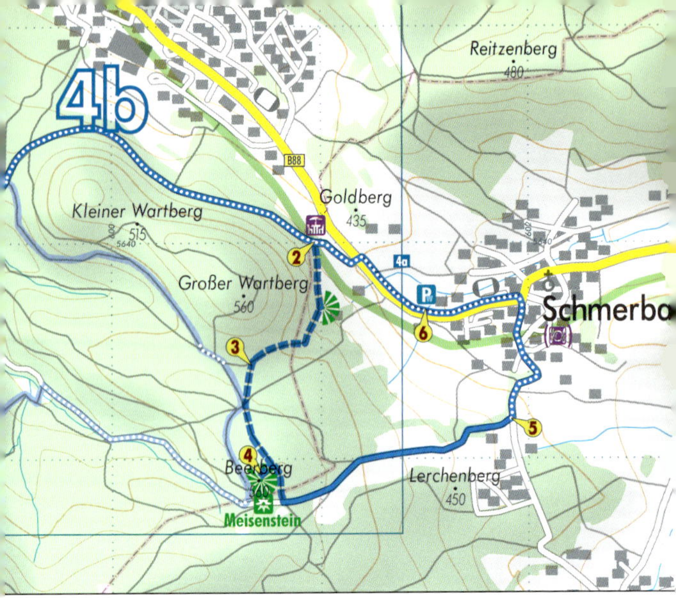

gen ~ auf dem schmalen Waldweg hinab ~ an einer T-Kreuzung links abbiegen ~ aus dem Wald heraus und links am Waldrand entlang ~ dem Weg in einer langen Linkskurve folgen.

5 **5,8 (404)** Der Asphaltpiste nach links und bergab folgen ~ geradeaus und durch eine S-Kurve ~ am Ortseingangsschild von Schmerbach vorbei ~ auf Kopfsteinpflaster weiter hinab bis zur Hauptstraße ~ an der **Hauptstraße** (B 88) links.

Schmerbach

Zur Silberquelle, Do-Sa 17-23 Uhr, So 15-22 Uhr.

Am **Gasthaus** vorbei ~ weiter durch den Ort ~ bis zum Ortsausgang ~ ⚠ Achtung, ab hier für ein kurzes Wegstück ohne Fußweg auf der linken Seite direkt an der Landstraße.

6 **6,8 (380)** Neben der Straße bis zum **Wanderparkplatz** ~ auf der Asphaltpiste bis zum überdachten **Rastplatz** (**2**) ~ der Asphaltstraße leicht bergauf folgen ~ durch eine langgezogene Linkskurve ~ an der Kreuzung geradeaus ~ in einer Rechtskurve bergab bis zur **Brücke** ~ die Brücke überqueren ~ geradeaus bis zum Parkplatz Fuchsgrund.

1 **10,3 (364)** Ende der Wanderung am **Parkplatz Fuchsgrund**.

Thal

Tour 5 mini-a-thür

6,5 km

Start/Ziel: Parkplatz mini-a-thür

Anfahrt: Vom Ruhlaer Zentrum nordwärts Richtung Thal, kurz vor dem Ortsausgang links der Beschilderung zum Freizeitpark bis zum dortigen Parkplatz folgen.

Markierung: gelber Punkt auf weißem Quadrat

Gehzeit: 2 - 2½ Std. **Aufstieg:** 590 m **Abstieg:** 590 m

Hartbelag: 0 % **Wanderwege:** 36 % **Wanderpfade:** 64 %

Charakteristik: Leichter Wanderweg über den Ringberg und rund um den Freizeitpark mini-a-thür, daher besonders gut für Kinder geeignet. Auf dem Ringberg wird der Aufstieg mit einer herrlichen Rundumsicht vom Carl-Alexander-Turm belohnt.

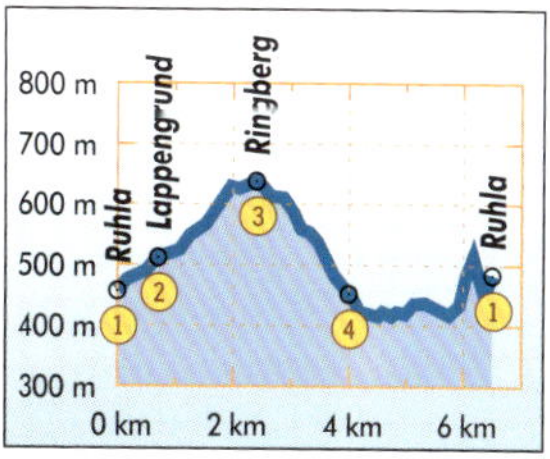

Aussichtsturm am Ringberg

Aussicht vom Ringberg

Ruhla

PLZ: 99842; Vorwahl: 036929

Touristinformation Ruhla, Neuer Markt 1, ✆ 89013

Tabakpfeifenmuseum, Obere Lindenstr. 29, ÖZ: Di, Do, Sa 13-17 Uhr, Mi und Fr 9-14 Uhr. Im ältesten und schönsten Fachwerkhaus Ruhlas informiert eine Ausstellung über das Tabakpfeifengewerbe, welches für Ruhla bedeutend ist.

Freizeitpark mini-a-thür, ÖZ: April-Okt., tägl. 10-18 Uhr. Fast einhundert Miniaturbauwerke, deren originale Vorbilder sich in ganz Thüringen befinden inkl. Kindereisenbahn, Spielplatz und einer Sommerrodelbahn.

1 **0,0 (339)** Den **Parkplatz** verlassen ~ gegenüber der Sommerrodelbahn und links vom Freizeitpark den Schotterweg leicht bergauf ~ neben dem blickdichten **Zaun** vom mini-a-thür entlang ~ am Ende des Parks links dem kurvigen Weg folgen.

2 **0,7 (407)** Am Abzweig Lappengrund geradeaus ~ an der **Schranke** vorbei ~ weiter bergauf ~ an einer Kreuzung rechts abbiegen ~ dem Weg bergauf folgen ~ die **Schutzhütte** auf der rechten Seite passieren.

Ringberg 639 m

1867 wurde der **Carl-Alexander-Turm** auf dem Ringberg erstmalig aus Holz errichtet. Nach seinem Einsturz erbaute man dreißig Jahre später einen neuen Turm, dieses Mal aus Eisen. Nach Überwindung der 111 Stufen hat man eine phantastische Aussicht über den

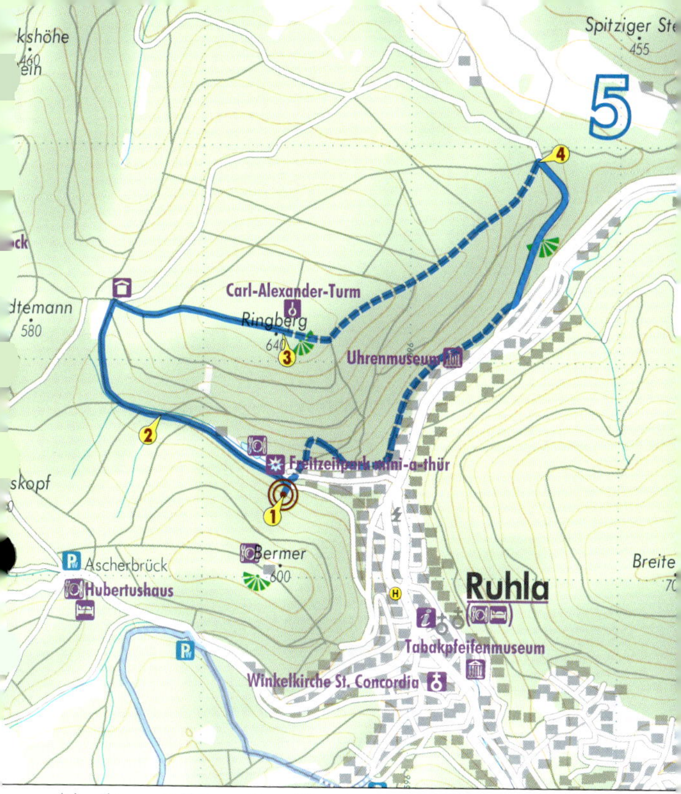

westlichen Thüringer Wald bis zum Monte Kali und zur Wartburg sowie natürlich zum Inselsberg im Südosten des Turms.

3 **2,4 (614)** Am Carl-Alexander-Turm weiter dem schotterigen Weg folgen ~ den grasbewachsenen Weg in einer Linkskurve nutzen ~ auf dem breiter werdenden Waldweg bergab.

4 **4,0 (424)** An der T-Kreuzung rechts abbiegen ~ auf dem breiten Waldweg am **Holzlagerplatz** vorbei bis zu einer Gabelung ~ rechts den schmaleren Weg leicht bergauf benutzen ~ auf dem grasbewachsenen Weg oberhalb der Stadt Ruhla mit Panoramablick auf die Stadt ~ der lang gezogenen Rechtskurve etwas bergab folgen.

1 **6,5 (339)** Ende der Wanderung am Parkplatz vom **Freizeitpark mini-a-thür**.

Ruhla

leicht

Tour 6 Glöckner

7,1 km

Start/Ziel: Ruhla, Parkplatz am Schützenhaus, Altensteiner Straße 30

Anfahrt: Vom Ruhlaer Zentrum Richtung Steinbach und Brotterode. Der Parkplatz und das Schützenhaus erscheinen kurz hinter dem Ortsausgang auf der rechten Seite.

Markierung: grünes Dreieck, Ortsbezeichnungen

Gehzeit: 2 Std. **Aufstieg:** 536 m **Abstieg:** 536 m

Hartbelag: 0 % **Wanderwege:** 81 % **Wanderpfade:** 19 %

Charakteristik: Die sehr ruhige Wanderung führt stets leicht bergauf auf den Glöckner. Dieser besticht nicht nur durch eine wunderbare Fernsicht in die Thüringer Rhön, sondern beherbergt eine sehenswerte Granitfelsformation. Nach einer Pause am Imbiss an der Schillerbuche verläuft der Weg wieder mit einem leichten Gefälle vorbei an der Ruhlaer Skischanze bis zum Parkplatz zurück.

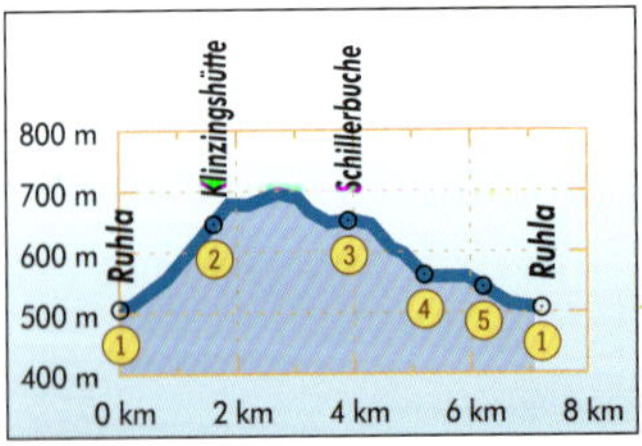

Ruhla s. S. 38

Schützenhaus, Altensteiner Str. 30, ✆ 750; ÖZ: tägl. 11-22 Uhr

1 **0,0 (483)** Auf dem Parkplatz vor dem **Schützenhaus** rechts ~ auf dem schmalen Trampelpfad zwei Meter hinab bis zum Wanderweg neben dem Parkplatz ~ links den Weg leicht bergauf ~ an einer Gabelung den Schildern zur **Großen Meilerstätte** folgen ~ nach einer Linkskurve hinter dem **Teich** rechts abzweigen ~ dem Waldweg bergauf folgen.

Klinzingshütte

2 **1,6 (654)** An der Abzweigung Klinzingshütte dem Rennsteigradweg geradeaus folgen.

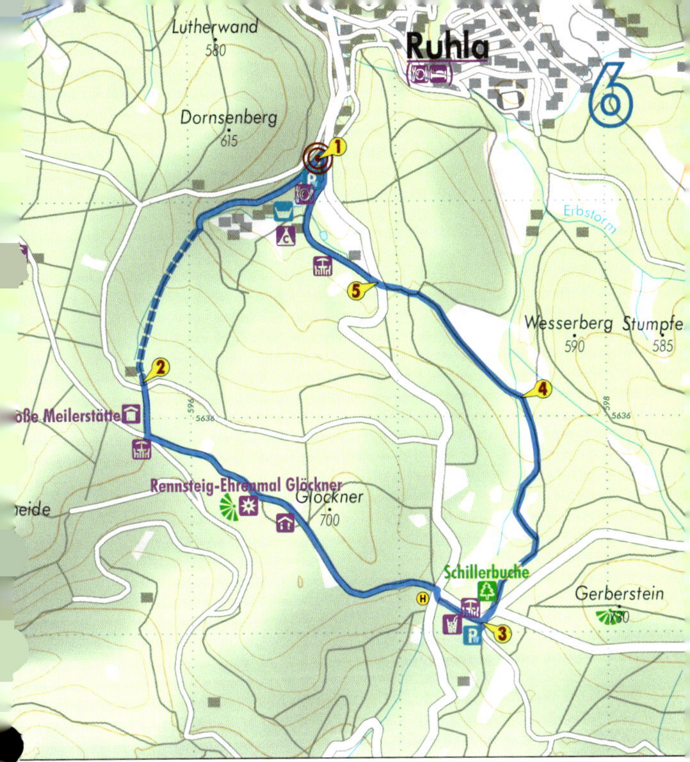

Große Meilerstätte. Die große Meilerstätte war früher ein dichter Buchenwald. Diese wurden für Holzkohlenmeiler genutzt. Eine kleine Schutzhütte lädt zur Rast ein.

An der pilzförmigen **Schildersskulptur** links auf den breiten Weg einbiegen ~ dem ebenen und geraden Wegverlauf folgen ~ nach 300 m erscheint auf der linken Seite ein kleiner Abzweig zum Nebestein, einem Gedenkstein aus dem Jahr 1918 ~ weitere 400 m später folgt auf der rechten Seite der Zugang zum Aussichtspunkt.

Glöckner

Die **Granitfelsbrocken** am Aussichtspunkt des Glöckners sind mit mehreren Inschriften versehen, die an verschiedene Personen der Region erinnern.

AUSSICHT Zwischen den Bergkuppen hindurch kann man bis zur Rhön und in das Werratal blicken.

Die Granitfelsengruppe verlassen und weiter dem Wanderweg folgen ⁓ ein Linksbogen, danach leicht bergab ⁓ an den Hinweisschildern Glasbachwiese die Landstraße überqueren ⁓ halbrechts an der **Verkehrsinsel** vorbei ⁓ auf dem Wanderweg parallel zur Landstraße gehen ⁓ bis zum **Parkplatz An der Schillerbuche**.

3 3,9 (651) Nach dem Imbissstand die Landstraße überqueren ⁓ dem schmalen Weg in den Wald hinab folgen ⁓ an einer Gabelung links ⁓ durch eine Linkskurve ⁓ jetzt über eine breite Wiese ⁓ am Ende der Wiese rechts halten ⁓ im Unterholz auf der linken Seite sind moderne **Trinkwasserbrunnen** zur Wasserversorgung in Thüringen zu erkennen ⁓ durch den dichten Wald bis zum Hinweisschild Berwindental.

4 5,2 (561) Im **Berwindental** links abbiegen ⁓ auf dem breiten Waldweg im leichten Auf und Ab ⁓ links neben einem Feld entlang ⁓ nach einer leichten Linkskurve links halten ⁓ weiter bis zur Landstraße.

5 6,2 (548) Nach Überquerung der Landstraße halbrechts den Waldweg nutzen ⁓ unterhalb der **Skischanze** und dem **Vereinsheim** vorbei ⁓ zwischen der **Rasthütte** und dem **Weiler** hindurch ⁓ nach einem kurzen Waldstück erscheint links der Zaun vom Campingplatz ⁓ auf dem nun ebenen Weg am **Campingplatz** entlang.

1 7,1 (483) Ende der Wanderung am **Parkplatz vom Schützenhaus**.

Ruhla

leicht

Tour 7 — 4,4 km

Kurztour am Ententeich

Start/Ziel: Ruhla, Parkplatz am Ententeich, Dornsengasse

Anfahrt: Im Zentrum von Ruhla die Dornsengasse bis zum Ende fahren. Der Parkplatz befindet sich auf der linken Seite.

Markierung: gelbes Quadrat auf weißem Quadrat und Ortsausschilderung

Gehzeit: 1½ Std. **Aufstieg:** 400 m **Abstieg:** 400 m

Hartbelag: 11 % **Wanderwege:** 87 % **Wanderpfade:** 2 %

Charakteristik: Diese kurze Tour kann man jederzeit zwischendurch wandern. Wer sie verlängern möchte, für den gibt es eine Übergangsmöglichkeit zu Tour 5.

Ruhla s. S. 38

PLZ: 99842; Vorwahl: 036929

Touristinformation Ruhla, Neuer Markt 1, ✆ 89013

1 0,0 (500) Den **Parkplatz am Ententeich** über eine Asphaltstraße verlassen ~ aufwärts zwischen zwei Häusern hindurch ~ an der Gabelung rechts, weiterhin der Asphaltstrecke bis zu ihrem Ende folgen ~ durch das hohe Gras wenige Meter bergauf ~ an der T-Kreuzung links abzweigen ~ bei der Gabelung vor der Wiese nach rechts Richtung Hinweisschilder.

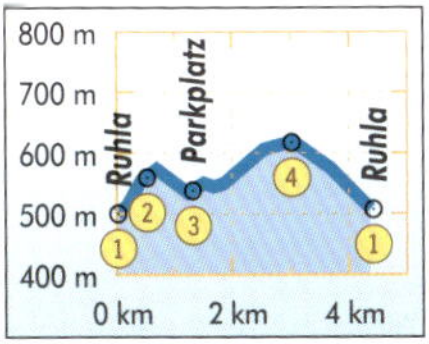

2 0,5 (550) Nach dem steilen Aufstieg und einem kurzen Rundumblick über Ruhla geht es am **Steinbruch** Engestieg geradeaus in den Wald hinein ~ der Beschilderung zum **Bermbachtal** folgen ~ im Wald an der Gabelung rechts ~ die sogenannte Schwabewiese und den dahinter verlaufenden Bach überqueren ~ hinter der folgenden Wartburgleitung mit stetem Gefälle bis zu einem **Parkplatz**.

3 1,3 (507) Am Parkplatz an der Schranke vorbei, wieder in den Wald hinein ~ der Teich auf der rechten Seite wird passiert.

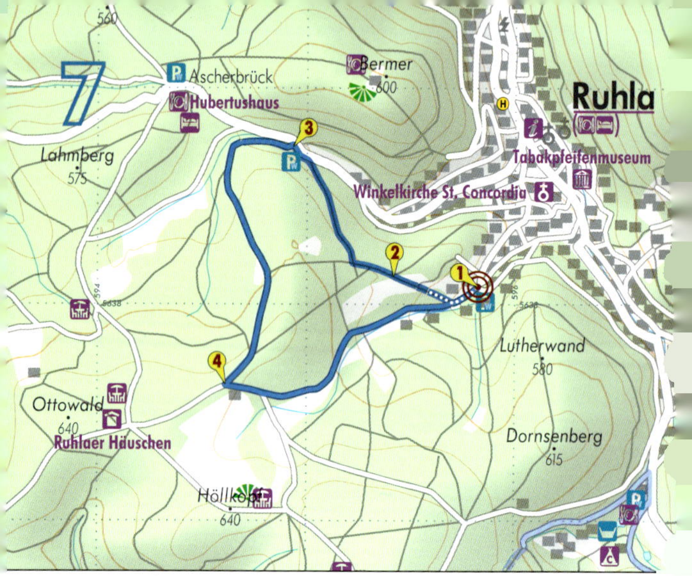

ANSCHLUSS Am Abzweig Ascherbrück besteht die Möglichkeit rechts in Richtung Route 5 zu gelangen.

Weiter geradeaus und dem Anstieg folgen ~ in leicht kurviger Steigung am ehemaligen Klosterholz vorbei.

4 **3,0 (612)** An der T-Kreuzung links in Richtung Dornsental abbiegen und auf dem Rennsteigradweg bergab ~ ein privates Holzhaus mit angrenzender Scheune auf der rechten Seite liegen lassen ~ bei der Gabelung den Rennsteigradweg verlassen und weiter geradeaus wandern ~ durchgehend geradeaus, bergab und leicht kurvig bis zur Asphaltpiste ~ rechts halten und weiter bergab in das **Dornsental**.

1 **4,4 (500)** Ende der Wanderung beim Parkplatz am Ententeich.

Ruhla

leicht

Tour 8 — 11,5 km

Rund um Tabarz

Start/Ziel: Tabarz, Parkplatz am Ende der Zimmerbergstraße

Anfahrt: Im Zentrum von Tabarz der Zimmerbergstraße bis zum Ende folgen (Klink, Altenpflegeeinrichtung). Der zweiterrassige Parkplatz liegt auf der linken Seite.

Markierung: orangefarbene 3 in orangefarbenem Kreis

Gehzeit: 3½ - 4 Std. **Aufstieg:** 900 m **Abstieg:** 900 m

Hartbelag: 8 % **Wanderwege:** 54 % **Wanderpfade:** 38 %

Charakteristik: Mit einem steten Auf und Ab verläuft der Weg auf den Höhen rund um die Ortschaft Tabarz. Dabei offenbaren sich wunderbare Ausblicke nicht nur auf die Stadt, sondern auch auf die Umgebung bis hin zum Inselsberg. Am Ende der Tour hat man Tabarz einmal komplett umrundet.

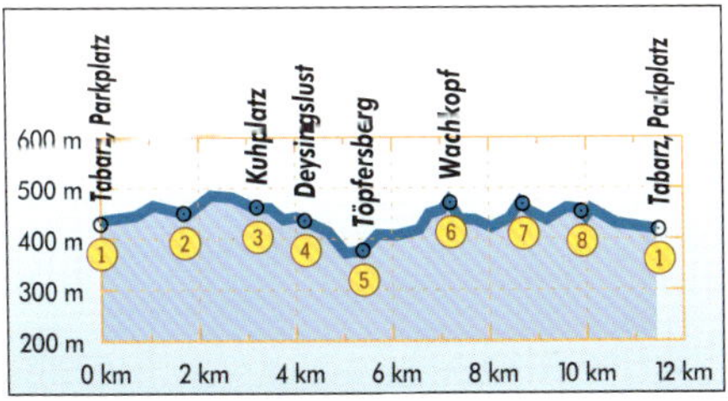

Tabarz

PLZ: 99891; Vorwahl: 036259

Touristinformation Tabarz; Theodor-Neubauer-Park 3, ✆ 61087

Tabarzer Bäderspaß Tabbs, Schwimmbadweg 10, ✆ 67310, ÖZ: tägl. 10-22 Uhr, Erlebnisbad mit Solebecken, Sportbad, Außenschwimmbecken, Saunalandschaft und drei Wasserrutschen.

Tabarz besteht eigentlich aus den Ortsteilen Tabarz und Cabarz und wurden erst 1946 vereint. Zuvor musste eher dem östlichen Cabarz größere Bedeutung zugesprochen werden, da dort die erste Schule und die erste Kirche standen. Tabarz entwickelte sich rund um den

kleinen Fluss Laucha als beliebter Kurort und beherbergte bereits um das Jahr 1900 drei Badeanstalten. Ein später entstandenes Freibad wurde durch das heutige moderne Freizeitbad Tabbs ersetzt. Seit 2001 gilt Tabarz als Kneipp-Kurort.

1 0,0 (433) Den **Parkplatz** verlassen und gegenüber dem Klinikeingang den **Friedensweg** hinauf gehen ~ an der T-Kreuzung rechts abbiegen und der Beschilderung folgen ~ es kann entweder auf der asphaltierten Straße gewandert werden oder daneben auf dem schmalen Wanderpfad ~ bei der Gabelung den linken, breiteren Waldweg benutzen ~ nach einer leichten S-Kurve erhebt sich in einer Linkskurve ein Strommast, vor der Kurve scharf links abbiegen ~ auf der rechten Seite befindet sich ein **Kleingartenverein**, an diesem vorbei und an seinem Ende geradeaus weiter.

2 1,7 (447) Auf der **Russenbrücke** überquert man die Bahnverbindung zwischen Tabarz und Friedrichroda ~ gleich dahinter kreuzt man die parallel zur Bahnstrecke verlaufende Bundesstraße 88 ~ die rot-weiße Schranke wird passiert ~ ab der folgenden Kreuzung Johnkopf geht es den breiten Schotterweg bergauf

Kühplatz

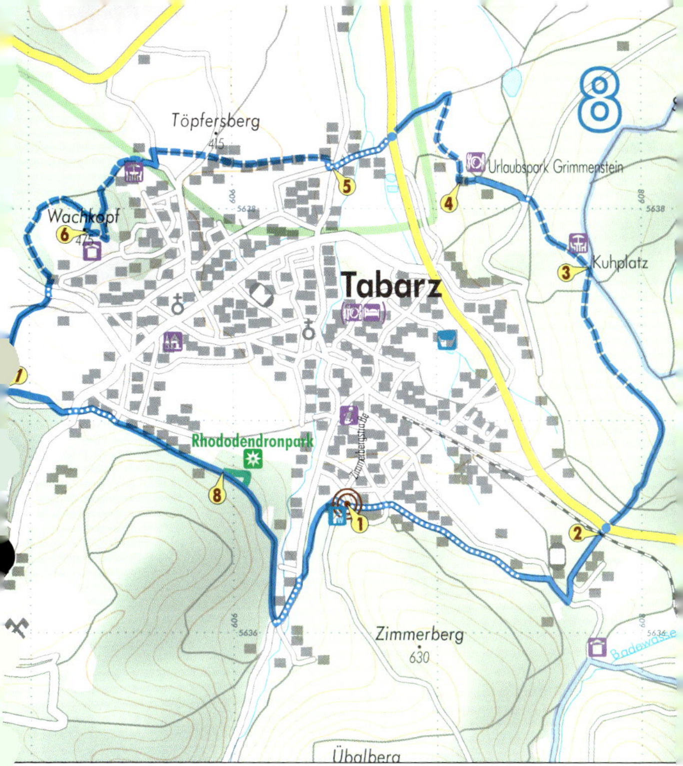

~ nach einer langgezogenen Linkskurve lichtet sich der Wald, der Weg verläuft halbrechts weiter, hier links in den Wald hinein ~ auf niedrigem Gras durch den Wald ~ an einer **Parkbank** vorbei ~ der Beschilderung weiter durch den Wald folgen.

Kuhplatz

3 3,2 (461) Nach einer Rast an der überdachten **„Futterkrippe am Kuhplatz"** halblinks in den Wald hinein ~ auf weichem Waldboden und wurzeligen Untergrund leicht bergab parallel zur Forststraße ~ bei der von links einmündenden Asphaltstraße geradeaus ~ rechts neben der Straße den Wanderpfad benutzen ~ den Urlaubspark Grimmenstein passieren.

Deysingslust

Urlaubspark Grimmenstein, Deysingslust 2, ✆ 50144

Waldrestaurant Deysingslust, ✆ 036259/62044, ÖZ: Sa-Mi 13.30-22 Uhr

4 4,2 (433) Nach dem Genuss der Aussicht bis zum Inselsberg am Waldrestaurant Deysingslust verläuft der Weg ab der Sitzbank rechts neben der Gaststätte auf Gras ~ an der T-Kreuzung links ~ nach einer leichten Linkskurve vor einer Sitzbank rechts in den Feldweg ~ dem schmalen Pfad in einer langgezogenen Rechtskurve folgen ~ am Ende des Feldes links in den Wald hinein ~ weiter auf einem schmalen Pfad bergab ~ die Bundesstraße 88 überqueren ~ an der T-Kreuzung rechts abbiegen ~ am Baumarkt vorbei ~ über die Kopfsteinpflasterstraße bis zu ihrem Ende.

Töpfersberg

5 5,4 (376) Links neben dem gelbgekachelten Haus den Schotterweg leicht hinauf ~ auf den Fahrspuren an den **Kleingärten** entlang ~ am Ende die Straße überqueren ~ jetzt die drei **Stufen** aus Holzbohlen benutzen ~ auf dem Rasenweg zwischen den Feldern hindurch und am Ende links ~ bei der Asphaltpiste und dem rostigen Tor rechts ~ direkt dahinter erneut rechts in den schmalen Schotterweg ~ auf der linken Seite befindet sich nun ein teilweise überdachter und mit Erdwällen umfasster **Rastplatz** ~ nach einer kleinen Pause in den Wald hinein und leicht bergauf ~ am Abzweig zum Kindernaturlehrpfad links ~ die als Treppe angelegten **Holzbohlen** steil hinauf ~ oben links ~ beim Verlassen des Waldes rechts und am Waldrand entlang.

Wachkopf 476 m

6 7,2 (474) Von der **Schutzhütte** am Wachkopf sehen Sie schon den späteren Wegverlauf – auf der gegenüber liegenden Talseite werden Sie am dort sichtbaren Waldrand entlang wandern ~ zunächst jedoch rechts neben der Schutzhütte in den Wald hinein ~ dem schmaler werdenden Pfad bis zu einer von rechts kommenden Einmündung bergab gehen ~ links halten ~ nach einer rund zehnminütigen Wanderung auf einem **Lehrpfad** vor einem Metallzaun der orange leuchtenden 3 nach rechts folgen ~ die Landstraße überqueren und links halten ~ einige Treppen hinauf ~ vor dem freien Feld rechts ~ sofort an der Gabelung links ~ stetig bergauf bis **Schauinsland**.

7 8,7 (472) Vor der **Sitzbank** bei Schauinsland links am Waldrand leicht bergab ~ am Ende des Weges kann auf der rechten Seite das **Wassertretbecken** als Kneippkuranlage genutzt werden ~ die Straße überqueren ~ zwi-

Wanderweg zum Wachkopf

schen den Häusern hindurch am Zaun entlang ⤳ am Ende rechts die Treppe hinab und weiter geradeaus ⤳ in der asphaltierten **Mühlbachstraße** bergauf an der Streugutkiste vorbei ⤳ vor der Grundstückszufahrt rechts den Schotterweg leicht bergauf.

8 9,9 (159) Geradeaus zum Abzweig Rhododendronpark.

Rhododendronpark

VARIANTE Wer sich nicht für die Besichtigung des kleinen Rhododendronparks interessiert, kann einfach weiter geradeaus wandern. Beide Wege führen nach wenigen Metern wieder zusammen.

Nach zehnminütiger Wanderung mündet der breite Weg durch den Wald in die **Datenbergpromenade** ⤳ hier nun scharf links auf Asphalt ⤳ mit einem leichten Gefälle bis zum **Tennisplatz** auf der linken Seite ⤳ halbrechts in den Forstweg hinein ⤳ den Forstweg ca. 5 Minuten bis zum Ende gehen.

1 11,5 (433) Ende der Wanderung am Parkplatz in Tabarz.

Tabarz

Tour 9 — 10,8 km

Auf die Hörselberge

Start/Ziel: Parkplatz am Bahnübergang von Schönau bei Wutha-Farnroda

Anfahrt: Ab Eisenach über die B 7 durch Wutha-Farnroda bis Schönau. Innerhalb einer Rechtskurve befindet sich auf der linken Seite ein Parkplatz am Bahnübergang.

Markierung: Richtungswegweiser, roter Strich und Jakobsmuschel

Gehzeit: 3 Std. **Aufstieg:** 360 m **Abstieg:** 360 m

Hartbelag: 30 % **Wanderwege:** 18 % **Wanderpfade:** 52 %

Charakteristik: Angenehme Wanderung am Nordostrand des Thüringer Waldes mit weiten Panoramaaussichten und einem Marsch exakt auf dem Kamm der Hörseler Berge.

Wutha-Farnroda

PLZ: 99848; Vorwahl: 036921

Hörselbergmuseum, Hörseltalstr. 39, ✆ 915111, ÖZ: Mai-Okt., Do und So 14-18 Uhr

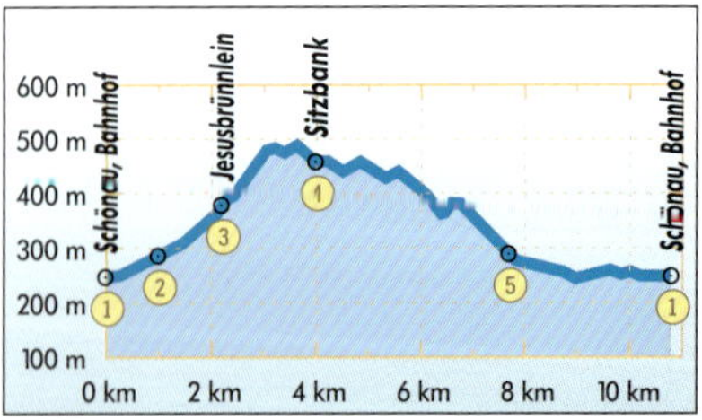

Die östlich von Eisenach gelegenen Gemeinden Wutha und Farnroda wurden 1987 zusammengelegt und bildeten damit die Ortschaft Wutha-Farnroda. Mittlerweile umfasst das Gemeindegebiet (Wutha-Farnroda hat kein Stadtrecht) auch die Ortsteile Mosbach, Kahlenberg und Schönau an der Hörsel. Die Hörsel entspringt bei Finsterbergen als Kleine Leina und fließt südlich der Hörselberge durch Schönau, Wutha-Farnroda und mündet im Eisenacher Stadtteil Hörschel in die Werra. Betrachtet man also die Leina (Hörsel) und die Werra als Grenzflüsse des Thüringer Waldes, so liegen die nun zu erwundernden Hörselberge eigentlich außerhalb des Naturparks Thüringer Wald. Doch auf Grund der Nähe *und der wunderbaren Aussicht auf den Thüringer Wald inkl. dem Großen Inselsberg sollte man sich eine Wanderung hier hinauf nicht entgehen lassen.*

1 0,0 (246) Am Parkplatz die Bahngleise vom **Bahnhof Schönau** überqueren ~ geradeaus am Ortseingangsschild des Ortsteils Kahlenberg vorbei ~ über die **Brücke** der Hörsel hinweg ~ auf Kopfsteinpflaster bis zur T-Kreuzung ~ rechts halten bis zum Fachwerkhaus Zapfengrund.

Gasthof Zapfengrund, Ortsstr. 2, ✆ 036921/96404, ÖZ: tägl. 7-23 Uhr

Hinter dem Gasthof links in den Wald und die **Stufen** hinauf ~ an der Sitzbank vorbei und am Zaun entlang ~ auf dem Waldweg leicht bergauf ~ an einer Gabelung links halten ~ auf dem Waldweg bis zu einem Schotterpfad.

2 1,0 (287) Auf dem Schotterweg nach rechts abbiegen ~ weiter bergauf ~ nach einer Lichtung durch den Hohlweg, der durch den Rückbau der Autobahn 4 entstand ~ über die Wiese bis zum Abzweig zum Jesusbrünnlein.

Panorama auf den Großen Inselsberg

Jesusbrünnlein

Bis zum Jahr 2010 verlief die Trasse der Autobahn 4 genau durch die Hörselberge. Die Autobahn, die Deutschland von Ost nach West durchquert und unter derselben Bezeichnung durch Polen weiterführt, musste verlegt werden, weil sie durch die Steigungen und fehlenden Standstreifen nicht mehr zeitgemäß war. Seit dem Jahr 2010 verläuft die neue Trasse nun nördlich der Hörselberge, was der Flora und Fauna selbstverständlich zu Gute kommt. Die alte Fahrbahn-

decke wurde abgetragen und die Trasse renaturiert.
Nur wenige Meter entfernt befindet sich das Jesusbrünnlein, welches, einer Sage zufolge, entsprang als ein durstender Schäfer mit seiner Herde auf den Hörselberg zog und Gott um Wasser anflehte. Daraufhin soll sich ein kleiner Fels aufgetan haben, aus dem bis heute das Jesusbrünnlein sprudelt.

3 2,2 (382) Die Stufen am **Jesusbrünnlein** geht es hoch ~ an der Quelle vorbei ~ bis zur Wiese, die laut Hinweisschild als Apotheke bezeichnet wird ~ die „Apotheke" passieren und am ersten Abzweig rechts ~ am einstigen **Grenzstein** vorbei ~ in einer Serpentinenkurve steil bergauf bis zur Venushöhle.

Venushöhle. Die 15 m lange Venushöhle entstand, wie weitere Höhlen in den Hörselbergen, durch Auswaschungen des Muschelkalks. Sie ist Heimat für mindestens sieben Fledermausarten und kann daher nicht betreten werden.

Oberhalb der **Venushöhle** weiter geradeaus ~ dabei können die Ausblicke auf das Hörseltal und die ehemalige Autobahntrasse genossen werden ~ auf dem Hang entlang mit Fernblicken bis zum markanten Großen Inselsberg ~ oberhalb der folgenden Tannhäuserhöhle geradeaus bis zum Berggasthaus.

Berggasthaus Großer Hörselberg, ✆ 03622/907320, ÖZ: Di-So 10-18 Uhr

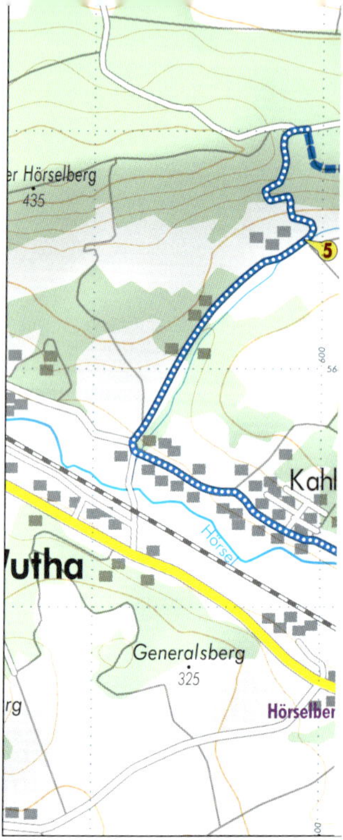

Nach einer Erfrischung im Berggasthaus geht es wieder ein kleines Stück zurück in Richtung Tannhäuserhöhle.

4 4,0 (477) An einer **Sitzbank** rechts in den Wald hinein und auf dem dortigen Abschnitt des Jakobswegs entlang ~ an einem Abzweig links halten ~ auf dem Bergkamm an zahlreichen **Grenzsteinen** vorbei ~ stets geradeaus bis zu einem Rastplatz

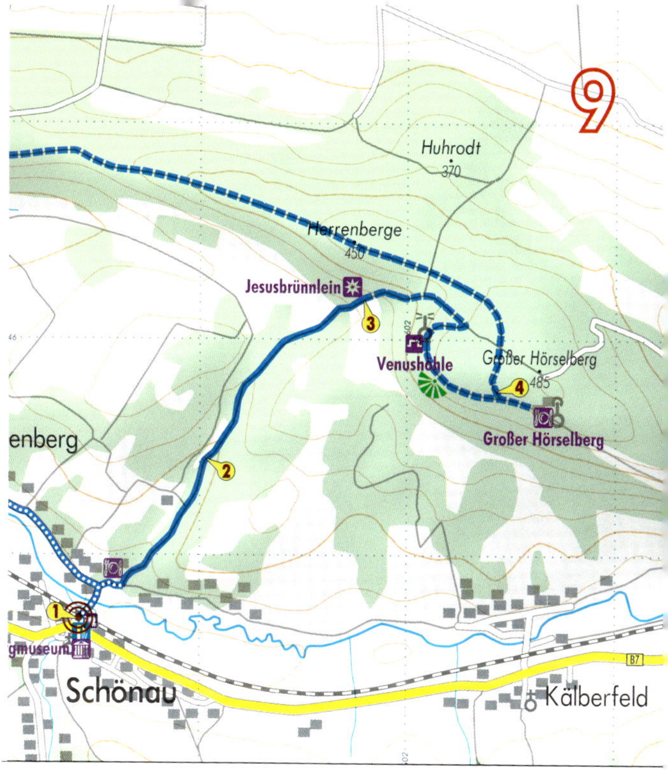

~ scharf links halten und bergab wandern ~ erneut die ehemalige Autobahntrasse passieren.

5 7,7 (420) Auf der Asphaltpiste leicht bergab ~ bis zur Kreuzung der Ortsstraße ~ links abbiegen ~ im leichten Auf und Ab parallel zur **Hörsel** ~ bis zum Abzweig nach rechts ~ über die **Brücke** und anschließend über die Bahngleise.

1 10,8 (246) Ende der Wanderung am Parkplatz beim Bahnhof Schönau.

Wutha-Farnroda

leicht

Tour 10 10,5 km

Regenbergstein

Start/Ziel: Friedrichroda, Parkplatz Ecke Marktstraße/ Hauptstraße

Anfahrt: Über die B 88 bis Friedrichroda, der Parkplatz befindet sich mitten im Zentrum.

Markierung: gelbes Dreieck auf weißem Grund, grüner Punkt und Richtungswegweiser

Gehzeit: 3 - 3½ Std. **Aufstieg:** 460 m **Abstieg:** 460 m

Hartbelag: 19 % **Wanderwege:** 68 % **Wanderpfade:** 13 %

Charakteristik: Nach einem steten Anstieg verläuft der Weg rund um den Regenbergstein, wo es mehrfach wunderbare Ausblicke zu genießen gilt. Krönender Höhepunkt dieser Wanderung ist die Besteigung des Felsmassivs auf dem Regenberg.

Friedrichroda

PLZ: 99892-99894, 99898; Vorwahl: 03623

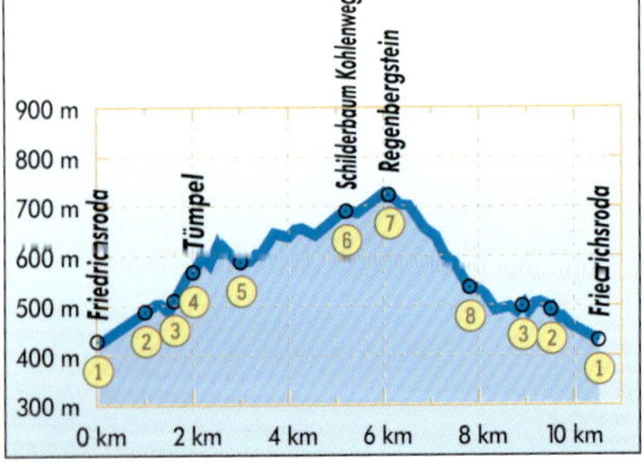

Touristeninformation Friedrichroda, Kirchgasse, ✆ 33200

Schon im 11. Jahrhundert begann die Geschichte Friedrichrodas, als der Ludowinger Ludwig der Bärtige die Schauenburg auf dem gleichnamigen Berg südlich des heutigen Ortsgebietes errichtete. Sein Sohn begann mit dem Bau der Wartburg bei Eisenach und gründete das Kloster Reinhardsbrunn, welches nach dem Aussterben der Ludowinger große Bedeutung erhielt. Durch seine Lage an einer Passstraße war Friedrichroda einerseits ein wichtiger Verkehrsknotenpunkt, andererseits kam es im Dreißigjährigen Krieg und später unter Napoleon zu schweren Verwü-

Andreasbrunnen

stungen. Heute gilt Friedrichroda als heilklimatischer Kurort und war bereits in der DDR-Zeit der zweitgrößte Erholungsort im Land.

1 0,0 (423) Durch die Fußgängerzone bis zur **Touristinformation** ~ links an der Kirche vorbei bis zur **Tabarzer Straße** ~ der Beschilderung zum Kurpark folgen und durch die schmale Straße bergauf ~ am Brunnen vorbei ~ an der Vorfahrtstraße geradeaus bis zum Schilderbaum am **Kurpark** ~ gegenüber dem Schilderbaum in den **Herzogsweg** ~ den Apshaltweg hinauf bis zum Sackgassenschild ~ an der Bruchsteinmauer vorbei bis zu einer Gabelung.

2 1,0 (470) An der Gabelung links halten ~ dem grünen Punkt folgen ~ in die Forststraße hinein ~ leicht bergauf bis zum **Hirtenbrunnen** ~ weiter geradeaus ~ durch eine langgezogene Rechtskurve.

3 1,6 (473) An der Gabelung vor dem Bach rechts halten ~ im Wald den Berg hinauf ~ neben dem kleinen Taleinschnitt entlang ~ bis zu einer **Treppe** aus Holzbohlen ~ über die Stufen hinauf ~ den geschotterten Waldweg am Hörselstieg überqueren ~ der Beschilderung zur Schauenburg folgen ~ auf dem schmalen Pfad nun leicht bergauf ~ an einer Gabelung leicht links hinab in Richtung Tümpel ~ dem grünen Punkt folgen.

4 2,0 (541) Vor dem **Tümpel** zweigt der Weg nach links ab ~ nun durch den dichten Wald dem sanft ansteigenden, schmalen Pfad folgen ~ am grünen Geländer, welches der Sicherung dient, scharf rechts abbiegen und eine Serpentine wandern ⤳ weiter bergauf und in einer erneuten Kehrtwende nach links ⤳ auf der linken Seite ist ein Gipfelkreuz zu sehen ⤳ in einem Rechtsbogen auf dem Pfad bis zum Hinweisschild der Ruine Schauenburg.

Die **Schauenburg**, gegründet von Graf Ludwig dem Bärtigen, kann lediglich auf eine zweihundertjährige Geschichte zurückblicken. Der Wohnort des Ludowingers wurde mit dem Bau der Wartburg und der nahe gelegenen Burg Tenneberg bedeutungslos und diente nach seinem Tod nur noch für kurze Zeit als Schutzburg des Klosters Reinhardsbrunn. Heute sind von der im 13. Jahrhundert zerstörten Burg nur noch wenige Überreste vorhanden.

Die Felsen laden zu einer kleinen Rast ein und bieten eine herrliche Sicht auf den gegenüber liegenden Regenbergstein, der das nächste Ziel sein wird ⤳ an dem nur wenige Meter entfernt liegenden zweiten Felsen der Treppe hinab folgen ⤳ über einen schmalen Pfad bergab ⤳ durch den Wald und weiterhin dem grünen Punkt folgen ⤳ der schmale Pfad trifft auf einen etwas breiteren Waldweg.

5 **3,0 (574)** Auf den Waldweg nach links abbiegen ⤳ in einer langen Rechtskurve dem Wegverlauf folgen ⤳ dabei geht es leicht bergauf ⤳ links blickt man in einen schmalen Taleinschnitt hinab ⤳ in einer Linkskehre weiter dem Weg folgen ⤳ im leichten Auf und Ab geradeaus ⤳ an einer großen Kreuzung auf dem breiten Weg geradeaus und weiter bergauf.

Kohlenweg

6 **5,2 (673)** Am Schilderbaum Kohlenweg links abbiegen ⤳ vorbei am **Holzlagerplatz** ⤳ an der Kreuzung Regenbergstieg halblinks halten ⤳ die kleine **Schutzhütte** passieren ⤳ vor dem eingezäunten Gelände rechts halten ⤳ steil bergauf bis zur Regenbergpromenade.

Am Schilderbaum zunächst geradeaus vorbei ⤳ in dem steilen Aufstieg an einer Gabelung links abbiegen ⤳ an einem Schilderbaum aus Metall ist der **Regenbergstein** erreicht ⤳ links davon kann über die Treppe der dortige Felsen erklommen werden.

Regenbergstein

7 **6,1 (722)** Nach der tollen Aussicht, diesmal in Richtung Schauenburg, und einer kleinen Rast geht es nun ständig bergab ⤳ zurück bis zur Regenbergpromenade ⤳ dort nun links abbiegen ⤳ auf dem breiten Waldweg am Hang entlang ⤳ in einer langen Linkskurve an einem markanten **Porphyrfelsen** vorbei ⤳ den von rechts unten kommenden Waldweg passieren ⤳ in leichten Kurven durch den Wald ⤳ weiter bergab bis zur Landstraße.

8 **7,8 (523)** Die rot-weiße Schranke passieren ⤳ rechts halten ⤳ kurz

vor der Landstraße links in den schmalen Weg hinein und parallel zur Straße wandern ⤳ über die Lichtung in den Wald hinein ⤳ weiter bergab und geradeaus ⤳ den steilen Abstieg bis zur **Dodelspromenade** ⤳ in Sichtweite zur Pension Waldschlößchen hinter dem Gebäude entlang ⤳ über die **Holzbrücke** und am Bach entlang ⤳ die rot-weiße Schranke wird passiert und auf der Dodelspromenade geht es eben weiter zum Kurpark.

Restaurant Schauenburgmühle, ☎ 03623/304441, ÖZ: Mo, Di, Do, Fr 17-22 Uhr, Sa-So 11-22 Uhr.

Vor dem Kurpark rechts ⤳ an der Vorfahrtstraße in die **Tabarzer Straße** ⤳ bis zur Kirche hinab und zurück durch die Fußgängerzone.

1 **10,5 (423)** Ende der Wanderung am Parkplatz an der **Hauptstraße**.

Friedrichroda

leicht

Tour 11 — 15,2 km

Trusetaler Wasserfall

Start/Ziel: Parkplatz Rathaus von Trusetal in der Liebensteiner Straße 7

Anfahrt: Die B19 zwischen Eisenach und Meiningen bei Breitungen verlassen und auf der Landstraße Richtung Trusetal und Brotterode. In Trusetal links abbiegen und sofort links auf den Parkplatz an der Gemeindeverwaltung.

Markierung: blauer Strich bis zum Bahnhof Auwallenburg, Richtungswegweiser bis Hohe Wiese, grüner Punkt bis zum Trusetaler Wasserfall

Gehzeit: 4½ - 5 Std. **Aufstieg:** 606 m **Abstieg:** 606 m

Hartbelag: 35 % **Wanderwege:** 58 % **Wanderpfade:** 7 %

Charakteristik: Abwechslungsreiche Tour, die überwiegend durch Wald führt. Dabei bietet sie mehrfach verschiedene Ausblicke und Panoramen. Höhepunkt ist hierbei der Mommelstein mit Blick in das Werratal. Zum Abschluss der Runde passiert man noch den höchsten Wasserfall des Thüringer Waldes.

Trusetal

PLZ: 98596; Vorwahl: 036840

Touristinformation, Eisensteinstr. 91, ✆ 81578

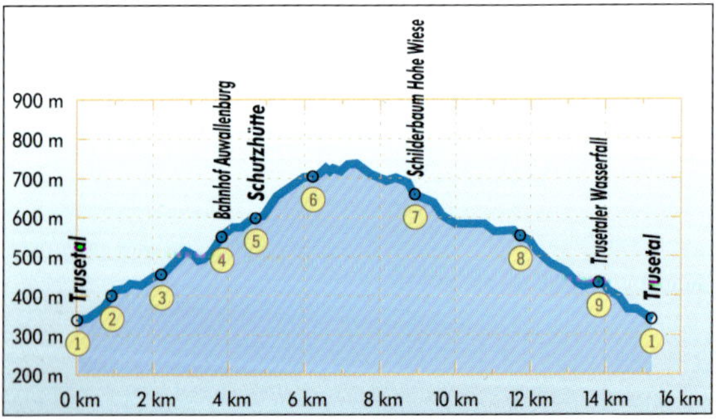

Besucherbergwerk Hühn, Eisensteinstr. 91, ÖZ: Ostern-Okt., tägl. 10-16.15 Uhr. Bei einer Führung kann man das ehemalige Bergwerk besichtigen und einen Teil der unterirdischen Anlagen befahren.

Trusetaler Wasserfall, Brotteroder Straße, ÖZ: Ostern-Okt., tägl. 10-18 Uhr. Er gilt als der höchste Wasserfall im Thüringer Wald. Jedoch ist er nicht natürlichen Ursprungs, sondern wurde im Jahr 1865 künstlich angelegt. Das Wasser der Truse stürzt in der Zeit von Ostern bis Ende Oktober rund 50 m in die Tiefe. Im Winter wird der Wasserfall abgestellt.

Zwergenpark Trusetal, Brotteroder Str. 55, ✆ 40153, ÖZ: Ostern-Ende Okt. tägl. 10-17 Uhr. Kleiner Freizeitpark, der sich direkt neben dem Wasserfall dem klassischen Gartenzwerg widmet und in dem ein Gartenzwergmuseum eingerichtet ist.

1 0,0 (339) Den **Parkplatz** verlassen und an der Straße rechts abbiegen ~ über die Kreuzung hinweg ~ hinter dem gelben Fachwerkhaus am **Pappenheimplatz** rechts abbiegen ~ über den Bach hinweg und der Vorfahrtstraße folgen ~ dabei den **Brunnen** passieren ~ die Asphaltstraße hinauf bis zur Rechtskurve ~ in der Rechtskurve links in die **Schenkgasse** einbiegen ~ den steilen Asphaltweg hinauf in die **Lappengasse**.

2 0,9 (394) Am Ortsende die Asphaltpiste noch ein kleines Stück bergauf ~ an der Abzweigung nach links zu den Schildern am Waldrand ~ am Schilderbaum rechts in Richtung **Besucherbergwerk** ~ wenige Meter in einer leichten Rechtskurve bis zu einem schotterigen Abzweig ~ die Asphaltpiste verlassen und oberhalb der Wohnhäuser am Hang entlang ~ in einer Rechtskurve hinter den Häusern leicht bergab ~ an einer **Sitzbank** mit Panoramablick auf Trusetal vorbei ~ in den Wald hinein ~ an einem Abzweig mit hölzerner **Schutzhütte** geradeaus ~ weiter am Waldrand entlang bis zur Lichtung.

Trusetaler Wasserfall

3 2,2 (454) Auf dem unbefestigten Weg in einem Bogen über die Lichtung ~ nach der Aussicht wieder in den Wald hinein ~ an der Weggabelung rechts hoch und die **Gaststätte Turmklause** passieren ~ in einem Linksbogen steil bergauf bis zum Wallenburger Turm.

Wallenberg Turm

Turmbaude, ✆ 81622, ÖZ: Mi-Fr 11-19 Uhr, Sa-So 10-22 Uhr

Turmklause, ✆ 80821, ÖZ: tägl. ab 11 Uhr

Wallenburger Turm. Der Wallenburger Turm im romanischen Stil stammt aus dem 13. Jh. und ist der Überrest der einstigen Wallenburg. Heute bietet der Turm einen fantastischen Ausblick bis ins Werratal.

Vom Turm zurück wieder hinab an der Gaststätte Turmklause vorbei ~ am Schilderbaum an der Weggabelung dem Hinweis nach Schmalkalden folgen und links am **Stromkasten** vorbei ~ bei der folgenden Gabelung halbrechts und leicht hinab in den Forstweg hinein ~ im Wald an einer weiteren Gabelung diesmal links halten und dem breiten Weg bergauf folgen ~ der Markierung mit dem blauen Querstrich folgen ~ nach einem kurzen steilen Aufstieg erscheint der ehemalige Bahnhof Auwallenburg.

Bahnhof Auwallenburg. Der ehemalige Bahnhof Auwallenburg befindet sich genau zwischen Kleinschmalkalden und Brotterode und war ein wichtiger Haltepunkt der Schmalkalder Kreisbahn. Der letzte regelmäßige Zug auf der 8,5 km langen Strecke fuhr 1994. Nach einigen wenigen Sonderfahrten bis zum Jahr 1999 wurde die Gleisanlage rückgebaut und zum heutigen Mommelsteinradweg umfunktioniert.

4 3,8 (547) Den Radweg überqueren und in den Wald hinein leicht bergauf ~ an der Weggabelung mit dem Schilderbaum halblinks halten ~ auf dem breiten Weg nun in Kurven durch den Wald.

5 4,7 (583) Bei einer Kreuzung mit **Schutzhütte** rechts abbiegen, nicht Richtung Wasserfall! ~ nur wenige Meter darauf auf den unbefestigten Weg nach links und der Beschilderung zum **Mommelstein** folgen ~ bergauf und halbrechts bis zu einer **Sitzbank** ~ an der Bank rechts vorbei ~ leicht bergauf und in einer langgezogenen Linkskurve an einem Holzlagerplatz vorbei ~ auf dem Schotterweg über eine Kreuzung hinweg ~ die bemoosten Felsen rechts des Weges passieren ~ bis zu einer scharfen Rechtskurve.

6 6,2 (696) In der Kurve geradeaus auf dem grasbewachsenen Weg gehen ~ auf dem schmalen Pfad geradeaus bis zu einer kleinen **Holzhütte** ~ links abbiegen ~ nach wenigen Metern kann die grandiose Aussicht vom Mommelstein bis hin zum Monte Kali auf hessischer Seite genossen werden.

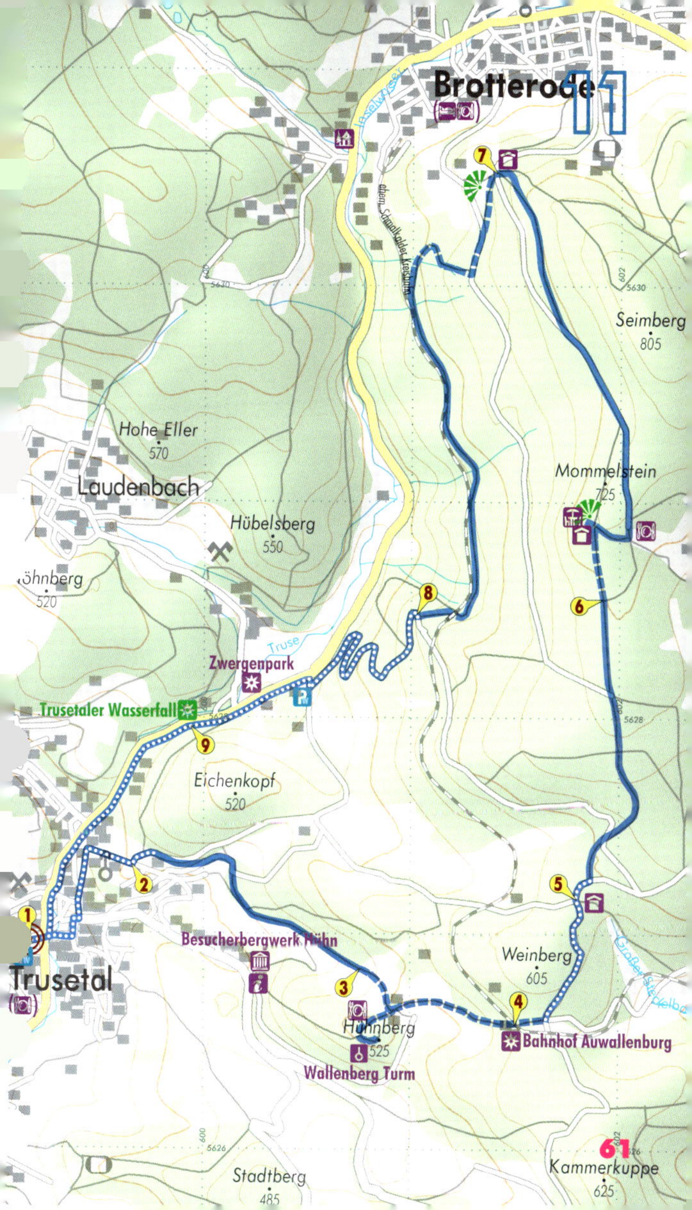

Brotterode
11
Seimberg
805
Mommelstein
725
Hohe Eller
570
Laudenbach
Hübelsberg
550
520
Truse
Zwergenpark
Trusetaler Wasserfall
Eichenkopf
520
Besucherbergwerk Hühn
Trusetal
Weinberg
605
Hühnberg
525
Bahnhof Auwallenburg
Wallenberg Turm
Stadtberg
485
Kammerkuppe
625
ehem. Schmalkalder Kreisbahn
Inselwasser

Mommelstein 727 m

Nach der Rast geht es zurück zur Schutzhütte und an ihr vorbei bergab bis zum Bergrestaurant Zum Fuchsbau am Mommelstein.

Zum Fuchsbau, Am Mommelstein, ✆ 036840/32272, ÖZ: Di-So ab 10 Uhr

Links neben der Gaststätte den breiten Waldweg benutzen ~ der roten Wegmarkierung Richtung Brotterode bzw. Hohe Wiese folgen ~ nach 20minütiger Wanderung leicht bergab erscheint der Schilderbaum Hohe Wiese.

Hohe Wiese

7 **8,9 (668)** Nach einer kurzen Rast mit Ausblicken auf Brotterode geht es vor der Schutzhütte in einer Kehrtwende links oberhalb einer Wiese entlang ~ weiter am Hang ~ zu Beginn des Waldes dem grünen Punkt zum Trusetaler Wasserfall folgen ~ für ein kurzes Stück auf den Forstweg ~ nach wenigen Metern den schmalen und dicht bewachsenen Pfad nach rechts nehmen ~ der Markierung mit dem grünen Punkt talabwärts folgen ~ auf dem etwas breiteren Waldweg links abbiegen ~ an einem von rechts kommenden Schotterweg halblinks weiter gehen ~ rund eine halbe Stunde läuft man oberhalb des ehemaligen Bahndammes der Schmalkalder Kreisbahn ~ mit gelegentlichen Blicken auf historische Bahnschwellen kreuzt der Weg die **Bahnanlage** ~ durch den kleinen **Tunnel** hindurch ~ im Anschluss sofort links.

8 **11,7 (541)** Auf dem von links kommenden und befestigten Weg rechts abbiegen ~ in vier Serpentinenkurven und mit Sichtkontakt zur Landstraße talabwärts ~ am **Parkplatz** links auf die Landstraße abbiegen ~ nach 300 m die Straße am Zwergenpark hinter dem Ortseingangsschild überqueren ~ über den **Parkplatz** hinweg bis zum Eingang des Wasserfalls.

Trusetaler Wasserfall. Gegen eine geringe Eintrittsgebühr ist es möglich, dass man nicht nur das Areal des Wasserfalls betreten, sondern auch direkt neben dem Wasserfall an einem Felsen hochwandern kann um die Kaskade zusätzlich von oben zu betrachten.

9 **13,8 (400)** An dem **Kassenhäuschen** des Wasserfalls vorbei ~ die Landstraße hinab ~ hierbei passiert man ebenfalls den Wasserfall und kann ihn in voller Größe bewundern ~ auf der linken Straßenseite die Landstraße weiter hinab ~ am **Naturdenkmal Michelsberggang** vorbei ~ durch den Ortskern von Trusetal ~ über die Kreuzung hinweg.

1 **15,2 (339)** Ende der Wanderung am Parkplatz der Gemeindeverwaltung.

Trusetal

leicht

Tour 12 — 10,3 km

Auf den Großen Inselsberg

Start/Ziel: Brotterode, Marktstraße, Parkplatz an der Touristeninformation

Anfahrt: Über die B88 bis Tabarz und von dort auf die Landstraße Richtung Brotterode. Im Zentrum rechts und sofort links abbiegen.

Markierung: Gelber Strich bis zur Grenzwiese, rotes Quadrat bis zum Inselsberg

Gehzeit: 3½ - 4 Std. **Aufstieg:** 650 m **Abstieg:** 650 m

Hartbelag: 28 % **Wanderwege:** 60 % **Wanderpfade:** 12 %

Charakteristik: Sehr schöne Berg- und Talwanderung mit einem langen Aufstieg über den markantesten Berg des Thüringer Waldes, die mit einer grandiosen Rundumsicht belohnt wird. An sonnigen Wochenenden ist ein Teil des Weges gut besucht.

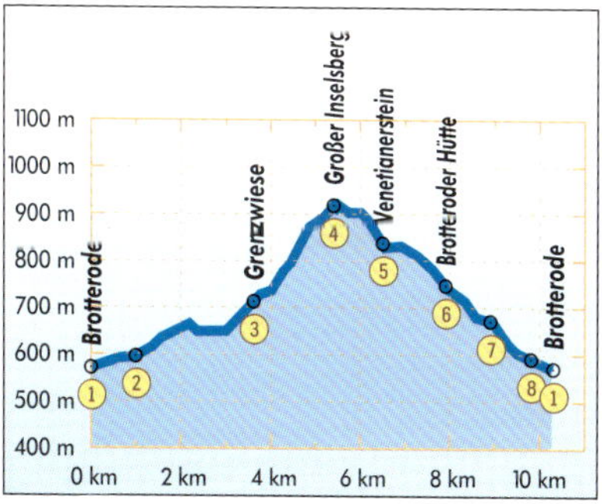

Brotterode

PLZ: 98599; Vorwahl: 036840

Touristinformation Brotterode, Bad Vilbeler Pl. 4, ✆ 3333

Inselbergbad, Am Bad 1, ✆ 3730, ÖZ: tägl. 10-21 Uhr

Brunuwardesrot, wie Brotterode damals hieß, wurde im Jahr 1039 zum ersten Mal schriftlich erwähnt. Nach wechselvoller Geschichte (Brotterode gehörte bereits zum Bistum Mainz, zu Thüringen und zu Hessen) erlebte die Ortschaft am 10. Juli 1895 ihren schwärzesten Tag. Von 842 damaligen Gebäuden fielen über 700 einem verheerenden Brand zum Opfer, bei dem fünf Menschen ums

Aussicht auf den nördlichen Thüringer Wald

Leben kamen. Nach dem Wiederaufbau entwickelte sich Brotterode zu einem beliebten Erholungs- und Wintersportort.

1 0,0 (543) Vor der Touristeninformation an der Grünanlage vorbei ~ bis zur **Inselsbergstraße** ~ links abbiegen und an den schiefergetafelten Häusern leicht bergauf ~ der kurvigen Straße bis zum Parkplatz auf der rechten Seite folgen.

2 1,0 (578) Auf der linken Straßenseite auf den geschotterten Feldweg einbiegen ~ weiterhin bergauf und dabei der gelben Markierung folgen ~ über den ehemaligen Henkersplatz hinweg ~ an einer Gabelung den rechten Weg benutzen ~ oberhalb der Landstraße weiter geradeaus und stets bergauf ~ in den Nadelwald hinein ~ an einer **Sitzbank** bei einer Lichtung vorbei ~ wieder in den Wald hinein und über eine **Holzbrücke** einen Bach queren ~ der gelben Markierung folgen ~ eine zweite Brücke passieren ~ bei einer Weggabelung mit Sitzbank rechts halten ~ neben der Sommerrodelbahn bis zu ihrem Ausgangspunkt.

Grenzwiese

Sommerrodelbahn, Kleiner Inselberg 3, ✆ 32370. Die Sommerrodelbahn hat eine Länge von rund 1.000 m. Seit dem Jahr 2011 wird das Freizeitvergnügen durch ein sogenanntes „Wie-Fly" erweitert.

Kleiner Inselsberg, Kleiner Inselberg, ✆ 32453, ÖZ: tägl. 8-22 Uhr

Haus am Reitstein, Kleiner Inselsberg 2, ✆ 32494, ÖZ: 11.30-14 Uhr und 18-21 Uhr

3 3,6 (718) Über die Asphaltpiste steil bergauf ~ vorbei am Haus am Reitstein ~ dem roten Quadrat folgen ~ am Abzweig zu den Reitsteinen vorbei (s. Tour 13) ~ weiter dem knackigen Aufstieg folgen ~ über den **Parkplatz** weiter aufwärts ~ am Ende des Parkplatzes die Treppe hoch.

Großer Inselsberg

Der Große Inselsberg ist mit seinen 916 Metern Höhe nicht der höchste Punkt des Thüringer Waldes, dafür aber durch die UKW-Sendeanlage weithin sichtbar und sehr markant. Zudem ist der Berg ein sehr beliebtes Ausflugsziel und wird vom Rennsteig berührt. Unklar ist jedoch die Schreibweise. In der Regel wird vom Großen Inselsberg (mit „s") gesprochen. Manche Einrichtungen, wie das Inselbergbad

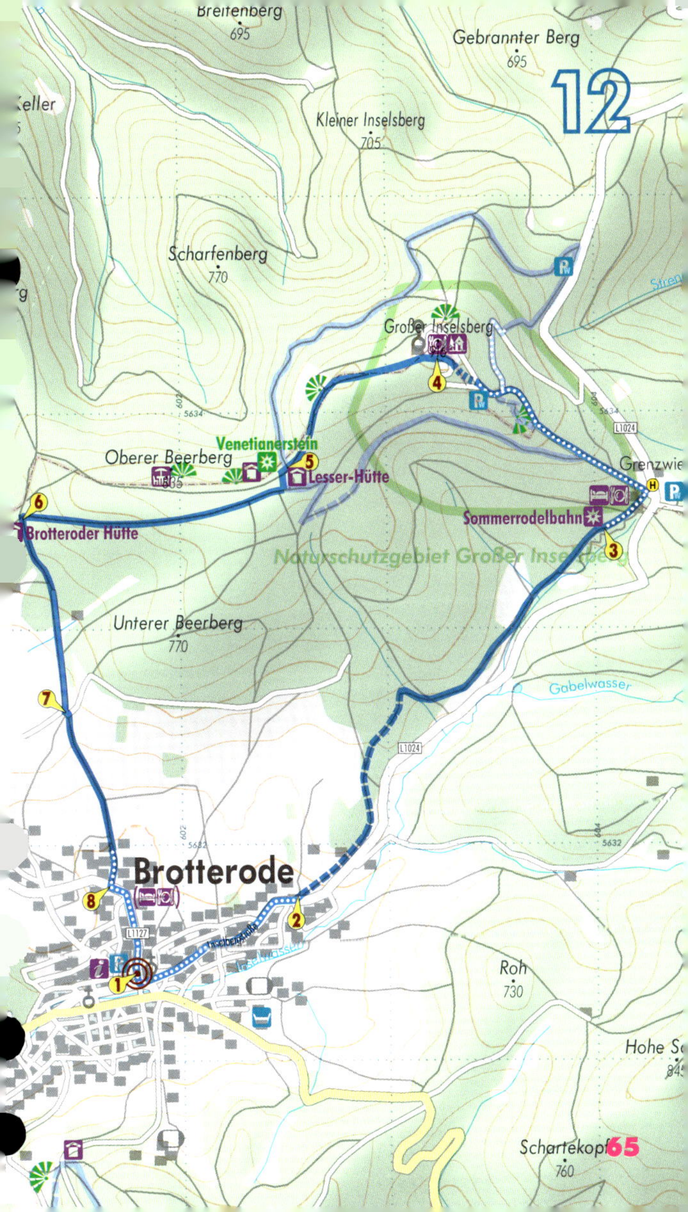

12
Breitenberg
695
Gebrannter Berg
695
Keller
Kleiner Inselsberg
705
Scharfenberg
770
Großer Inselsberg
916
Venetianerstein
Oberer Beerberg
865
Lesser-Hütte
Grenzwie
Sommerrodelbahn
Brotteroder Hütte
Naturschutzgebiet Großer Inselsberg
Unterer Beerberg
770
Gabelwasser
L1024
L1127
Brotterode
Inselbergstraße
Inselwasser
Roh
730
Hohe Sc
845
Schartekopf
760
1
2
3
4
5
6
7
8

in Brotterode schreiben sich jedoch ohne „s". In diesem Buch ist immer die vorgefundene Schreibweise übernommen worden. Vom 1995 errichteten trigonometrischen Punkt unterhalb des Senders hat man eine weite Fernsicht und kann bis weit nach Hessen blicken. Die Leistung der Sendetürme reicht hingegen sogar bis nach Nordrhein-Westfalen.

Berggasthof Stöhr, ✆ 036840/32425, ÖZ: Mo-Fr 9-18 Uhr, Sa-So 9-22 Uhr

4 5,4 (903) Am Berggasthof Stöhr vorbei ~ den Zaun des Senders rechts liegen lassen und den **Gedenkstein für Karl Volkmar Stoy** passieren ~ auf dem unbefestigten Rennsteig leicht bergab ~ an einem schmalen Abzweig rechts bis zum Ende ~ nach einer weiteren **Aussicht** gen Westen und einer kurzen Rast zurück zum Rennsteig ~ rechts abbiegen ~ durch den Wald und in einer S-Kurve weiterhin bergab ~ an einer Kreuzung mit Schilderbaum links.

5 6,5 (832) An dieser Kreuzung erscheint von rechts die Wegführung der Route 13.

VARIANTE Es lohnt ein kleiner Abstecher von 50 Metern geradeaus zum Venetianerstein (s. Route 13).

An der Kreuzung links abbiegen ~ der Markierung „roter Strich" folgen ~ hinter der **Bergwachthütte** am Ende rechts abbiegen ~ auf dem breiten Waldweg gut 20 Minuten leicht bergab und stets geradeaus.

Brotteroder Hütte

6 7,9 (737) An der Brotteroder Hütte scharf links abbiegen ~ der Beschilderung nach **Brotterode** folgen ~ bei einer Gabelung die linke Möglichkeit wählen ~ kurvig durch den Wald und leicht abwärts ~ bei einer Kreuzung geradeaus an der **Schranke** vorbei ~ zwischen den Feldern hindurch bis zu einem Schilderbaum.

7 8,9 (680) Den Abzweig zum Großen Inselberg passieren ~ auf dem unbefestigten und grasigen Pfad geradeaus ~ zwischen der Baumreihe talabwärts ~ am Bauernhof links auf die **Betonplatten** abbiegen ~ in einer weiten Rechtskurve auf den Betonplatten bis zu den Garagen ~ links abbiegen auf die Schotterpiste ~ dem kurvigen Weg hinab folgen.

Zum Pfefferstübchen, Höhstr. 32, ✆ 036840/31013, ÖZ: tägl. ab 11 Uhr

8 9,8 (589) An der Landstraße links abbiegen ~ an der Gaststätte Pfefferstübchen vorbei ~ neben der Straße weiterhin bergab.

1 10,3 (543) Ende der Wanderung am Parkplatz vor der **Touristeninformation**.

Brotterode

leicht

Tour 13 — 7,8 km

Rund um den Großen Inselsberg

Start/Ziel: Parkplatz an der Grenzwiese

Anfahrt: Ab Tabarz die B 88 verlassen und auf der Landstraße Richtung Brotterode. Auf der Passhöhe erscheint der Parkplatz Grenzwiese auf der linken Seite.

Markierung: bis zum Parkplatz vom Großen Inselsberg „rotes Quadrat", Richtungswegweiser, stellenweise gelbes Quadrat

Gehzeit: 2½ - 3 Std. **Aufstieg:** 330 m **Abstieg:** 330 m

Hartbelag: 16 % **Wanderwege:** 78 % **Wanderpfade:** 6 %

Charakteristik: Leichte Wanderung um den markantesten Gipfel des Thüringer Waldes mit der Option den Gipfel zu besteigen. Auf der Nordflanke wird man mit zahlreichen weiten Ausblicken verwöhnt, die Südflanke taucht tief in die Nadelwälder ein.

Brotterode s. S. 63

PLZ: 98599; Vorwahl: 036840

ℹ Touristinformation Brotterode, Bad Vilbeler Pl. 4, ✆ 3333

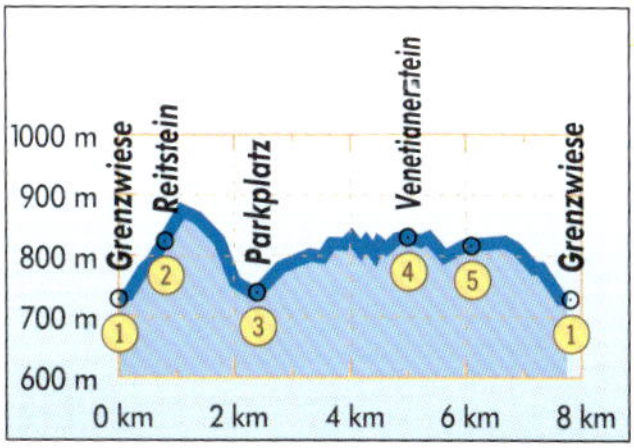

1 **0,0 (726)** Über die Asphaltpiste steil bergauf ~ vorbei am Haus am Reitstein ~ dem roten Quadrat folgen ~ am Abzweig zu den Reitsteinen links in den schmalen Pfad abbiegen ~ auf einem schmalen Pfad bergauf ~ über die mit Holzbohlen angelegte **Treppe** ~ in Serpentinen steil bergauf bis zum malerischen Ausblick am markanten Reitstein.

Reitstein

2 **0,8 (846)** Vor dem Reitstein rechts hinauf ~ an der ehemaligen **Grenzmarkierung** aus dem Jahr 1845 vorbei ~ über den Pfad bis zu einem Holzgeländer ~ nach einem weiteren Ausblick dem Pfad bis zum **Parkplatz** folgen.

Aussicht am Großen Inselsberg

VARIANTE Am Parkplatz besteht die Möglichkeit bis zum Ende zu gehen und über die Treppe bis zum Gipfel des Großen Inselsbergs zu gelangen (s. Tour 12).

Parkplatz

Vor dem Parkplatz rechts abzweigen ~ auf dem Kopfsteinpflaster der Straße durch die Kurve ~ neben der Leitplanke weiter hinab ~ durch die Rechtskehre ~ wenige Meter hinter der Rechtskehre links am Schilderbaum zwischen den Leitplanken hindurch ~ dem gelben Quadrat in den Wald hinein folgen ~ auf dem ausgetretenen Weg durch den Wald ~ an den **Sitzbänken** vorbei und weiter talabwärts ~ parallel zur weiter unten liegenden Landstraße, der Weg ist gut an der Steinsetzung zu erkennen ~ neben der Landstraße bis zum **Parkplatz**.

3 2,4 (737) Über die Holztreppe hinab ~ über den Parkplatz ~ bis zum Schilderbaum ~ am grünen Schild „Naturschutzgebiet" links vorbei ⚠ nicht dem Schild „Zur Piste" folgen! ~ auf dem breiten Waldweg auf ebener Strecke geradeaus ~ hinter einer langgezogenen Rechtskurve an dem **Betonhäuschen** vorbei ~ die **Skiliftanlage** unterqueren ~ nun leicht bergauf und die Abfahrtspiste passieren ~ an der **Schranke** vorbei ~ nach einer weiten Links- und einer weiteren Rechtskurve die Aussicht nach Westen genießen ~ im Hang geht es kurvig weiter und leicht bergauf bis zu einer Kreuzung.

Kreuzung am Rennsteig

4 5,0 (825) Von links erscheint Tour 12 und führt geradeaus hinab ~ an der Kreuzung rechts ~ wenige Meter bis zum Aussichtspunkt am Venetianerstein.

Der **Venetianerstein** ist ein weiterer markanter Porphyrfelsen des Thüringer Waldes und bietet abermals eine wunderschöne Aussicht

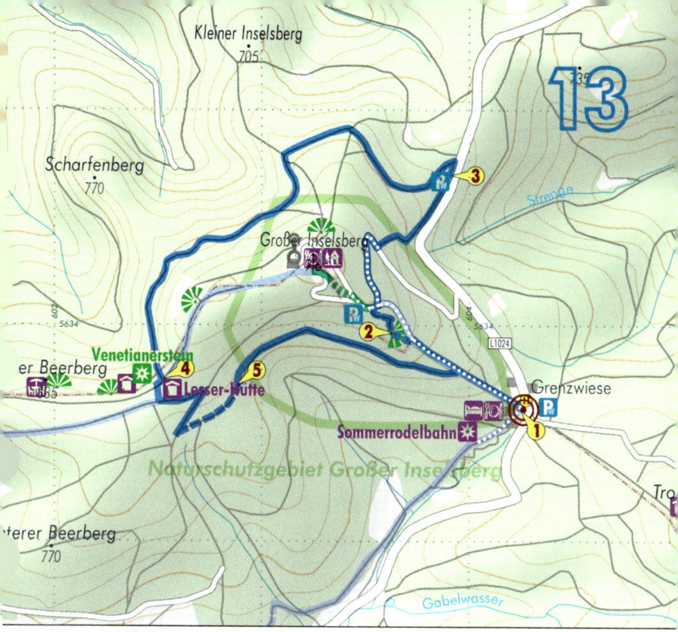

auf die nordwestliche gelegene Hügelkette. Um den Felsen ranken sich Legenden von Venezianern, die hier auf der Suche nach Gold gewesen sein sollen.

Nach einer Pause an der **Schutzhütte** beim Venetianerstein die 50 m zurück zur Kreuzung ~ dort rechts abbiegen und leicht bergab wandern ~ hinter der Bergwachthütte links abbiegen ~ bis zu einer Weggabelung mit einem Schilderbaum ~ an der Weggabelung der Beschilderung nach Brotterode scharf rechts in den Wald hinein ~ nach einem leichten Gefälle dem von links kommenden Abzweig folgen ~ auf den beiden Fahrspuren durch den Wald hindurch ~ leicht bergauf.

5 6,1 (798) Dem geschotterten Weg an der Südflanke des Inselsberges folgen ~ nach einem leichten Auf und Ab an einer Gabelung die rechte Möglichkeit wählen ~ auf einem kurvigen Pfad bis zur bereits bekannten Asphaltpiste ~ rechts abbiegen und talabwärts gehen.

1 7,8 (726) Ende der Wanderung am **Parkplatz an der Grenzwiese**.

Brotterode

leicht

Tour 14 — 11,0 km

Durch das Rodebachtal

Start/Ziel: Parkplatz an der Haltestelle Georgenthal, Tambacher Str. (B 88) in Georgenthal

Anfahrt: Ab Eisenach über Friedrichroda auf der B 88. Der Parkplatz befindet sich kurz hinter dem Ortseingang auf der rechten Seite.

Markierung: roter Punkt bis Steigerhaus; grünes Kreuz bis Wechmarer Hütte, gelbes Quadrat bis Georgenthal

Gehzeit: 3 Std. **Aufstieg:** 540 m **Abstieg:** 540 m

Hartbelag: 56 % **Wanderwege:** 44 % **Wanderpfade:** 0 %

Charakteristik: Einfache und ruhige Wanderung abseits des Rennsteigs, bei der mit keinen bösen Überraschungen zu rechnen ist. Zunächst stetig steigender Anstieg mit abschließender Wanderung talabwärts.

Georgenthal

PLZ: 99887; Vorwahl: 036253

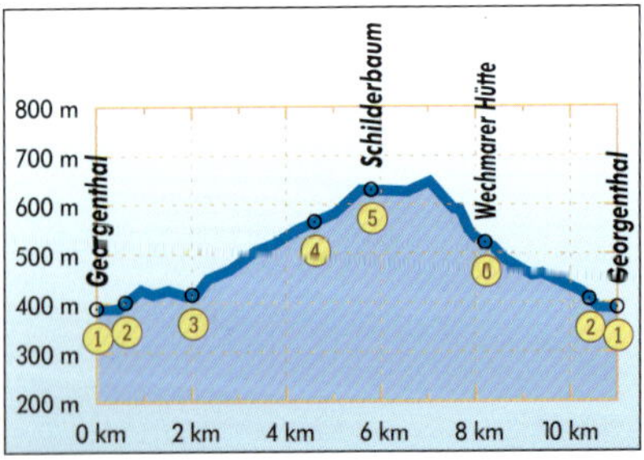

Kloster Georgenthal. Von der Klosteranlage mit einer ehemals dreischiffigen Basilika ist heute noch das Kornhaus mit einer Maßwerkrose an der Nordseite des Gebäudes zu sehen. Die Hochzeit des Klosters lag im 16. Jh., als es damals großen Einfluss in der Region ausübte.

Gaststätte Klosterhof, Tambacher Str. 2, ✆ 47787, ÖZ: Mo-Mi, Fr 11-14 und 17-22 Uhr, Sa-So 11-22 Uhr.

1 **0,0 (382)** Vom Parkplatz auf die **Tambacher Straße** ~ rechts an der Straße entlang ~ an der Gaststätte Klosterhof vorbei ~ über den Flößgraben hinweg bis zur elektronischen Auskunftsstation.

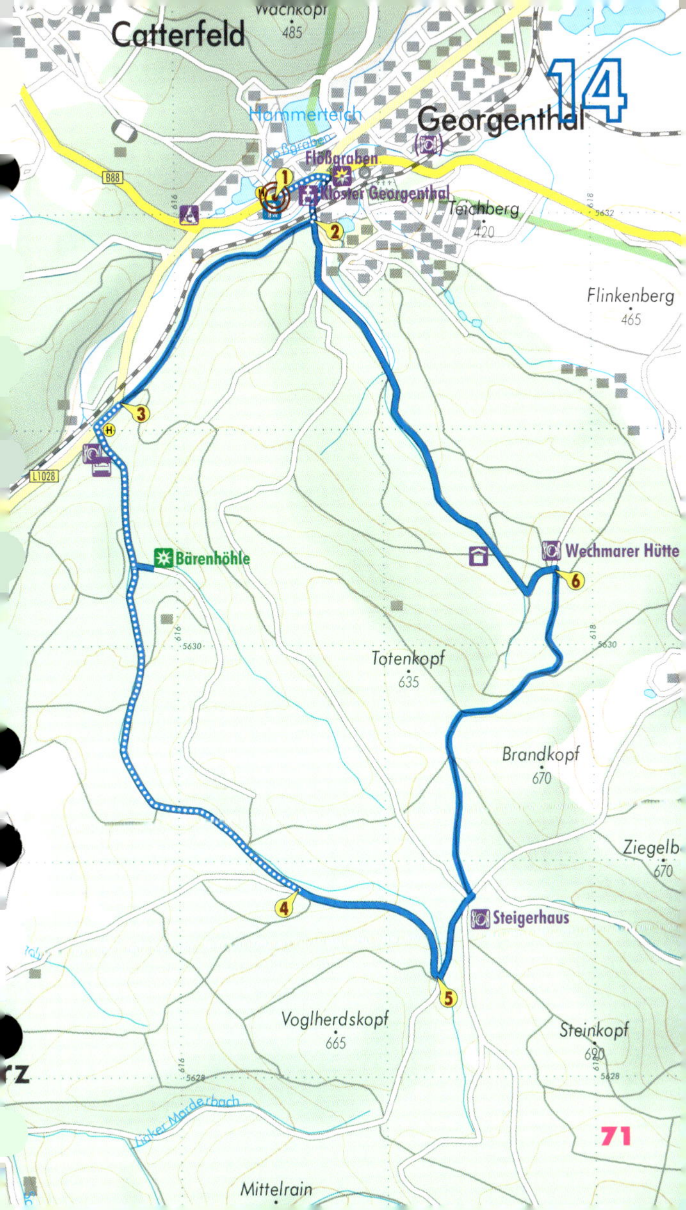
14
Catterfeld
Wachkopf
485
Hammerteich
Georgenthal
Floßgraben
Kloster Georgenthal
Teichberg
420
B88
L1028
Flinkenberg
465
Bärenhöhle
Wechmarer Hütte
Totenkopf
635
Brandkopf
670
Ziegelb
670
Steigerhaus
Voglherdskopf
665
Steinkopf
Linker Marderbach
Mittelrain
1
2
3
4
5
6

Der **Flößgraben** speist die barocke Brunnenanlage „Wasserkunst" in Gotha mit dem Wasser aus dem hiesigen Apfelstädttal und wurde Mitte des 17. Jhs. angelegt. Er diente einerseits der Wasserversorgung, andererseits aber auch als Holztransportweg.

Am Schilderbaum neben der **elektronischen Information** rechts ~ neben dem Flößgraben entlang ~ an der aus einem Baumstamm geschnitzten **Sitzbank** vorbei ~ bis zum Schilderbaum hinter dem Eiscafé.

Eiscafé am Kurpark, Schlaufweg 1, ✆ 25124, ÖZ: im Sommer tägl. 12-19 Uhr, im Winter 14-18 Uhr

2 0,6 (383) Nach dem Gartenlokal geht es hinter dem Gebäude rechts ~ auf einem schmalen Waldpfad entlang ~ am **Gedenkstein** für den von Faschisten ermordeten Otto Fabian vorbei.

Gedenkstein Otto Fabian. Fabian war Wehrmachtsoffizier und weigerte sich im April 1945 gegen die vorrückenden amerikanischen Truppen zu kämpfen, woraufhin er einen Monat vor Kriegsende exekutiert wurde.

An einer Gabelung im Wald den nach links führenden Weg benutzen ~ leicht bergauf an einer **Sitzbank** vorbei ~ durch eine langgezogene S-Kurve bis zur Landstraße.

3 2,0 (399) An der Landstraße links ~ nach hundert Metern an der **Haltestelle** wieder links in den Wald hinein ~ dem roten Punkt in das Rodebachtal folgen ~ am **Hotel Rodebachmühle** vorbei und auf dem asphaltierten Waldweg stetig bergauf ~ an einer Sitzbank für einen kleinen Abstecher links auf den unbefestigten Weg ~ bis zu den Felsen, die wenig später links erscheinen und als Bärenhöhle bezeichnet werden.

Bärenhöhle

Von der Bärenhöhle zurück zum Asphaltweg ~ links weiter durch den Wald ~ in ständiger Begleitung durch das Rauschen des Rodebachs bergauf ~ dem kurvigen Weg ca. 20 Minuten folgen ~ den Abzweig nach links zur Wechmarer Hütte ignorieren und weiter geradeaus.

4 4,6 (569) Wenn der Asphaltweg endet, auf dem breiten Schotterweg weiterhin geradeaus ~ bis zu einer großen Weggabelung.

5 5,8 (614) Am Schilderbaum links der Beschilderung zum Steigerhaus folgen ~ über den kleinen Bach hinweg ~ leicht bergauf bis zur großen Kreuzung vor dem Steigerhaus.

Waldgasthof Steigerhaus, ✆ 03624/318314, ÖZ: Di-So ab 10 Uhr

An der großen Wegkreuzung vor dem Steigerhaus dem zweispurigen Fahrweg in den Wald hinein folgen und auf die Beschilderung zur Wechmarer Hütte achten ~ durch eine Rechtskurve ~ weiter auf Schotter ~ dem

Einer von vielen Rastplätzen mit Fernsicht

grünen Kreuz folgen ~ an einer Kreuzung halbrechts ~ an einer **Sitzbank** auf der linken Seite kann eine weite **Aussicht** bis Georgenthal genossen werden ~ bei einer Gabelung den Weg links bergab benutzen ~ durch einen kurvigen Hohlweg bis zur Wechmarer Hütte.

Wechmarer Hütte, ✆ 03624/318359, ÖZ: Di-So 10-18 Uhr

6 8,2 (520) Nach einer kleinen Rast vor dem Gartenlokal links in den Wald hinein ~ auf dem Asphaltweg eine scharfe Rechtskurve wandern ~ geradeaus an einer **Schutzhütte** mit Rastplatz vorbei ~ weiter geradeaus und den ehemaligen Steinbruch passieren ~ nach ca. 10 Minuten neben der Kleingartenanlage bis zum **Kurpark** ~ die ehemalige **Gleisanlage** überqueren ~ am Flößgraben entlang bis zur elektronischen Information.

Flößgraben

Über den Flößgraben hinweg ~ links auf die **Tambacher Straße** abbiegen ~ an der Gaststätte Klosterhof vorbei.

1 11,0 (382) Ende der Wanderung am **Parkplatz** an der Haltestelle Georgenthal.

Georgenthal

mittel

Tour 15 — 14,7 km

Zum Spitterfall

Start/Ziel: Parkstreifen an der Hauptstraße in Tambach-Dietharz im Bereich der alten Post

Anfahrt: Die B 88 bei Georgenthal in Richtung Tambach-Dietharz bzw. Floh-Seligenthal verlassen.

Markierung: gelbes Quadrat auf weißem Grund bis zum Rennsteig, Rennsteigbeschilderung

Gehzeit: 4 Std. **Aufstieg:** 460 m **Abstieg:** 460 m

Hartbelag: 36 % **Wanderwege:** 57 % **Wanderpfade:** 7 %

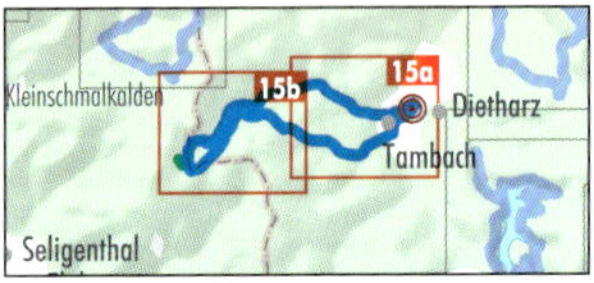

Charakteristik: Abwechslungsreiche Wanderung entlang der Spitter bis zum höchsten natürlichen Wasserfall in Thüringen und einem Kurzbesuch des Rennsteigs. Durch einsame Waldwege geht es zurück in die malerische Ortschaft Tambach-Dietharz.

Tambach-Dietharz

PLZ: 99897; Vorwahl: 036252

Wie der Name es schon vermuten lässt, besteht die Kleinstadt aus den beiden Gemeinden Tambach und Dietharz. Beide wurden im 13. Jahrhundert erstmalig erwähnt, wobei Dietharz als älterer Ort gilt. Tambach-Dietharz ist ein sehr ruhiges, unspektakuläres Städtchen und kann sich damit rühmen, Aufenthalts- und Genesungsort von Martin Luther zu sein, als dieser auf einer

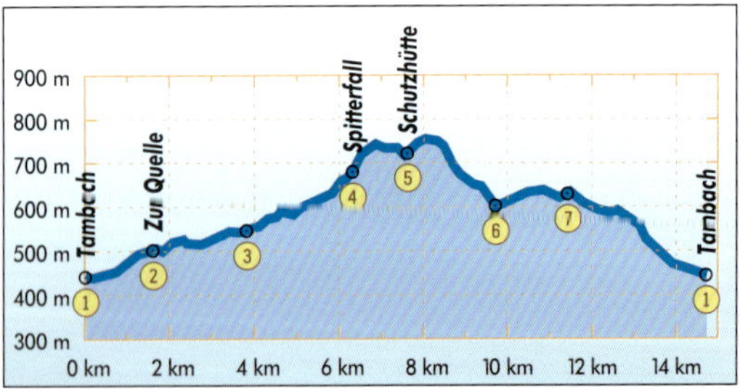

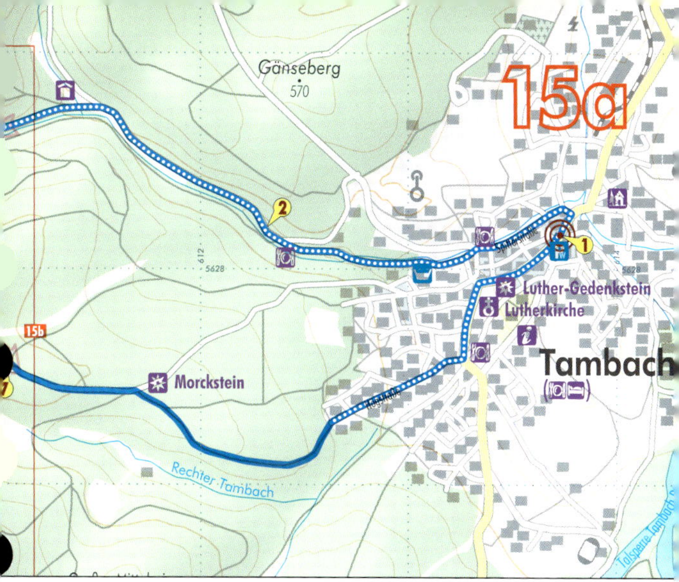

Reise aus gesundheitlichen Problemen Halt in Tambach-Dietharz machte. Ein Gedenkstein vor seiner Unterkunft an der Hauptstraße erinnert an das Ereignis.

1 **0,0 (394)** Vom Parkstreifen an der Hauptstraße abwärts Richtung Post und Supermarkt ~ die Straße überqueren und links in die **Straße Zipfel** ~ über die **Brücke** und die Spitter überqueren ~ hinter dem Haus auf der anderen Bachseite links abbiegen ~ am Ende wieder links, erneut über die Spitter ~ nach der Brücke rechts die Straße hinauf bis zum Schützenplatz.

Pinguin-Eiscafé, Spitterstr. 28, ✆ 036252/36734, ÖZ: tägl. 12-18 Uhr

Es geht über den Schützenplatz weiter die **Spitterstraße** hinauf ~ rechts am **Schwimmbad** vorbei und neben einer markanten Felswand entlang ~ an den **Fischzuchtbecken** vorbei ~ durch das Spittertal zum Restaurant „Zur Quelle".

Zur Quelle, Spitterstr. 25, ✆ 036252/46461, ÖZ: So, Mo, Mi, Do 11.30-22 Uhr, Di 17.30-22 Uhr, Fr, Sa 11.30-23 Uhr

2 **1,6 (464)** Am **Hotelparkplatz** und dem Spielplatz vorbei ~ den Asphaltweg rechts in das **Naturschutzgebiet Spittertal** benutzen ~ an der Schranke vorbei ~ in einer langen Linkskurve leicht bergauf durch den Spittergrund

~ an einem Abzweig links auf dem Asphaltweg bleiben ~ die **Schutzhütte** rechts liegen lassen ~ an einer großen Gabelung rechts halten.

3 3,8 (532) Bei einer **Sitzbank** mündet der Asphaltweg in eine Schotterpiste ~ durch eine lange Linkskurve weiter leicht bergauf durch den Spittergrund ~ unterhalb eines markanten Felsens hindurch ~ weiter an der rauschenden **Spitter** entlang ~ bei einem Abzweig links und den Bach dabei überqueren ~ durch eine langgezogene Kurve bis zum Nagelstedter Girn/Nord ~ weiter durch den Wald und leicht bergauf ~ über eine **Holzbrücke** ~ dem gelben Quadrat folgen.

4 6,3 (636) Auf dem wurzeligen Waldboden bis zum Wasserfall.

Kirche von Tambach-Diethartz

Spitterfall

Spitterfall. Die noch junge Spitter plätschert über das Gestein 19 Meter in die Tiefe. Diese Kaskade ist damit der höchste natürliche Wasserfall in Thüringen (der Trusetaler Wasserfall ist von Menschenhand geschaffen). Von hier aus fließt das Wasser durch den Spittergrund bis Tambach-Dietharz, nimmt noch aus weiteren Nebenbächen Wasser auf und mündet später in die Apfelstädt. Im weiteren Verlauf fließt das Wasser der Spitter demnach über die Gera, Unstrut, Saale und Elbe in die Nordsee.

Nach einer kleinen Pause am Wasserfall geht es rechts über den wurzeligen Pfad mit einem kurzen, aber knackigen Aufstieg hinauf ~ auf dem mit Steinen markierten Waldweg hinauf bis zum Rennsteig ~ am breiten **Rennsteig** links halten ~ bis zur Sitzbank am ehemaligen Grenzstein mit der Bezeichnung **„Springender Löwe"** ~ hinter dem Grenzstein rechts über die Brücke und den schmalen Rennsteigpfad benutzen ~ an einem weiteren alten Grenzstein vorbei, bis der Weg wieder wenig breiter wird ~ am Ende des Waldes erreicht man die Ebertswiese.

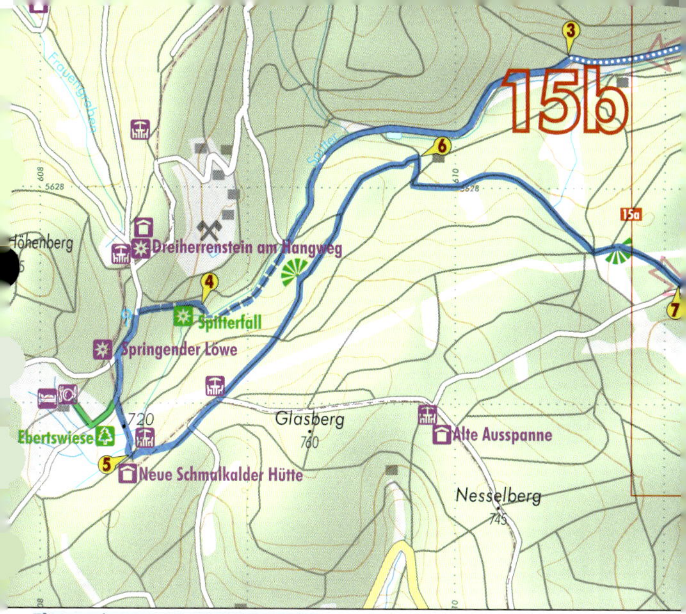

Ebertswiese

Die nach dem ersten Abt des Klosters Georgenthal benannte Ebertswiese war früher eine reine Moorlandschaft und konnte nur über Holzbohlen betreten werden. Das bereits seit 1936 erhaltene Naturschutzgebiet ist gleichzeitig Quellgebiet für die Spitter.

Gleich am ersten Abzweig verläuft der Weg nach links mit einem leichten Gefälle ~ unter der Hochspannungsleitung geht es hindurch.

5 7,6 (710) An der **Schutzhütte** in einer scharfen Linkskurve wieder in den Wald hinein ~ auf dem **Rennsteig** leicht bergauf ~ am Nägelstedter Girn/Süd vorbei ~ am **Gothablick** lohnt es sich, die Aussicht gen Nordwest zu genießen ~ auf dem Schotterweg hinab und an einer Gabelung rechts halten ~ wieder in den Wald hinein.

6 9,7 (601) Am Ende des Weges in einer Senke rechts abbiegen ~ der leicht verwitterten Beschilderung **Klimaterrainweg** folgen ~ nach wenigen Metern am Abzweig links bergauf ~ an einem **Hochsitz** vorbei und wieder einen herrlichen **Ausblick** genießen ~ auf dem kurvigen Weg bis zu einem breiten Waldweg ~ links halten ~ an einer

Rastplatz am Rennsteig

Lichtung vorbei und unter der Hochspannungsleitung hindurch ~ wieder in den Wald hinein ~ leicht bergab bis zu einer weiteren Gabelung.

7 **11,4 (621)** Halblinks weiter gehen ~ an dem von rechts kommenden Weg geradeaus gehen ~ direkt dahinter an einem Abzweig jedoch rechts abbiegen ~ an einer weiteren Gabelung (**Morckstein**) rechts halten ~ durch den Wald stetig bergab ~ nach einer weiten Linkskurve an der **Trinkwasserversorgungsanlage** vorbei ~ geradeaus bis zum Ortseingang ~ auf der steilen Asphaltstraße zwischen den Häusern hindurch ~ ca. 10 Minuten Abstieg bis zur Gaststätte Tammichgrund.

Gaststätte Tammichgrund, Schmalkalder Str. 49, ✆ 036252/36635, ÖZ: Mi-So 11-14 Uhr und ab 17 Uhr.

Vor der Gaststätte links die Straße hinab ~ an der Kirche vorbei ~ rechts um die Kurve ~ am **Luther-Gedenkstein** vorbei.

1 **14,7 (394)** Ende der Wanderung am **Parkstreifen** auf der Hauptstraße.

Tambach-Dietharz

mittel

Tour 16 — 14,5 km

An der Ohratalsperre

Start/Ziel: Parkplatz unterhalb der Ohratalsperre in Luisenthal-Schwarzwald, Friedrich-Engels-Straße

Anfahrt: In Ohrdruf die B 88 verlassen und in Richtung Oberhof fahren. Nach der Fahrt durch Luisenthal erscheint im Ortsteil Schwarzwald der Parkplatz kurz vor einer Kurve auf der rechten Seite.

Markierung: gelbes Dreieck und Richtungswegweiser

Gehzeit: 5 Std. **Aufstieg:** 406 m **Abstieg:** 406 m

Hartbelag: 46 % **Wanderwege:** 47 % **Wanderpfade:** 7 %

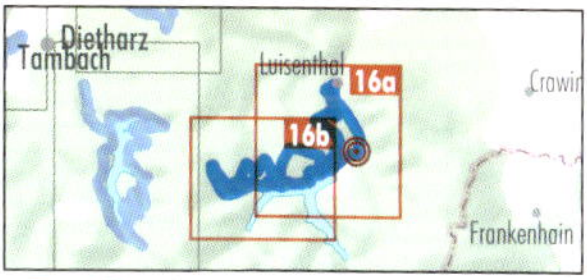

Charakteristik: Angenehme Wanderung mit nur einer größeren Steigung. Unterbrochen wird der Marsch immer wieder von tollen Aussichten auf den Stausee.

Luisenthal

PLZ: 99885; Vorwahl: 036257

1 **0,0 (439)** Über den **Parkplatz** bis zur kleinen Brücke ~ auf der **Brücke** wird die schmale Ohra überquert ~ am Rastplatz und dem **Tretwasserbecken** führt eine Treppe aus Holzbohlen hinauf ~ hinauf bis zur Asphaltstraße ~ links halten ~ rund 200 m bis zum Imbiss am Staudamm.

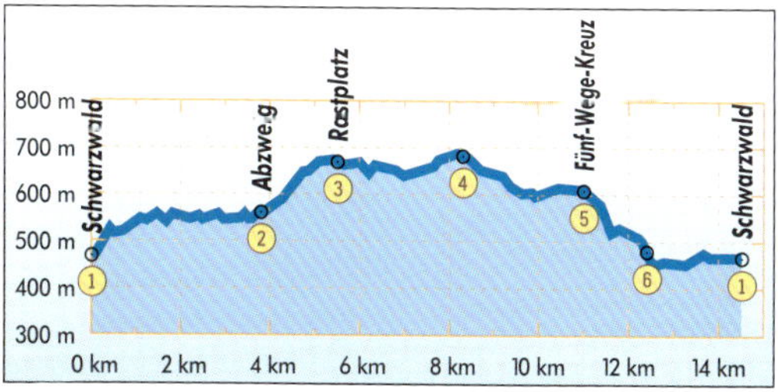

Imbiss am Staudamm, Hammerweg, ✆ 9069712, ÖZ: Mai-Okt., So-Do 11-18 Uhr, Fr-Sa 11-22 Uhr

Blick auf den Stausee

Nach dem Imbiss weiter geradeaus ⤳ leicht bergauf bis zur Schranke ⤳ an der **Schranke** vorbei und zum ersten **Ausblick** auf den Stausee ⤳ an der **Staumauer** rechts vorbei.

Ohratalsperre

Die **Talsperre** staut das kleine Flüsschen Ohra, welches westlich von Oberhof entspringt und nach rund 20 km bei Hohenkirchen in die Apfelstädt mündet. Das in den 1960er Jahren erbaute Werk staut rund 18 Millionen Kubikmeter Wasser und dient der Trinkwasserversorgung von beinahe einer halben Million Menschen.

Leicht bergauf ⤳ an einer Gabelung mit einer ersten schöneren Aussicht von weiter oben rechts halten ⤳ unterhalb des Hanges entlang ⤳ durch eine Linkskurve, die sich etwas vom Seeufer entfernt befindet ⤳ am Fuße eines ehemaligen Steinbruches entlang ⤳ kurvenreich und mit einer leichten Steigung an mehreren **Rastplätzen** vorbei bis zu einem Abzweig am Ende des Sees.

2 3,8 (545) Rechts den Asphalt- bzw. Betonweg verlassen ⤳ an einem Unterstand zur Wildfütterung vorbei ⤳ auf der linken Seite erscheint im Wald ein idyllisch gelegener **Rastplatz** unter Bäumen ⤳ nach einer leichten Steigung in der Serpentine weiter geradeaus in den Wald hinein ⤳ der Beschilderung **Kulissenfelsen** folgen ⤳ nach einem **Hochsitz** in einer Rechtskurve stetig bergauf ⤳ in der Bergflanke durch den Wald ⤳ vereinzelt erscheinen die ersten größeren **Porphyrfelsen**.

3 5,5 (664) Bei einem **Rastplatz** in einer Linkskurve folgt der wunderbare Ausblick vom Kulissenfelsen.

Kulissenfelsen

Kulissenfelsen. Der Ohrastausee ist wegen der dichten Bewaldung im Tal kaum auszumachen, die Staumauer erst recht nicht. Aber ein kurzes Verweilen auf diesem

markanten Felsstock dient als wunderbares Fotomotiv.

Am Felsen weiter auf dem breiten Waldweg ~ der Weg bleibt nun überwiegend in der Ebene oberhalb des Sees ~ in weiten Kurven um kleinere Taleinschnitte herum.

4 8,3 (668) An einer Wegekreuzung rechts abbiegen ~ leicht bergab ~ geradeaus bis zur nächsten Kreuzung ~ erneut rechts abbiegen und sofort wieder links ~ der Beschilderung zum **Talsperrenblick** folgen ~ an einer T-Kreuzung rechts auf dem grasigen Weg weiter durch den Wald ~ dem Weg in einer Linkskurve folgen.

Talsperrenblick

Schöne **Aussicht** auf die Ohratalsperre

An der Gabelung beim Talsperrenblick rechts halten und den letzten Ausblick auf die Talsperre

genießen ⤳ wieder in den Wald hinein ⤳ leicht bergab und kurvig an einem **Hochsitz** vorbei ⤳ an einer Kreuzung links und der **gelben Markierung** folgen ⤳ über den kurvigen Waldweg bis zur Asphaltpiste.

5 11,0 (598) An der Rastmöglichkeit beim **Fünf-Wege-Kreuz** rechts abbiegen ⤳ leicht bergab und an dem Haus mit der Sendeanlage vorbei ⤳ in einer Linkskurve geradeaus und steil bergab der Ausschilderung zur **Hammersteinhütte** folgen.

Hammersteinhütte

Vor der Schutzhütte rechts dem schmalen Wanderweg folgen ⤳ in steilen Serpentinen bis zu einer T-Kreuzung ⤳ links abbiegen und der Beschilderung **Rundwanderweg** folgen ⤳ geradeaus bis zum Ortseingang von Luisenthal.

6 12,4 (498) Rechts auf der Asphaltstraße bergab ⤳ am **Löschwasserhydranten** auf der rechten Seite rechts in die Zufahrt ⤳ bergab bis zur Hauptstraße ⤳ auf der Straße durch Luisenthal bis zum Ortsteil **Schwarzwald**.

1 14,5 (439) Ende der Wanderung am Parkplatz unterhalb der **Staumauer**.

Luisenthal

Tour 17 — 12,3 km

Zur Hohen Möst

Start/Ziel: Oberschönau, Parkplatz in der Eckestraße

Anfahrt: Über die Autobahn 71 bis Oberhof, von dort die Landstraße bis Oberschönau, Richtung Steinbach-Hallenberg. Der Parkplatz liegt an der Feuerwache in einer Seitenstraße gegenüber der Touristeninformation.

Markierung: Richtungswegweiser

Gehzeit: 3½ Std. **Aufstieg:** 470 m **Abstieg:** 470 m

Hartbelag: 10 % **Wanderwege:** 80 % **Wanderpfade:** 10 %

Charakteristik: Stetig ansteigende Tour mit mehreren wunderbaren Ausblicken, Picknickmöglichkeiten und der Überquerung der Hohen Möst, einem flachen Berggipfel östlich von Oberschönau.

Oberschönau

PLZ: 98587; Vorwahl: 036847

ℹ Touristinformation, Hauptstr. 62, ☎ 30425

Mit etwas über 400 Jahren ist Oberschönau eine noch verhältnismäßig junge Ortschaft, deren erste Siedler vermutlich Holzfäller waren. Im Rahmen der Industrialisierung wandelte sich Oberschönau zu einem Metall verarbeitenden Ort. Heute dient er, auch durch seine Nähe zu Oberhof, als Erholungsort zentral im Thüringer Wald.

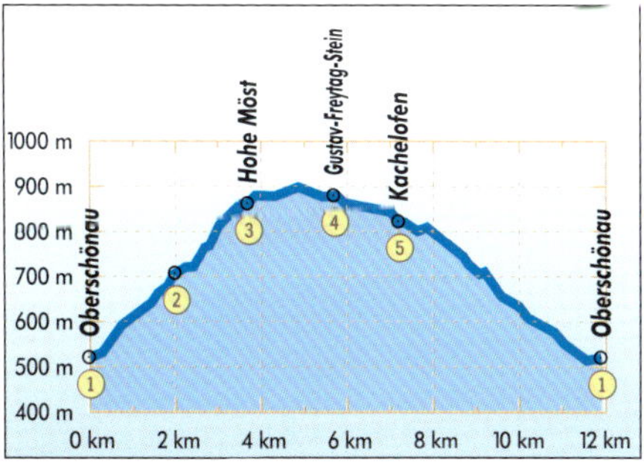

1 0,0 (512) Vom **Parkplatz** auf die **Hauptstraße** ~ rechts die Straße leicht bergauf ~ links in die Straße **Möst** ~ steil bergauf und mit einer leichten Rechtskurve bis zum Ende der

Gedenktafel am Kachelofen

Asphaltpiste ~ am Ortsende in den Wald hinein ~ auf dem **Naturlehrpfad**.

Am **Ehrenmal** zum Gedenken an die im Ersten Weltkrieg gefallenen Soldaten hat man einen wunderbaren Ausblick auf Oberschönau sowie auf den Hermannsberg auf der anderen Talseite.

Am Ehrenmal die Abkürzung Hohe Möst bzw. 12 Apostel nicht benutzen (zeitweise gesperrt)!

Weiter geradeaus auf dem breiten Waldweg ~ an der rot-weißen **Schranke** vorbei ~ den von links kommenden Weg passieren und weiter geradeaus ~ stets bergauf.

2 **2,0 (688)** An der Weggabelung mit dem Schilderbaum eine Kehrtwende nach links machen ~ der Ausschilderung zur **Hohen Möst** folgen ~ in einer weiten Rechtskurve steil bergauf ~ rund 100 m hinter dem markanten Felsen auf der linken Seite erscheint von links die Abkürzung, die zeitweise gesperrt ist ~ an dieser Stelle scharf rechts abbiegen und den breiten Waldweg verlassen ~ auf dem schmalen wurzeligen Steig steil bergauf ~ an der Sitzbank und am **Apostelfelsen** vorbei ~ nach dem Genuss der **Aussicht** geht es auf dem schmalen Pfad weiter ~ leicht bergauf an einem Hochsitz vorbei ~ an einem breiten Waldweg nach rechts ~ nach der 50 m langen Linkskurve wieder links auf den ausgetretenen Pfad ~ durch den lichten Nadelwald geradeaus ~ auf dem steiler werdenden Weg weiter nach oben ~ bei einer Sitzbank links zum Aussichtspunkt Vorderer Möststein.

Vorderer Möststein

An diesem Vorderen Möststein hat man abermals einen wunderbaren Ausblick auf Oberschönau und darüber hinaus auf die Gipfel des nördlichen Thüringer Walds.

Auf dem Pfad an der Sitzbank geht es rechts an einem Haus mit einer Sendeanlage vorbei ~

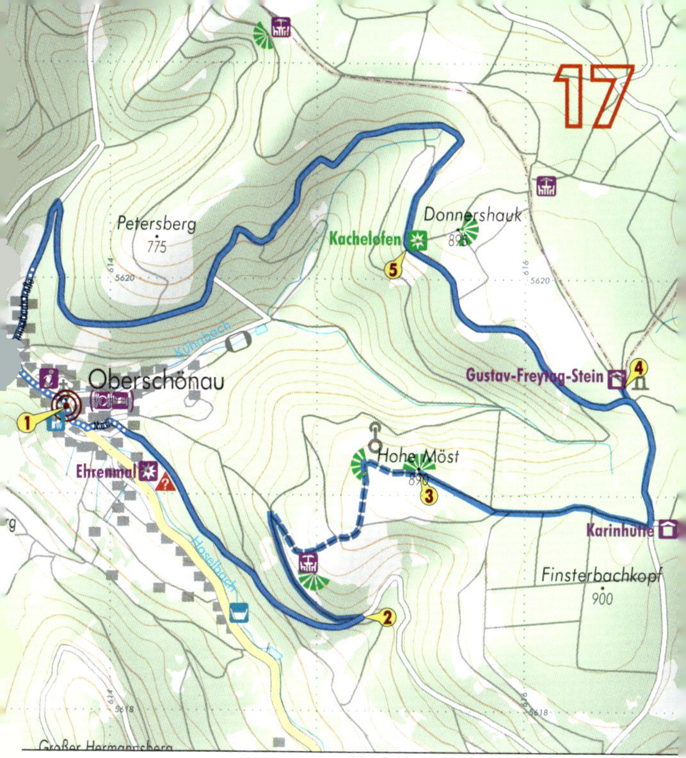

bei einer Gabelung links halten ~ in einer Linkskurve erst leicht bergan.

3 3,7 (884) Abschließend mit einem kurzen, knackigen Anstieg zum Hinteren Möststein.

Hinterer Möststein

Von nun an geht es überwiegend eben über die Hohe Möst und mit einem sanften Abstieg langsam wieder hinab bis Oberschönau. Bei einem Blick über das rechts liegende Tal kann bereits der weitere Wanderweg im Hang auf der anderen Talseite deutlich gesehen werden.

Den Hinteren Möststein im Rücken geht es auf einem breiten Waldweg weiter ~ an einer T-Kreuzung den Grasweg verlassen und nach links auf die Schotterpiste ~ am folgenden Schilderbaum geradeaus ~ nach einer S-förmigen Kurve in der Ebene bis zur Schutzhütte Karin.

Ruhiger Wanderweg oberhalb von Oberschönau

Karinhütte

Beim **Rastplatz** an der Schutzhütte links abbiegen ⁓ den folgenden rechten Abzweig ignorieren ⁓ an einem Hochsitz vorbei und beim Abzweig nach Oberschönau geradeaus.

4 5,7 (873) Vor zum Gustav-Freytag-Stein.

Gustav-Freytag-Stein

Gustav-Freytag-Stein. Der Gedenkstein erhielt den Namen des Schriftstellers, weil dieser die hiesige Region bei Oberschönau in einem seiner Romane beschrieb und festhielt.

Vom Gustav-Freytag-Stein geht es die wenigen Meter zum Abzweig zurück ⁓ dann rechts wieder auf den breiten Waldweg ⁓ nun geht es auf dem vorhin sichtbaren Weg in der Bergflanke entlang ⁓ auf der gegenüberliegenden Talseite zur Linken sind die Felsen der Hohen Möst sichtbar ⁓ an einem **Hochsitz** vorbei und weiter geradeaus.

5 7,2 (826) Am **Kachelofen** vorbei.

Kachelofen. Eine letzte Rastmöglichkeit bevor es fortan bergab geht, gibt es am Kachelofen genannten Porphyrfelsen. Das dort angebrachte Eiserne Kreuz ist dem aus Ohrdruf stammenden Hilfsförster Walter Schenke gewidmet.

An einer Gabelung den rechten Weg bewandern ⁓ nach einer **Schranke** durch die Kehre nach links ⁓ stets auf dem breiten Waldweg bergab ⁓ den Abzweig in das **Kühnbachtal** passieren ⁓ an einer weiteren Gabelung links talabwärts gehen ⁓ am Unterstand der Wildfütterung vorbei ⁓ an der T-Kreuzung links halten und parallel zum **Bach** wandern ⁓ kurz hinter der Schranke folgt der Ortseingang von Oberschönau ⁓ auf Asphalt über die **Zimmerbachstraße** bergab ⁓ an der **Hauptstraße** links ⁓ leicht bergauf bis zur **Touristinformation** ⁓ gegenüber der Kirche rechts abbiegen.

1 11,9 (512) Ende der Wanderung am Parkplatz in der **Eckestraße**.

Oberschönau

leicht

Tour 18 8,9 km

Rondell

Start/Ziel: Parkplatz Grenzadler bei Oberhof, Tambacher Straße

Anfahrt: Über die A71 nach Oberhof, von dort auf der Landstraße in Richtung Oberschönau. Hinter dem Ortsausgang befindet sich der Parkplatz (hohe Gebühr!) auf der rechten Seite.

Markierung: Richtungswegweiser

Gehzeit: 2½ Std. **Aufstieg:** 110 m **Abstieg:** 110 m

Hartbelag: 0 % **Wanderwege:** 100 % **Wanderpfade:** 0 %

Charakteristik: Leichte und kurze Wanderung mit wenigen Höhenmetern, ideal daher auch für Kinder bzw. Kinderwagen. Außerdem durch die mögliche Besichtigung des Schützenberghochmoores interessant und lehrreich.

Oberhof

PLZ: 98559; Vorwahl: 036842

Waldgasthof Schanzenbaude, Grenzadler 02, ✆ 22278, ÖZ: tägl. 9-22 Uhr

1 **0,0 (834)** Am Parkplatz Grenzadler über die Landstraße ~ am Imbiss „Bei Gustav" (gehört zur Schanzenbaude) links vorbei ~ auf dem grasigen Weg leicht bergauf ~ an der Gabelung den mittleren Weg (**Rennsteig**) benutzen ~ leicht aber stetig bergauf durch den Wald ~ bis zum breiten Schotterweg ~ geradeaus wandern ~ am Zaun vorbei ~ nach einer Linkskurve bis zum **Stein 16**.

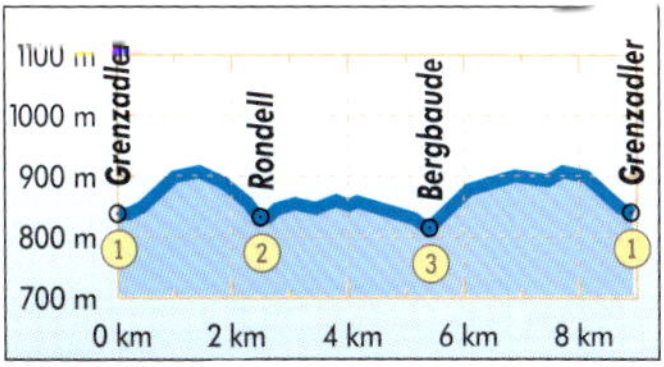

Der 16. Grenzstein zwischen dem Rennsteig und der hessischen Grenze ist legendenumwoben. Die Sagen rund um Stein 16 sind auf Infotafeln an dieser Kreuzung erläutert.

An der **Schutzhütte** und dem Rastplatz vorbei ~ über die Kreuzung hinweg ~ auf dem breiten Schotterweg leicht bergab.

2 **2,5 (832)** Bis zur nächsten Kreuzung.

Forstarbeiterdenkmal am Rondell

Rondell

Das Rondell ist besonders bei Rennsteigwanderern ein wichtiger Orientierungspunkt, unmittelbar in der Nähe des Wintersportzentrums Oberhof. Es handelt sich um einen Obelisken, der an hiesigen Straßenbau der Preußen erinnert. Mittlerweile verläuft hier die viel befahrene Landstraße hinab nach Zella-Mehlis, die von einer geschwungenen Fußgängerbrücke überspannt wird. Der Obelisk trägt eine Inschrift des gothaischen Hauptmannes und Straßenbauers Julius von Plänckner, der die erste durchgehende Rennsteigwanderung durchführte. Unmittelbar vor der Brücke erhebt sich ein Denkmal, welches an die Borkenkäferjahre zwischen 1947 und 1949 erinnert, bei der der mittlere Thüringer Wald nur durch den Einsatz zehntausender Freiwilliger und sowjetischer Soldaten gerettet werden konnte.

Vor der Fußgängerbrücke rechts abbiegen ~ dem **Rhön-Rennsteig-Fernwanderweg** folgen ~ kurvig auf dem breiten Weg durch den Wald ~ in Hörweite der Landstraße an einer Schutzhütte vorbei ~ mit leichtem Gefälle bis zum Parkplatz an der **Bergbaude Veilchenbrunnen**.

Bergbaude Veilchenbrunnen, Veilchenbrunnen 14, ✆ 03682/477762, ÖZ: Di-So 10.30-18 Uhr

3 **5,4 (801)** Nach dem Gartenlokal geht es rechts wieder in den Wald hinein ~ eine kurze, steile Steigung ist zu überwinden ~ an der Gabelung rechts halten ~ in einer Rechtskurve an der eingefassten Quelle des **Veilchenbrunnens** rechts vorbei ~ spürbar geht es bergauf ~ weiter geradeaus ~ nach einer Linkskurve erscheint das Hochmoor.

Schützenberghochmoor

Rund eineinhalb Hektar umfasst die Fläche des Schützenberghoch-

moores und ist damit das kleinste der sechs bedeutenden Moore im Umfeld des Rennsteigs. Der intensive Schutz dieses rund 8.000 Jahre alten Moores begann erst im Jahr 1986, als durch zahlreiche Wanderwege innerhalb des Moores die Gefahr der Austrocknung bestand. Heute kann das Moor auf einem eigens angelegten Holzweg betreten werden. Zu Recht wird darauf hingewiesen, dass das Verlassen des Steges unterlassen bleiben muss, da die Schäden an einem Moor über Jahrzehnte sichtbar bleiben. Am **Moorlehrpfad** vorbei ~ weiter leicht bergauf ~ zurück zum **Stein 16** ~ dort links abbiegen und auf bekanntem Weg zurück. **1** 8,9 (834) Ende der Wanderung am **Parkplatz Grenzadler**.

Oberhof

Tour 19 — 9,8 km

Zum Ausgebrannten Stein

Start/Ziel: Oberhof (am Kreisverkehr), Parkplatz an der Straße Eckardtskopf

Anfahrt: Über die A71 bis Oberhof. Im Kreisverkehr an der Tankstelle in die Straße Eckardtskopf und dort auf den kostenpflichtigen Parkplatz. Bewachte Parkmöglichkeit, gegen eine kleine Gebühr, auch auf dem Gelände der Tankstelle.

Markierung: gelbes Dreieck bis zum Ausgebrannten Stein, Richtungswegweiser

Gehzeit: 2½ Std. **Aufstieg:** 125 m **Abstieg:** 125 m

Hartbelag: 12 % **Wanderwege:** 55 % **Wanderpfade:** 33 %

Charakteristik: Wanderung ohne nennenswerte Steigungen auf einsamen Wegen aber teilweise durch schwieriges Terrain mit der Besichtigung des Ausgebrannten Steines.

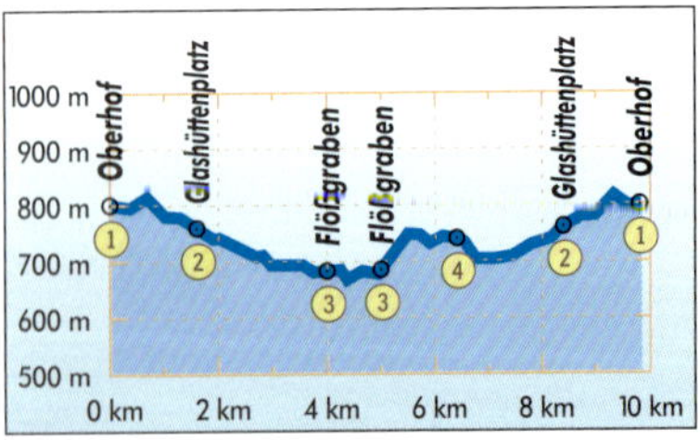

Oberhof s. S. 87

PLZ: 98559; Vorwahl: 036842

1 **0,0 (799)** Den Parkplatz verlassen ~ am Kreisverkehr entlang zur Tankstelle (dort hängt auch eine Informationstafel) ~ zurück zur Straße, die unter der Landstraße hindurch führt ~ in einem weiten Linksbogen zu einem weiteren **Parkplatz** ~ auf dem Parkplatz nach rechts ~ an der Metallschranke vorbei ~ rechts halten ~ mit einer weiten Aussicht den Weg ein Stück bergab ~ an der Weggabelung rechts abbiegen ~ auf dem Schotterweg hinab und durch eine Linkskurve.

2 **1,6 (762)** Beim Abzweig am Glashüttenplatz rechts ⤳ bei der sofort folgenden Gabelung abermals rechts ⤳ jedoch nicht dem Schotterweg folgen, sondern auf dem Grasweg mit den beiden Fahrspuren leicht bergab wandern ⤳ durch den Wald ⤳ auf der rechten Seite passiert man einen **alten Grenzstein**, kurz darauf überquert man den Tunnel der Autobahn 71 ⤳ an zwei einfachen Hochsitzen vorbei ⤳ durch eine langgezogene Kurve weiter auf dem grasigen Weg bleiben ⤳ bei einer Gabelung mit Ausschilderung rechts abbiegen bis zu einem geschotterten Weg ⤳ links auf den Schotterweg ⤳ durch langgezogene Kurven weiter durch den Wald ⤳ leicht bergauf ⤳ nach ca. 10 Minuten auf dem Schotterweg erscheint der **Flößgraben**.

3 **4,0 (600)** Am Flößgraben rechts auf den schmalen Grasweg ⤳ über den wurzeligen Pfad am Hang entlang ⤳ zwischen den Bäumen hindurch bis zum Ausgebrannten Stein.

Ausgebrannter Stein

Der **Ausgebrannte Stein** ist keine Höhle, sondern ein ca. 20 m langer Stollen, der es ermöglicht auf die andere Seite der Felswand zu gelangen. Er wurde bereits im Jahr 1704 von Bergleuten durch den massiven Felsen getrieben.

Am Ausgebrannten Stein geht es wieder zurück zu Wegpunkt **3**.

3 **5,0 (680)** Rechts auf den Schotterweg ⁓ nach 100 m folgt ein Abzweig, hier links auf den weichen Waldweg ⁓ in einer Rechtskurve geradeaus ⁓ über den wurzeligen Pfad durch den Wald ⁓ in dem schwierigen Gelände an der Felswand auf der linken Seite orientieren ⁓ weiter an den **Felsbrocken** entlang ⁓ bis zu einer Lichtung ⁓ links halten und leicht bergab bis zum Schotterpfad, hörbar ist die nahe gelegene Tunneleinfahrt der Autobahn 71 ⁓ links abbiegen, man wandert nun wenige Meter über der Autobahn ⁓ auf dem kurvigen Pfad weiter.

Ausgebrannter Stein

Ruhige Waldwanderung zum Ausgebrannten Stein

4 6,4 (731) An der Gabelung rechts abbiegen ~ auf dem grasbewachsenen Weg leicht bergab ~ links erscheint der Sieglietzteich.

Sieglitzteich

Am Abzweig rechts halten ~ durch den Wald ~ beim Schotterweg links abbiegen ~ leicht bergauf und dem breiten Weg geradeaus folgen ~ an einer **Sitzbank** vorbei durch die Linkskurve.

2 8,4 (762) Hinter einer Rechtskurve folgt der **Glashüttenplatz** ~ geradeaus bis zum **Sandfleck** ~ links abbiegen und wieder zurück zur Straße ~ im großen Bogen links unter der Landstraße hindurch ~ am Kreisverkehr zurück zum Parkplatz.

1 9,8 (799) Ende der Wanderung am Parkplatz in der Straße **Eckardtskopf**.

Oberhof

Tour 20 — 9,2 km

Possenröder Kreuz

Start/Ziel: Parkplatz an der Friedrichrodaer Straße zwischen Kleinschmalkalden und Friedrichroda (ehemalige dritte Schneidmühle)

Anfahrt: Ab der B88 bei Friedrichroda über die Landstraße Richtung Kleinschmalkalden. Hinter der ehemaligen Gaststätte „Waldschenke" folgt am Ende der Leitplanke eine kleine Brücke nach links, die direkt auf den dortigen Parkplatz führt.

Markierung: im Wechsel waagerechter gelber Strich und Richtungswegweiser, auf der Hohen Straße ein Symbol in Form einer alten Vase

Gehzeit: 2½ - 3 Std. **Aufstieg:** 280 m **Abstieg:** 280 m

Hartbelag: 6 % **Wanderwege:** 94 % **Wanderpfade:** 0 %

Charakteristik: Leichte Wanderung über einsame Forstwege mit einer kurzen Berührung des Rennsteigs. Gut auch für Kinder oder Kinderwagen geeignet, lediglich die letzten sechshundert Meter verlaufen neben einer wenig befahrenen Landstraße.

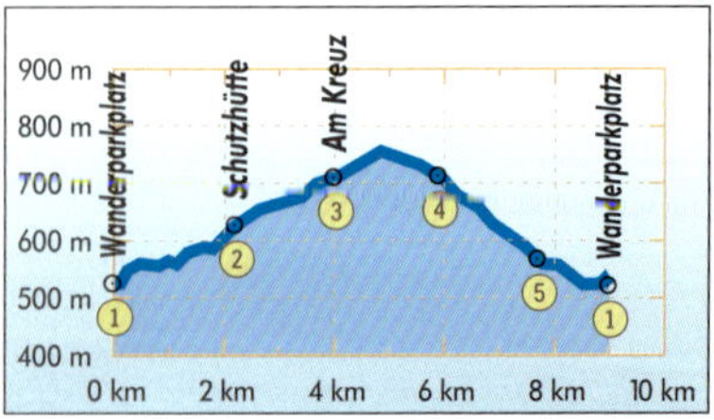

Kleinschmalkalden

PLZ: 98593; Vorwahl: 03683

Aus der Teilung zwischen Hessen und Sachsen-Coburg-Gotha gingen **zwei Kirchen** hervor. Eine barocke aus dem Jahr 1719 (Hessen) sowie die Kirche im gothaischen Ortsteil aus dem Jahr 1854. Für eine so kleine Gemeinde mit gerade einmal 1.000 Einwohnern sind zwei Kirchen natürlich untypisch und schwierig, sie zu unterhalten.

Im Zentrum der Ortschaft hängt die **größte Kuhglocke der**

Kurz nach Sonnenaufgang auf dem Spießberg

Welt, die von der Firma Venter-Glocken GmbH erstellt wurde und es zu einem Eintrag in das Guinness-Buch der Rekorde geschafft hat.

Die Ortschaft Kleinschmalkalden gehört seit dem Jahr 2006 zu Floh-Seligenthal, existiert aber bereits seit dem ausgehenden 14. Jahrhundert. Bis 1945 war Kleinschmalkalden in einen hessischen und einen gothaischen Teil geteilt. Während der DDR-Zeit trug der Ort den Namen Pappenheim, benannt nach dem Antifaschisten Ludwig Pappenheim. Im Sommer 1990 sprach sich die Bevölkerung dafür aus, wieder den Namen Kleinschmalkalden zu benutzen.

1 0,0 (479) Am Parkplatz links hoch in den Forstweg ~ an der **Schranke** vorbei ~ sofort rechts um die Kurve ~ durch das Tal sanft aber stetig bergauf ~ hinter einer S-Kurve an einem Abzweig rechts halten ~ oberhalb des nun rechts liegendes Tales.

2 2,2 (594) Bis zu einer **Schutzhütte**.

Radfahrerausspanne an der Hirschbalz

Dem von links kommenden Weg bergauf folgen ~ in einer Rechtskurve durch den Wald hindurch ~ an einem Abzweig links halten und der **Hohen Straße** folgen ~ über einen Bach hinweg ~ weiter bergauf ~ an einer Gabelung in einer Rechtskurve den Weg rechts weiter bergauf benutzen.

3 4,0 (689) Nach einer Linkskurve erscheint auf der rechten Seite

Possenröder Kreuz

das **Possenröder Kreuz** und eine **Schutzhütte**.

Possenröder Kreuz

Es wird gesagt, dass das restaurierte Kreuz wahrscheinlich als Sühnekreuz auf einen hier verübten Totschlag hinweist. Doch die Meinungen gehen sehr weit auseinander und es gibt bis heute keine Erklärung darüber, warum an dieser Stelle ein Kreuz errichtet wurde und worauf es hindeuten soll. Doch es muss angenommen werden, dass die Geschichte vom erschlagenen Postillion, der auf der Hohen Straße unterwegs war, eine Legende ist. Als Hohe Straße wiederum werden verschiedene Wege bezeichnet, die den Rennsteig überquerten und in der Zeit der nicht befestigten Straßen wichtige Verkehrswege waren. Die Hohe Straße, die am Possenröder Kreuz verläuft, verband in damaliger Zeit die großen Handelsstätten Erfurt und Frankfurt am Main.

Am Possenröder Kreuz dem schmaleren Weg nach halblinks folgen ~ leicht bergauf ~ zwischenzeitlich mit einer wunderbaren Aussicht auf den westlichen Thüringer Wald.

Spießberg

Über den eher flachen Gipfel des Spießbergs am Hinweisschild geradeaus ~ zum Abzweig.

AUSFLUG

Am Abzweig Tauber Rasen verläuft der Weg zum Spießberghaus vor der Schutzhütte rechts.

Spießberghaus, Am Rennsteig, 99894 Friedrichroda, ✆ 03623/363500, ÖZ: Mi-So 11-21.30 Uhr, Mo-Di 17-23 Uhr. Ca. 700 m entfernt.

Weiter durch den Wald ~ an einem Abzweig links halten.

4 **5,9 (695)** An der befestigten Straße links wieder in den Wald ~ hinter der **Schranke** sofort rechts ~ in einem weiten Bogen halblinks wandern ~ steil bergab durch eine S-Kurve ~ stetig bergab, von einem Bach begleitet.

5 **7,7 (547)** An der Abbiegemöglichkeit kurz nach einem **Unterstand** für die Wildfütterung rechts abbiegen ~ oberhalb des Tales weiter hinab ~ an einer Schran-

ke vorbei ~ rechts die Scheunen passieren ~ an der Landstraße links abbiegen ~ vorbei am **ehemaligen Gasthaus** ~ an der rechten Seite den ehemaligen Grenzstein und den **Grenzadler**, der die Grenze zwischen Sachsen-Coburg-Gotha und Hessen markiert, passieren ~ an der Landstraße talabwärts bis zum Ende der Leitplanke ~ links über die Brücke.

1 9,0 (479) Ende der Wanderung am **Parkplatz** an der ehemaligen dritten **Schneidhütte**.

Kleinschmalkalden

Tour 21 12,0 km

Rund um Finsterbergen

Start/Ziel: Finsterbergen, Parkmöglichkeiten am Ortseingang in der Straße Leinagrund

Anfahrt: Auf der B88 bei Engelsbach östlich von Friedrichroda auf die Landstraße nach Finsterbergen abbiegen.

Markierung: gelbes Quadrat, Richtungswegweiser, grüner Punkt

Gehzeit: 3½ - 4 Std. **Aufstieg:** 400 m **Abstieg:** 400 m

Hartbelag: 7 % **Wanderwege:** 76 % **Wanderpfade:** 17 %

Charakteristik: Zum Teil anstrengende und lange Wanderung mit starken Anstiegen auf dem Kamm oberhalb und rund um Finsterbergen.

Finsterbergen

PLZ: 99898; Vorwahl: 03623

Heimatmuseum Finsterbergen, Rennsteigstr. 28, ✆ 306143

Freizeitbad, Friedrichrodaer Weg 2

Schon bei einem Blick auf die Karte wird man feststellen, dass Finsterbergen in gewisser Weise eine Sackgasse ist und nur über eine Straße erreicht werden kann. Die Ortschaft befindet sich nämlich auf einem Hügel innerhalb eines Talkessels, welcher wiederum von kleineren Hügeln umgeben ist. Imposant sind hierbei die Hainfelsen, die am Ostrand markant aus den bewaldeten Hügeln heraus ragen. Im Jahr 2007 hat Finsterbergen seine Eigenständigkeit verloren und gehört seitdem zu Friedrichroda. Südwestlich der Ortschaft entspringt die Leina, die zunächst durch das Leinatal fließt, aber schon nach wenigen Kilometern als Hörsel bezeichnet wird und unter diesem Namen bei Hörschel in die Werra mündet.

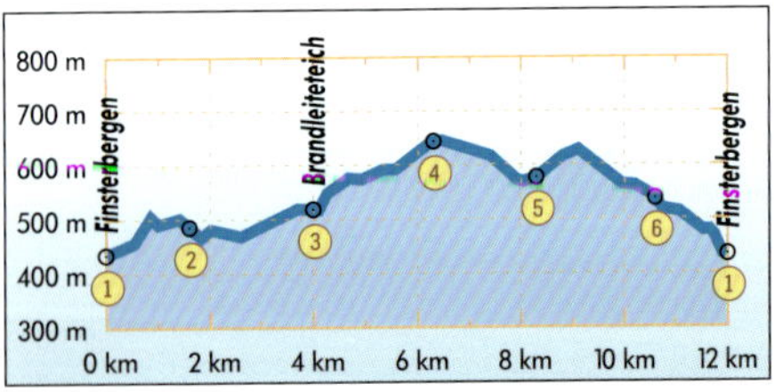

Ausblick auf Finsterbergen

1 0,0 (437) Im **Leinagrund** am Omnibusbetrieb Gessert links vorbei ~ zunächst auf den Betonplatten wandern ~ nach einer langgezogenen S-Kurve folgt auf der rechten Seite die **steinerne Totenbrücke**, die die sehr junge Leina überspannt.

Totenbrücke

Da die Toten Finsterbergens früher im östlich gelegenen Altenbergen beerdigt wurden, wurden sie über diese Brücke auf kürzestem Weg zum Nachbarort gebracht.

Totenbrücke über der jungen Leina

Ohne die Totenbrücke zu überqueren sieht man auf der linken Seite einen schmalen Pfad, der in den Hang hinaufführt ~ diesem Pfad folgen ~ eine Serpentine durchwandern ~ auf dem schmalen Pfad bleiben und der Beschilderung zur **Blockhütte** folgen ~ auf der rechten Seite sind oberhalb die **Hainfelsen** zu erkennen ~ rechts neben dem Weg ist einer der Hainfelsen abgesprungen und bildet einen schmalen Durchgang ~ am Durchgang vorbei (nicht hindurch!) ~ am Schilderbaum weiter dem **gelben Quadrat** und der Ausschilderung zur **Blockhütte** folgen ~ es geht leicht aufwärts und über einen schmalen Pfad gelangt man an die obere Abbruchkante der **Finsterberger**

Pforte ~ nach einem weiteren kurzen Aufstieg am Geländer zur Blockhütte.

Blockhütte

Von der Blockhütte kann man auf den Finsterberger Hügel hineinblicken und bereits die weitere Wegstrecke erahnen.

Nach einer kurzen Pause geht es am Geländer direkt an der Felskante der Hainfelsen weiter ~ bei einem Abzweig mit einem Schilderbaum rechts hinab gehen ~ es geht geradewegs steil talabwärts.

2 1,6 (438) Am breiten Waldweg unten angekommen links halten ~ unterhalb weiterer Felsen geradeaus wandern ~ an einem **Grenzstein** vorbei immer geradeaus durch das **Leinatal** bis zum Bauernhof, hier rechts ~ die Leina auf der kleinen **Brücke** überqueren ~ hinter der Brücke links ~ neben der plätschernden Leina entlang in den Forstweg ~ an der Schranke vorbei auf den **Naturlehrpfad** ~ die 2005 neu eingeweihte **Sängerbrücke** mit dem Rastplatz passieren ~ am eingefassten Wintersbrunnen vorbei ~ weiter auf dem Naturlehrpfad.

3 4,0 (498) Vor zum Brandleiteteich.

Brandleiteteich

Nach einer kurzen Rast am Teich geht es neben dem Gewässer rechts steil bergauf ~ der Beschilderung zum **Wanderpark 2** folgen ~ nach einem steilen Aufstieg oben links halten ~ auf dem Höhenrücken durch den Wald bis zu einer Kreuzung ~ links abbiegen ~ bei der Lichtung an der folgenden Gabelung rechts halten ~ an einer weiteren Gabelung halbrechts auf dem Hauptweg bleiben.

4 6,3 (635) Nach einer Linkskurve erscheinen von rechts zwei Wege ~ den ersten der beiden Wege, vor dem Schilderbaum, benutzen und somit scharf rechts abbiegen ~ an einer Gabelung links und leicht bergab ~ auf dem breiten Waldweg dem grünen Punkt folgen ~ nach einer Lichtung eine langgestreckte Linkskurve durchwandern.

5 8,3 (556) Bei einer Wegekreuzung links abbiegen Richtung **Friedrichroda**, nicht nach Finsterbergen! ~ nur 100 m später folgt eine weitere Kreuzung, an dieser die zweite Wegführung nach rechts ~ in einer kurzen S-Kurve hinauf zur Gabelung namens Adolphsblick.

Adolphsblick

Vor dem Schilderbaum am Adolphsblick rechts dem Schotterweg folgen ~ stetig bergauf ~ wieder in den Wald hinein über eine Kuppe hinweg ~ an der Gabelung des **Höhenwegs**

bzw. der Körnbergspromenade nach rechts den Weg verlassen ⤳ auf der kurvigen Schotterpiste durch den Wald.

6 10,6 (524) Am **Königsweg** links abbiegen ⤳ auf dem breiten Waldweg geradeaus ⤳ am **Gedenkstein für Waldemar Fröbel** halbrechts der Ausschilderung nach **Leinagrund** folgen ⤳ dabei dem Weg mit den Fahrspuren folgen ⤳ rund 5 Minuten nach einem Linksknick zweigt rechts ein schmaler Pfad ab ⤳ an diesem Pfad scharf rechts und talabwärts wandern ⤳ geradeaus bis zur **Treppe** ⤳ über die Treppe bis zur Straße **Leinagrund** ⤳ an der Straße rechts leicht hinauf.

1 12,0 (437) Ende der Wanderung am Parkplatz in der Straße Leinagrund.

Finsterbergen

mittel

Tour 22 15,1 km

Burgruine Liebenstein

Start/Ziel: Steinbach, Parkplatz an der Bahnhofstraße

Anfahrt: Die B19 zwischen Eisenach und Bad Salzungen Richtung Bad Liebenstein verlassen. Von dort auf die Landstraße Richtung Ruhla und diese bei Steinbach verlassen. Kurz vor dem Ortskern von Steinbach befindet sich auf der rechten Seite ein Parkplatz.

Markierung: Grünes Quadrat, Richtungswegweiser, grüner Strich

Gehzeit: 4½ - 5 Std. **Aufstieg:** 600 m **Abstieg:** 600 m

Hartbelag: 13 % **Wanderwege:** 84 % **Wanderpfade:** 3 %

Charakteristik: Lange Wanderung mit zunächst stetigem Anstieg, die abschließend mit einem herrlichen Panorama von der Burgruine Liebenstein belohnt wird und noch einen lohnenswerten Blick in das Felsentheater ermöglicht.

Steinbach

PLZ: 36448; Vorwahl: 036961

- Lapp's Gasthaus, Bahnhofstr. 16, ✆ 72026, ÖZ: Di-Fr 17-22 Uhr, Sa-So 10-22 Uhr.
- Gasthaus Zum Rasselbock, Kälberzahl 29, ✆ 70537, ÖZ: Mi-Fr 17-22 Uhr, Sa 11-24 Uhr, So 9-22 Uhr.

Steinbach erhielt 1330 erstmals schriftliche Erwähnung und wurde noch im selben Jahrhundert als

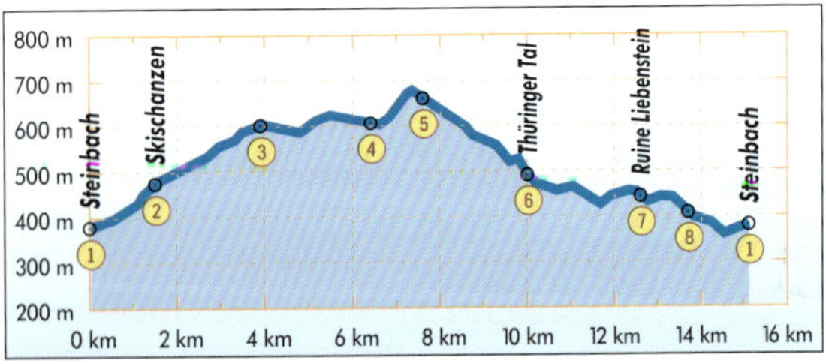

„Dorf, wo die Schmiede wohnen" bezeichnet. Noch zu Beginn des 19. Jahrhunderts existierten in dem kleinen Ort rund 130 Messerschmieden sowie ca. 80 Schlosserwerkstätten. Kein Wunder also, dass Steinbach der Ausgangspunkt des Themenwanderwegs „Messerweg" nach Ruhla ist.

1 0,0 (368) Am Parkplatz auf die **Bahnhofstraße** und bergauf in Richtung **Zentrum** ~ an der Busendhaltestelle vorbei ~ über den mit Fachwerkhäusern gesäumten **Marktplatz** in die **Hauptstraße** ~ durch die enge Gasse bis zum **Schleifkothengrund**.

2 1,5 (451) An den Skischanzen vorbei.

Die **Sprungschanzen** in Steinbach wurden 1933 und 1948 erbaut und waren Austragungsorte für internationale Wettkämpfe. Eine Holztafel gegenüber der Schanzen weist auf die damaligen Sprungweiten hin. Der im Jahr 1958 gelungene Schanzenrekord durch Helmut Recknagel ist bis heute ungebrochen. Der aus Steinbach-Hallenberg stammende Recknagel ist einer der bedeutendsten Skispringer Deutschlands und erzielte zu DDR-Zeiten eine Goldmedaille bei den Olympischen Winterspielen 1960 in Sqaw Valley sowie zweimal Gold und zweimal Bronze bei Weltmeisterschaften.

An der Gabelung links den Forstweg hoch ~ stets auf der Schotterpiste bleiben ~ an einem Unterstand vorbei ~ weiter bergauf bis zur Informationstafel über die hiesigen Bergwiesen.

3 3,9 (593) An der Wegekreuzung die zweite Möglichkeit rechts benutzen ~ geradeaus in der Ebene wandern ~ in einer Kurve einen kleinen **Bach** überqueren ~ weiter auf dem Schotterweg ~ in zahlreichen Kurven an einem **Unterstand** für Wildfütterung vorbei.

4 6,4 (598) Bei der Gabelung links halten ~ in einer langgestreckten S-Kurve leicht bergauf ~ an einem beschilderten Abzweig links ~ auf dem grasigen Weg deutlich bergauf ~ durch den Nadelwald.

5 7,6 (650) An der Wegekreuzung vor dem Gästehaus der International Police Association rechts in den Forstweg Richtung **Atterode** ~ an der Gabelung links halten ~ auf dem zweispurigen Wanderweg geradeaus halten ~ in langgezogenen Serpentinen geht es leicht bergab ~ an einer Schranke vorbei in das **Thüringer Tal**.

6 10,0 (489) Vor dem frei stehenden Haus rechts abbiegen ~ dem Schotterweg geradeaus folgen ~ den von links kommenden Weg passieren ~ am Ortsschild vorbei bis zur Kreuzung, hier links abbiegen ~ auf dem breiten Pfad bis zu einem Abzweig nach rechts ~ dort in den Forstweg hinein ~ an einer **Sitzbank** vorbei bis zum Abzweig zur Burgruine ~ links durch den Wald.

7 12,6 (462) Vor bis zur Burgruine.

Burgruine Liebenstein

Oberhalb der Stadt Bad Liebenstein liegt die gleichnamige **Burgruine**, die einen wunderbaren Ausblick auf die Ortschaft und bis in die Rhön bietet. Die Ruine der aus dem 12. Jh. stammenden Burg kann betreten werden (es wird um Spenden gebeten) und zeigt im Inneren Informationstafeln über die Ausgrabungs- und Sicherungsarbeiten an der Burg.

Nach einer ausgiebigen Rast verläuft der Wanderweg vor der Burg entlang in **Richtung Ida-Denkmal** ~ im Halbkreis unterhalb der Burg entlang ~ durch den Wald ~ bis zum Ida-Denkmal.

Ida-Denkmal. Im Jahr 1854 ließ Herzog Bernhard II. von Sachsen-Meiningen aus Dankbarkeit seiner Schwester gegenüber ein Denkmal errichten. Ida verbrachte viel Zeit auf Burg Liebenstein. Eine weitere aus Meiningen stammende Schwester von Bernhard II. und Prinzessin Ida war Adelheid von Sachsen-Meiningen, die im Jahr 1830 zur Königin von Großbritannien gekrönt wurde. Nach ihr ist unter anderem die australische Stadt Adelaide benannt.

Vor dem Denkmal rechts ~ durch den Wald an einer Sitzbank vorbei ~ über eine Kreuzung geradeaus ~ in einer Linkskurve leicht bergauf ~ bei einer Gabelung halblinks ~ nach einer Rechtskurve erscheint das Felsentheater.

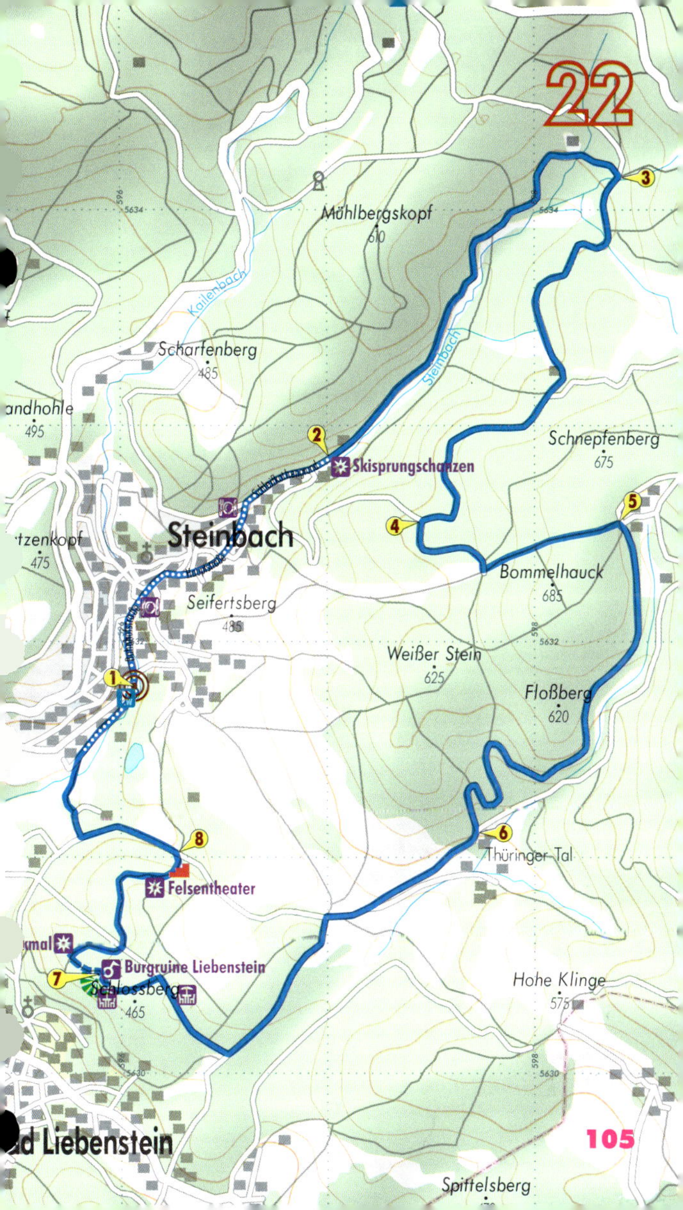
22
Mühlbergskopf
610
Kailenbach
Scharfenberg
485
andhohle
495
Steinbach
Skisprungschanzen
Schnepfenberg
675
tzenkopf
475
Seifertsberg
485
Bommelhauck
685
Weißer Stein
625
Floßberg
620
Thüringer Tal
Felsentheater
Burgruine Liebenstein
Schlossberg
465
Hohe Klinge
575
ad Liebenstein
Spittelsberg

Felsentheater. Mitte des 19. Jhs. wurde das Felsentheater als Naturbühne genutzt. Entstanden ist das Theater durch den Einsturz einer Höhlendecke wodurch die Bühne entstand, die nun von mehreren hohen Felsen umrahmt ist. Die mittlerweile restaurierte Anlage gilt heute als Flächennaturdenkmal.

Am Felsentheater vorbei ~ bis zum Geländer ~ an der aus Holzbohlen stammenden **Treppe** hinab bis zur Schotterpiste.

8 13,7 (395) Links abbiegen ~ am Waldrand entlang ~ am ehemaligen Steinbruch rechts abbiegen ~ in einer Rechtskurve links in den schmalen Pfad hinein ~ über eine Treppe hinab bis zum Feld ~ rechts am Feldrand entlang ~ über die Brücke bis zur Bebauung ~ geradeaus auf der Asphaltpiste ~ am **Garagenhof** vorbei.

1 15,1 (368) Ende der Wanderung am Parkplatz an der **Bahnhofstraße**.

Steinbach

leicht

Tour 23 — 7,8 km

Über das Knüllfeld zur Hallenburg

Start/Ziel: Steinbach-Hallenberg, Parkplatz in der Hauptstraße am Rathaus

Anfahrt: Die B19 bei Fambach verlassen und der Landstraße Richtung Oberhof folgen. Alternativ: Auf der Autobahn 71 die Ausfahrt Oberhof benutzen und über Oberschönau die Landstraße nach Steinbach-Hallenberg. Der Parkplatz befindet sich gegenüber vom Supermarkt in unmittelbarer Nähe zum Rathaus.

Markierung: Grünes Quadrat, Richtungswegweiser

Gehzeit: 2½ Std. **Aufstieg:** 290 m **Abstieg:** 290 m

Hartbelag: 16 % **Wanderwege:** 67 % **Wanderpfade:** 17 %

Charakteristik: Kurze Wanderung über das Knüllfeld inklusive Fitnessparcours (Tannenzapfenwerfen!) und Besuch der Burgruine Hallenburg sowie anschließender Besichtigung von Steinbach-Hallenberg. Durch den Trimm-Dich-Pfad und einen Naturlehrpfad ideal für Kinder geeignet.

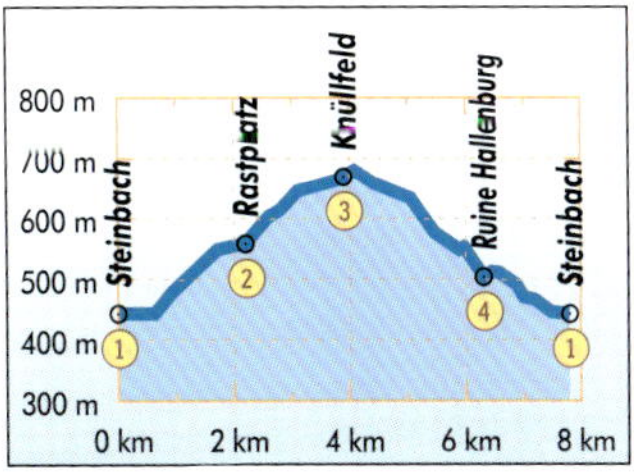

Steinbach-Hallenberg

PLZ: 98587; Vorwahl: 036847

Touristinformation im Heimathof, Hauptstr. 45, ☎ 41065, www.steinbach-hallenberg.de

Gaststätte Reichshof, Hammerg. 1, ☎ 42468, ÖZ: tägl. ab 11 Uhr.

Metallhandwerksmuseum, Hauptstr. 45, ☎ 41065, ÖZ: Mo-Fr 10-16 Uhr, Sa 10-15 Uhr. Das Museum im denkmalgeschützten Heimathof erzählt in erster Linie die Geschichte der Ortschaft Steinbach-Hallenberg. Präsentiert werden unter anderem eine Korkenzieherwerkstatt und eine Nagelschmiede sowie weitere im Original erhalten gebliebene Werkstätten des Haseltals.

Auf dem Weg zum Knüllfeld

Evangelische Kirche im frühbarocken Stil aus dem 17. Jh. Der Turm wurde ein Jahrhundert später erbaut. Im Inneren sehenswert sind die drei bemalten Emporen.

Die Geschichte von Steinbach-Hallenberg begann mit der Besiedelung des Haseltals, indem sich die Ortschaft befindet. Der heutige Ort besteht jedoch aus den damaligen Gemeinden Untersteinbach und Obersteinbach, die zusammengelegt wurden und zum Amt Hallenberg gehörten, was den Doppelnamen erklärt. Wahrzeichen der Stadt ist die Burgruine Hallenburg, die sich oberhalb von Steinbach-Hallenberg befindet und Teil dieser Wanderung sein wird.

1 **0,0 (437)** Vom Parkplatz geht es rechts die Hauptstraße ein wenig hinab ~ am **Rathaus** vorbei ~ am **Kirchplatz** links abbiegen ~ links an der Kirche vorbei ~ über das Flüsschen Hasel hinweg.

Gasthaus Lindenhof, Erbstal 14, ✆ 036847/42370, ÖZ: tägl. ab 11 Uhr.

Vor dem Gasthaus rechts die Treppe hinauf ~ an den Fachwerkhäusern hoch ~ oben angekommen, rechts halten ~ hinter einer Linkskurve an der Gabelung nach links und den Asphaltweg verlassen ~ weiter bergauf und links in den Hohlweg hinein ~ rechts halten ~ an einer **Sitzbank** vorbei und weiter rechts auf den beiden Fahrspuren entlang wandern ~ am Feldrand ein Stück hinauf bis zur Hecke ~ vor der Hecke links abbiegen und am Feld entlang ~ bis zum Rastplatz der Spur quer über das Feld hinauf folgen.

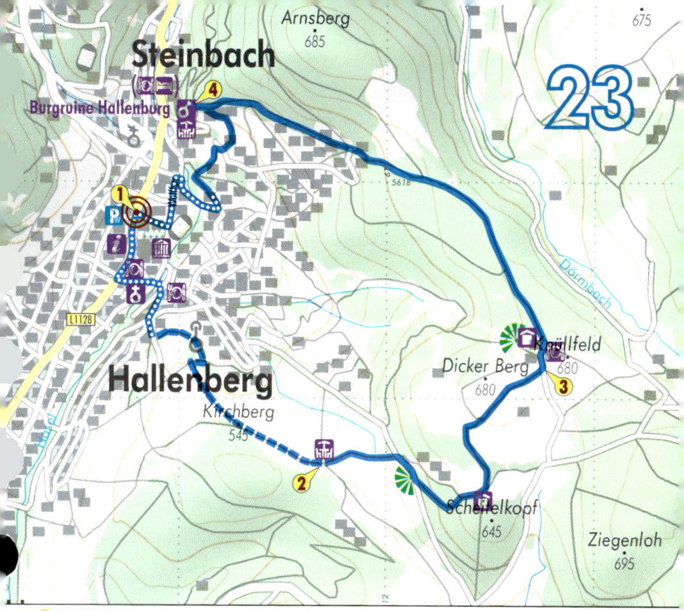

2 **2,2 (558)** Vor dem **Rastplatz** links abbiegen und an der Baumreihe entlang ~ kurvig bis zu einem Schilderbaum ~ rechts abbiegen ~ an einer weiteren Sitzgelegenheit vorbei ~ nach rechts kann ein kleines Panorama auf das Haseltal genossen werden ~ an der Gabelung links hinauf ~ durch eine Linkskurve und geradeaus auf das Feld zu ~ dem **grünen Quadrat** folgen ~ an der **Schutzhütte** am Scheitelkopf links vorbei.

Schutzhütte am Scheitelkopf

An der nächsten Gabelung wieder links Richtung **Knüllfeld** ~ in einer langen Linkskurve bis zu einer T-Kreuzung ~ rechts abbiegen ~ über das Feld bis zur befestigten Straße.

3 **3,9 (673)** Links zur Gaststätte.

Knüllfeld

Waldschenke Knüllfeld, Knüllfeld, ✆ 036847/54933, ÖZ: Mo und Mi-Sa tägl. ab 11 Uhr, So ab 10 Uhr

An der Gaststätte und der gegenüber liegenden **Schutzhütte** kann bei einer kleinen Rast der herrliche Ausblick auf das Haseltal genossen werden ~ geradeaus auf den **Trimm-Dich-Pfad** ~ an der Schranke vorbei ~ auf dem Schotterweg langsam talabwärts ~ an der Gabelung hinter der **Station Tannenzap-**

Hallenburg im Morgendunst

fenwerfen links halten ~ an der Kreuzung **Oberer Härterweg** links am Schilderbaum vorbei und bergab ~ am Ortsrand geradeaus auf dem **Naturlehrpfad** und wieder in den Wald hinein.

4 6,3 (510) Weiter bergab bis zur Hallenburg.

Burgruine Hallenburg

Die Ruine der **Hallenburg** befindet sich auf einem für die Region typischen Porphyrfelsen, der sich 80 m in die Höhe streckt. Der Beginn der wechselvollen Historie dieser Burganlage kann nicht mehr exakt bestimmt werden. Man geht jedoch davon aus, dass sie zu Anfang des 13. Jhs. errichtet wurde. Als Ruine gilt sie aber auf schriftlichen Befehl des Landesherren bereits schon seit dem Jahr 1608. Im August 1919 brach ein nicht unerheblicher Teil des Felsens ab und stürzte mitsamt dem darauf befindlichen Burgabschnitt in die Tiefe, wobei eine im Tal stehende Werkstatt komplett zerstört wurde. Verletzt wurde niemand.

Nach einer kurzen Rast an der Hallenburg geht es auf dem Waldweg weiter in Richtung **Steinbach-Hallenberg** ~ auf dem kurvigen Weg geht es leicht talabwärts durch die Siedlung ~ an Wohnhäusern vorbei bis zu einer T-Kreuzung, dort links ~ der Schotterweg mündet in eine Asphaltstraße ~ weiter bergab ~ über die Hasel hinweg ~ an der **Wolffstraße** links abbiegen ~ geradeaus bis zum Parkplatz des Supermarktes ~ über den Parkplatz bis zur **Hauptstraße**.

1 7,8 (437) Ende der Wanderung am Parkplatz in der Hauptstraße.

Steinbach-Hallenberg

mittel

Tour 24 16,4 km

Gebrannter Stein

Start/Ziel: Zella-Mehlis, Parkplatz in der Peter-Haseney-Straße

Anfahrt: Von der A71, Ausfahrt Suhl/Zella-Mehlis, über die B62 bis in den Ortsteil Mehlis.

Markierung: Richtungswegweiser

Gehzeit: 4½ - 5 Std. **Aufstieg:** 620 m **Abstieg:** 620 m

Hartbelag: 21 % **Wanderwege:** 61 % **Wanderpfade:** 18 %

Charakteristik: Längere Wanderung mit stetigem Aufstieg zu Beginn, weite Wanderung in der Höhe und einem steilen Abstieg am Ende. Die Mühen werden mit einer tollen Aussicht am Gebrannten Stein belohnt.

Zella-Mehlis

1 0,0 (469) Am Parkplatz die Straße überqueren und in die **Louis-Anschütz-Straße** hinein ~ an der **Touristeninformation** vorbei ~ die kurvige Straße hinauf ~ die Straße Sandiger Weg überqueren ~ an der Schulbushaltestelle die Straßenseite nach links wechseln.

2 1,6 (544) Links in die Straße **Zum Veilchenbrunnen** ~ sofort rechts halten ~ an in einem Vorgarten stehenden Schilderbaum vorbei ~ hinauf bis zum

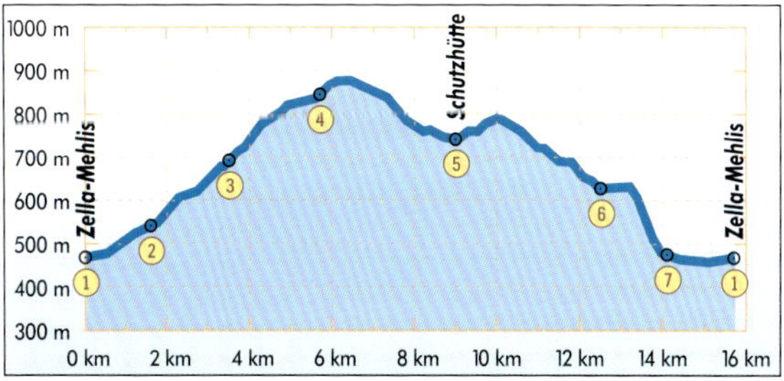

Ausblicke bei Zella-Mehlis

Ende der Asphaltstrecke ⇝ auf der Schotterpiste links hinauf ⇝ beim Blick zurück kann der Anblick in das Tal von Mehlis genossen werden ⇝ an der Gabelung den linken Weg betreten ⇝ unter der **Skischanze** hindurch ⇝ in den Wald hinein ⇝ nach einer langgezogenen Linkskurve bis zur Wegekreuzung ⇝ vor dem Schilderbaum rechts halten ⇝ am Rastplatz vorbei ⇝ durch das Geländer und über den Bach ⇝ links am Waldrand neben dem Feld hinauf ⇝ oben auf dem breiten Waldweg rechts bis zur Kreuzung.

3 3,5 (694) Auf den Schotterweg links abbiegen ⇝ weiterhin bergauf ⇝ weiter geradeaus bis zum **Parkplatz** der Bergbaude Veilchenbrunnen.

Bergbaude Veilchenbrunnen, Veilchenbrunnen 14, ✆ 03682/477762, ÖZ: Di-So 10.30-18 Uhr

Vor der Gaststätte links steil hinauf ⇝ an der Gabelung links halten ⇝ bei der T-Kreuzung mit Blick auf den rechts liegenden Veilchenbrunnen links abbiegen ⇝ an der folgenden Gabelung den mittleren der drei Wege benutzen ⇝ mit leichter Steigung geradeaus wandern ⇝ an der Lichtung vorbei hat man eine Aussicht in den südlichen Thüringer Wald ⇝ ca. 200 m hinter der Lichtung erscheint ein schmaler Pfad nach rechts in den Wald hinein.

4 5,7 (838) Dem grasigen Pfad folgen ⇝ an der **Schutzhütte Gebrannter Stein II** vorbei ⇝ über den wurzeligen Waldweg weiter hinauf ⇝ durch das hohe Gras bis zum ersten Aussichtspunkt ⇝ am kleineren Felsmassiv (Gebrannter Stein – Ost) vorbei ⇝ die **Sitzbank** passieren ⇝ durch den Wald dem schmalen Pfad folgen.

Gebrannter Stein – West (896 m)

Der fast 900 m hohe Berg mit dem Namen Gebrannter Stein liegt in etwa zwischen Zella-Mehlis und Oberhof und verfügt an seiner Spitze über zwei markante Felsmassive. Der östlicher gelegene Felsblock bietet eine Aussicht bis Oberhof und zum Kickelhahn. Der westlichere und größere Stein ermöglicht von seiner Spitze einen Rundumblick. Für das Erklettern des eigentlichen Felsens ist aber höchste Vorsicht geboten.

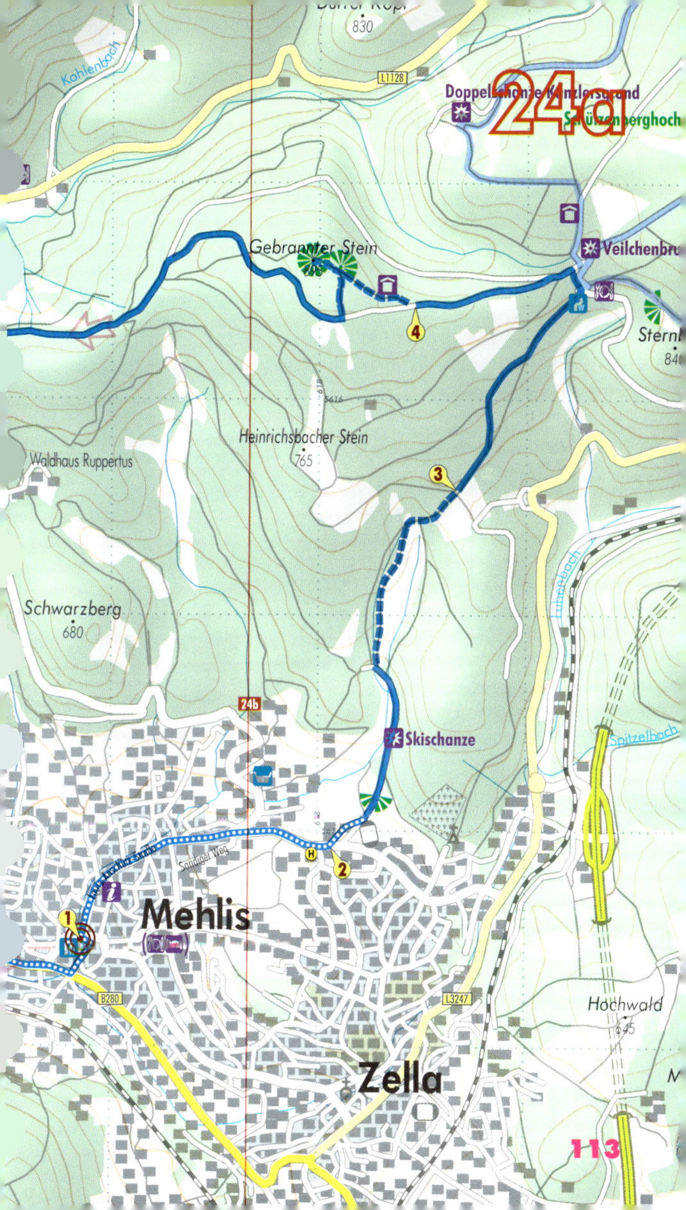
24a
Doppelschanze Kanzlersgrund
Schützenbergerhoch
L1128
830
Kohlenbach
Gebrannter Stein
695
Veilchenbrunn
Sternberg
Heinrichsbacher Stein
765
Waldhaus Ruppertus
Schwarzberg
680
24b
Skischanze
Lubenbach
Spitzelbach
Sandiger Weg
Mehlis
B280
L3247
Hochwald
645
Zella

Blick über den Thüringer Wald

ACHTUNG Am größeren Felsmassiv sollte der Wanderweg in westliche Richtung weiterführen. Im Jahr 2010 war dieser jedoch nicht auszumachen, daher empfiehlt sich die im Folgenden beschriebene, neu angelegte Route.

Nach einer ausgedehnten Pause und dem Genuss des Panoramas über den Thüringer Wald zurück zum ersten Stein ~ am Felsen vorbei ~ den Abzweig nach rechts in den Wald hinein folgen ~ über Baumstümpfe geht es in einer schmalen Schneise durch den Wald bis zur Schotterstrecke ~ auf der Schotterstrecke rechts abbiegen ~ nach wenigen Metern geht es fortan leicht bergab ~ immer geradeaus bis zu einer Kreuzung mit einem Schilderbaum ~ der Beschilderung rechts zum **Ruppberg** folgen ~ am Hang entlang ~ den Abzweig nach Oberschönau passieren ~ an einer **Schranke** vorbei.

Schutzhütte Am Ruppberg

5 9,0 (736) An der Schutzhütte vorbei und über den Parkplatz ~ die Straße überqueren ~ in den Wald hinein und der Beschilderung nach **Benshausen** bzw. zum **Ruppberg** folgen ~ an einer Gabelung links halten ~ rechts besteht die Möglichkeit zu einem Abstecher auf den Ruppberg ~ in einer weiten Linkskurve an ehemaligen **Grenzsteinen** vorbei.

Schutzhütte Am Braukopf

Links an der Schutzhütte vorbei ~ an der Gabelung links auf dem grasigen Weg weiter wandern ~ weiter hinab, dem **Rennsteig-Dolmar-Weg** folgen ~ bis zur Kreuzung **Gebrücktes** (Franzosenweg), dort halblinks halten, auf dem Hauptweg bleiben ~ bis zu einem scharf nach links abzweigenden Weg.

6 12,5 (611) Scharf links abbiegen ~ dabei dem breiteren Weg folgen ~ geradeaus an einem Hochsitz vorbei ~ auf dem sehr steilen Weg bergab ~ hinab bis zur Landstraße.

7 14,1 (454) An der Landstraße links ~ auf dem Bürgersteig bis zur Ampelkreuzung ~ an der folgenden Ampel links ~ durch die Fußgängerzone von Mehlis ~ an der Straße links.

1 15,7 (469) Ende der Wanderung am Parkplatz in der **Peter-Haseney-Straße**.

Zella-Mehlis

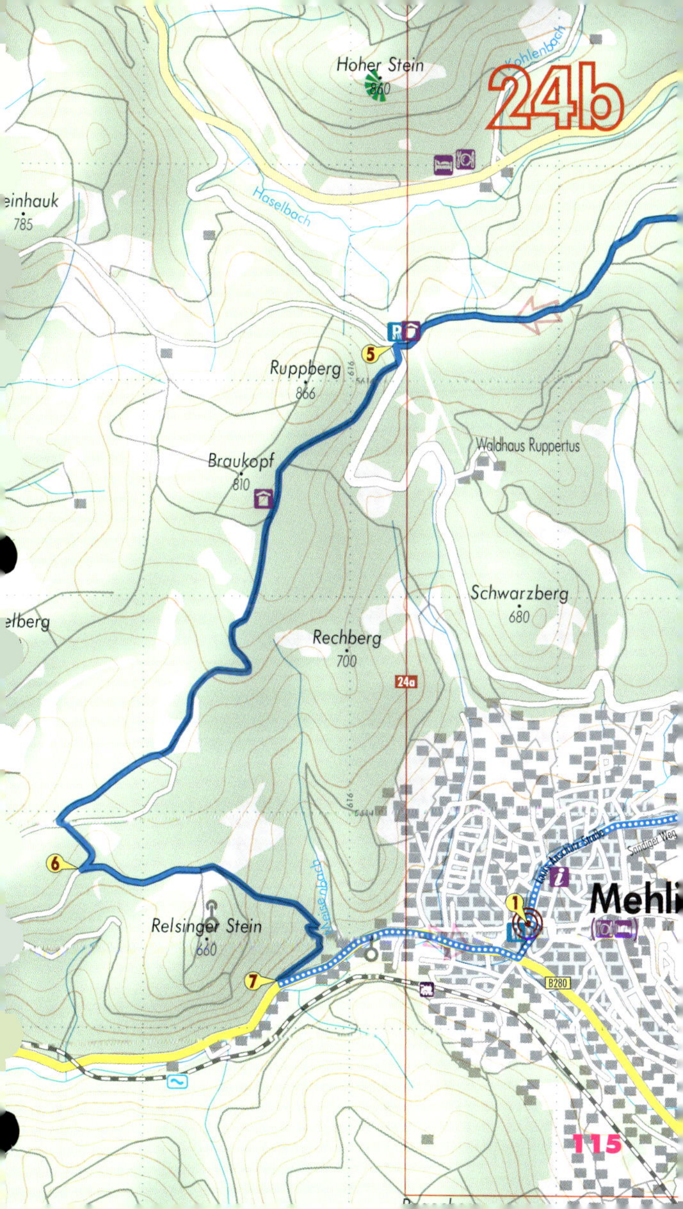
24b
Hoher Stein
860
Kohlenbach
Haselbach
einhauk
785
Ruppberg
866
Braukopf
810
Waldhaus Ruppertus
Schwarzberg
680
elberg
Rechberg
700
24a
Relsinger Stein
660
Weisenbach
Louis-Anschütz-Straße
Sandiger Weg
Mehli
B280
5
6
7
1

leicht

Tour 25 — 8,7 km

Rund um den Großen Eisenberg

Start/Ziel: Wanderparkplatz am Ortsausgang von Schmiedefeld am Rennsteig an der Landstraße Richtung Suhl

Anfahrt: Ab Suhl (Autobahn 71) über die Landstraße Richtung Schmiedefeld am Rennsteig. Kurz vor dem Ortseingang befindet sich der Parkplatz auf der linken Seite.

Markierung: Richtungswegweiser

Gehzeit: 2½ - 3 Std. **Aufstieg:** 240 m **Abstieg:** 240 m

Hartbelag: 0 % **Wanderwege:** 68 % **Wanderpfade:** 32 %

Charakteristik: **Sehr leichte und angenehme Wanderung rund um den fünfhöchsten Berg des Thüringer Walds. Auch für Kinder gut geeignet, für Kinderwagen jedoch nicht.**

Schmiedefeld am Rennsteig

1 **0,0 (726)** In der nordwestlichen Ecke des Parkplatzes beginnt der Einstieg in den Wanderweg ⇝ auf den beiden Fahrspuren in einer weiten Rechtskurve zwischen den Feldern entlang ⇝ über das Weidegatter hinweg ⇝ beim Abzweig auf dem Schotterweg links ⇝ an einem Bach vorbei ⇝ bis zur Talstation vom Skilift ⇝ der Betreiber des Skiliftes erlaubt das Wandern in der Spur der Anlage, daher nun bergauf ⇝ unterhalb der Liftseile weiter ⇝ bis zur querenden Schotterpiste.

2 **1,2 (800)** Rechts auf den Schotterweg ⇝ am **Holzhäuschen** vorbei ⇝ den Schilderbaum und den Rastplatz mit der Aussicht auf Schmiedefeld passieren ⇝ in den Wald hinein ⇝ auf dem ebenen Weg durch den Wald ⇝ an einem weiteren Rastplatz links abbiegen ⇝ an einer ins Tal reichenden

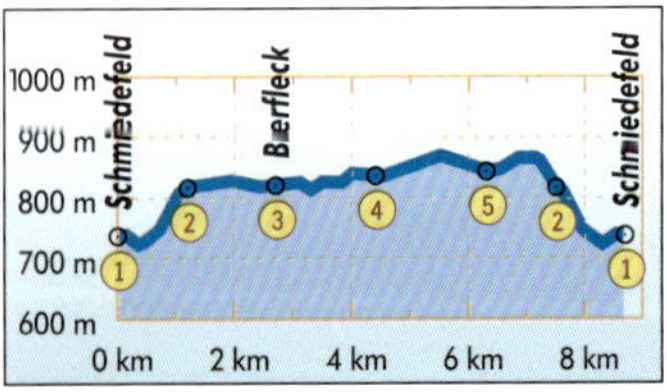

Lichtung vorbei ~ geradeaus auf dem kurvigen Waldweg bleiben ~ an einer **Schranke** vorbei bis zum **Parkplatz** Kreuzweg/ Bierfleck.

3 **2,7 (809)** Am **Schilderbaum Bierfleck** in den Forstweg ~ die Schranke passieren ~ auf dem schotterigen Weg die Aussicht nach rechts genießen

Der Zwiesel „Kreuzweg" befindet sich direkt am Bierfleck

Zwischen den Feldern bei Schmiedefeld

~ in der Nordflanke des Großen Eisenbergs bleiben ~ geradeaus bis zu einer weiteren Schranke.

4 4,4 (824) An der Landstraße links der Beschilderung zur **Liftbaude** folgen ~ in den Forstweg hinein ~ im leichten Auf und Ab entfernt man sich langsam wieder von der Landstraße ~ geradeaus, bis hinter einer Rechtskurve ein Schilderbaum erscheint.

5 6,3 (831) Halblinks weiter der Ausschilderung zur **Liftbaude** folgen ~ geradeaus bis zur **Sendeanlage** und zur Gaststätte Liftbaude.

Liftbaude, Dorfstr. 26,
036782/70057, ÖZ: Mi-Mo 10-18 Uhr

Zwischen der Liftbaude und den dazugehörigen Finnhäusern hindurch ~ am linken Waldrand hinab ~ bis zum Schotterweg ~ rechts bis zu den Seilen des Skiliftes.

2 7,5 (800) Links in der Spur der **Skiliftanlage** hinab bis zur Talstation ~ an der Talstation vorbei bis zum Abzweig ~ rechts durch die Felder und zurück zum Parkplatz.

1 8,7 (726) Ende der Wanderung am **Wanderparkplatz** bei Schmiedefeld am Rennsteig.

Schmiedefeld am Rennsteig

Tour 26 9,3 km

Bob- und Rodelwanderweg

Start/Ziel: Ilmenau, Parkplatz an der Festhalle

Anfahrt: Ilmenau auf der B 4 in Richtung Stützerbach bzw. Schmiedefeld verlassen. Kurz hinter dem Kreisverkehr befindet sich auf der linken Seite die Stadthalle und der dortige Parkplatz inkl. Wohnmobilstellplatz.

Markierung: Symbol in Form eines Rennschlittenfahrers

Gehzeit: 3 - 3½ Std. **Aufstieg:** 380 m **Abstieg:** 380 m

Hartbelag: 30 % **Wanderwege:** 70 % **Wanderpfade:** 0 %

Charakteristik: Auf den Spuren historischer Wintersportstätten geht es zunächst durch die Kleinstadt Ilmenau bis auf den Lindenberg hinauf, der einen wunderbaren Ausblick auf die Stadt gibt.

Ilmenau

1 0,0 (488) Auf dem Parkplatz geht es an der Entsorgungsstation für Wohnmobile vorbei auf die **Naumannstraße** ~ am **Bahnhof** „Ilmenau Bad" vorbei ~ über die Gleise ~ links in die **Herderstraße** ~ leicht bergauf durch die **Krankenhausstraße** ~ am Landratsamt vorbei ~ rechts in die **Steinstraße** ~ in der Siedlung hinauf bis zum Ende der Wohnhäuser ~ halblinks auf die Asphaltpiste ~ weiter bergauf ~ an der Gabelung rechts halten ~ an der Kleingartenanlage vorbei.

2 1,9 (557) Hinter den **Parkplätzen** bis zur Rennschlittenbahn.

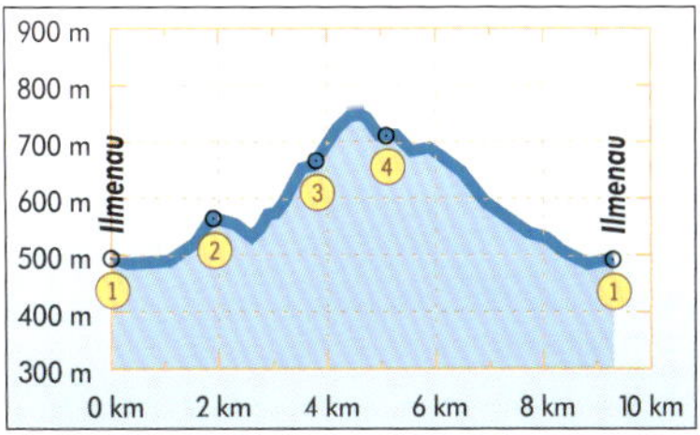

Rennschlittenbahn „Wolfram Fiedler"

Gusthuus Rodelklause, Floßberg, ✆ 03677/884057, ÖZ: Di-Sa ab 11 Uhr, So ab 12 Uhr.

Wolfram Fiedler war ein aus Ilmenau stammender Rennrodler, der zu DDR-Zeiten Welt- und Europa-

Fitzler-Quelle

meister wurde sowie zwei Bronzemedaillen bei den Olympischen Winterspielen errang. Nach dem Ende seiner Karriere war er als Trainer tätig, bevor er bereits im Alter von 36 Jahren krankheitsbedingt verstarb. Die 430 Meter lange Rennschlittenbahn wurde im Jahr 1989 eröffnet und nach Wolfram Fiedler benannt.

An der Rennschlittenbahn geht es nach rechts ⇝ der Schotterweg verläuft über die **Hertzerpromenade** ⇝ an mehreren Sitzbänken vorbei, die eine Rast mit Blick auf Ilmenau ermöglichen ⇝ in den Wald hinein ⇝ auf den **Naturpfad** ⇝ in einer Linkskurve am **Triniusplatz** entlang ⇝ die Tennisplätze passieren ⇝ an einer Gabelung links den schmaleren Waldweg benutzen ⇝ den Wald verlassen und über die Skipiste hindurch auf der anderen Seite wieder in den Wald hinein ⇝ an der Steinmauer im Halbkreis wieder aus dem Wald hinaus treten ⇝ erneut über die Skipiste ⇝ im Wald steil bergauf bis zu einer Kreuzung.

Fitzler-Quelle

An der aus dem Jahr 1852 stammenden Fitzlerquelle geradeaus ⇝ auf dem Schotterweg steil bergauf ⇝ an einer Gabelung rechts halten ⇝ auf dem schmalen Weg eine scharfe Rechtskurve vollziehen und weiter bergauf ⇝ bei einer **Steinmauer** bis zu einer Kreuzung.

3 **3,8 (654)** An der Kreuzung den breiten Weg überqueren ⇝ auf den Fahrspuren weiter bergauf ⇝ wieder in den Wald hinein ⇝ an einer Gabelung halbrechts ⇝ am Stein mit der Inschrift **Filsenshöhe** vorbei ⇝ im Hohlweg einer Linkskurve folgen ⇝ weiter bergauf über die Mountainbikestrecke bis zur **Bobhütte**.

Berggaststätte Bobhütte,
✆ 03677/893163, ÖZ: April-Okt. Di-So 11-20 Uhr; Nov.-März Mi-So 11-19 Uhr

Nach der Bobhütte wieder rechts ⇝ zurück und links an der Mountainbikestrecke vorbei ⇝ auf dem breiten Weg in den Wald hinein ⇝ bergab am Rastplatz vorbei.

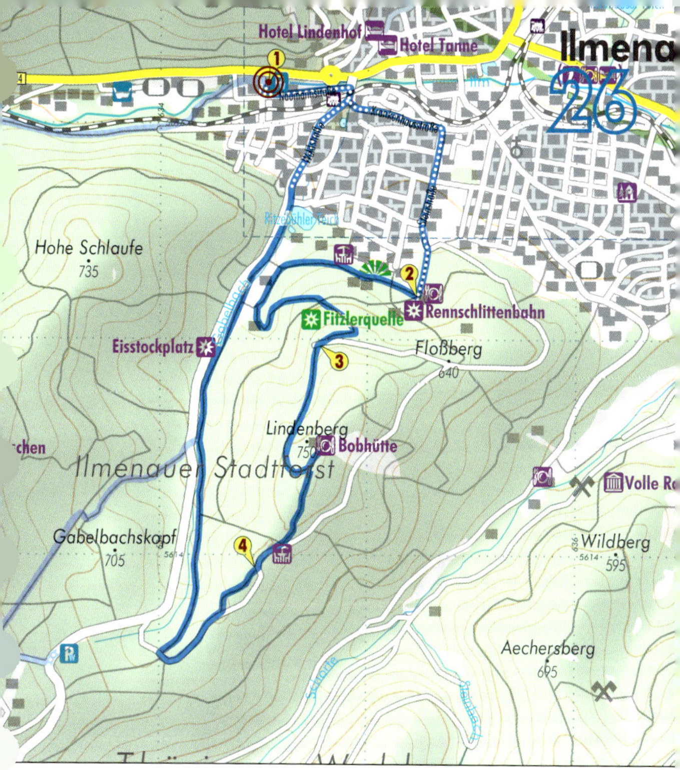

4 5,1 (703) In einer Linkskurve den breiten Schotterweg nach rechts verlassen ~ auf dem Waldweg zunächst leicht bergauf ~ durch den Wald bis zu einem breiten Weg ~ links abbiegen ~ bis zu einem Schilderbaum ~ dem Symbol des **Rennrodlers** nach rechts folgen ~ durch den Wald ~ stetig bergab und geradeaus ~ am **Eisstockplatz** vorbei ~ an einer Gabelung halblinks ~ bei den Tennisplätzen halbrechts halten ~ über die Brücke und am **Teich** links auf die **Waldstraße** ~ rechts hinab nach Ilmenau ~ am Lessingpark die Gleise überqueren ~ links am **Bahnhof** vorbei ~ durch die **Naumannstraße**.

1 9,3 (488) Ende der Wanderung am Parkplatz der Festhalle Ilmenau.

Ilmenau

leicht

Tour 27 10,5 km

Auf den Kickelhahn

Start/Ziel: Ilmenau, Parkplatz an der Festhalle

Anfahrt: Ilmenau auf der B 4 in Richtung Stützerbach bzw. Schmiedefeld verlassen. Kurz hinter dem Kreisverkehr befindet sich auf der linken Seite die Stadthalle und der dortige Parkplatz inkl. Wohnmobilstellplatz.

Markierung: Schwarz-weißes Wandersymbol, welches den Kickelhahnturm darstellt

Gehzeit: 3 Std. **Aufstieg:** 430 m **Abstieg:** 430 m

Hartbelag: 9 % **Wanderwege:** 76 % **Wanderpfade:** 15 %

Charakteristik: Angenehme Waldwanderung hinauf auf den Hausberg von Ilmenau, dem Kickelhahn. Dabei wandelt man zum Teil auf den Spuren von Goethe und hat auf dem höchsten Punkt der Wanderung eine schöne Rundumsicht vom Kickelhahnturm.

Ilmenau

1 **0,0 (488)** Von der Entsorgungsstation für Wohnmobile geht es quer über den Parkplatz zur Festhalle ~ am Stadtplan vor der Ilmbrücke nach links ~ an der Festhalle vorbei durch das schwarze Tor ~ im **Stadtpark** geradeaus ~ vorbei an der **Sonnenuhr** ~ an der Gabelung rechts halten ~ am **Karl Liebknecht-Denkmal** rechts vorbei ~ über die Bahngleise und auf der Treppe leicht bergauf ~ oberhalb der Treppe rechts

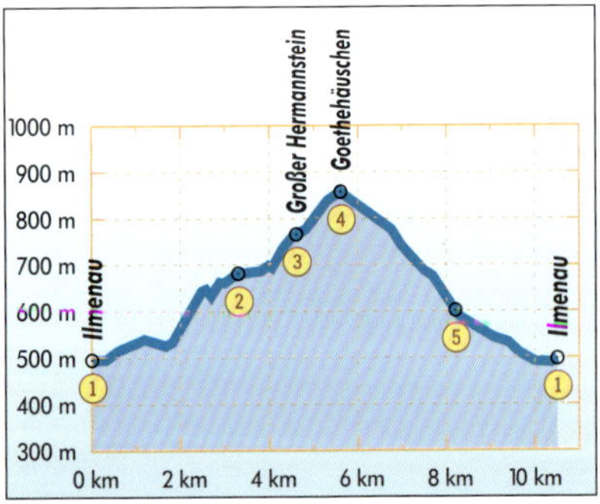

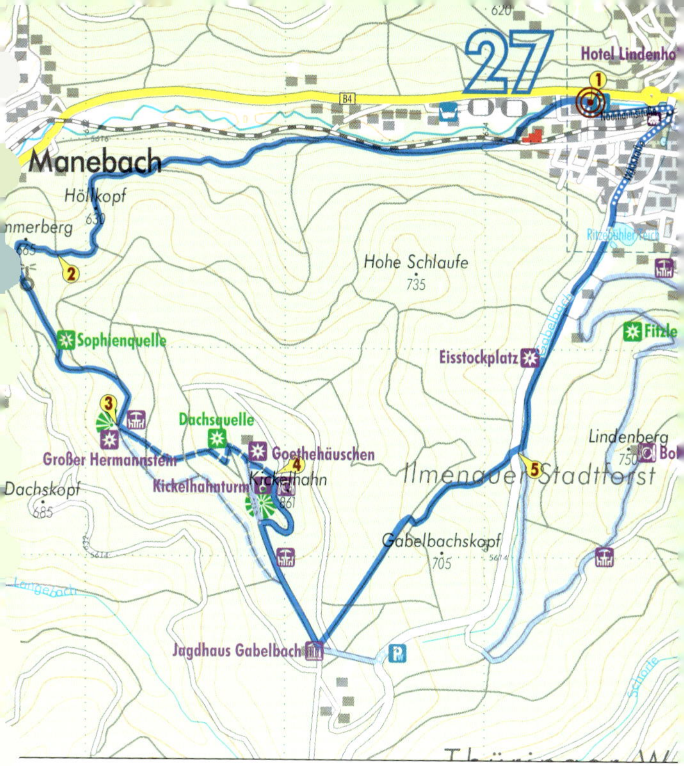

abbiegen ~ an der Sitzbank namens **Friedrich Prellers Linde** vorbei ~ geradeaus auf dem breiten Weg bleiben ~ den zwei Fahrspuren und dem Symbol des **Kickelhahnturms** folgen ~ mit einer leichten Steigung bergauf ~ an einem **Hochsitz** vorbei ~ der Rechtskurve folgen.

2 3,3 (647) Beim Schilderbaum dem nach links führenden Wanderpfad bergauf folgen ~ durch den Wald ~ an einem Hochsitz vorbei ~ im Wald scharf links abbiegen und dem schmalen, ausgetretenen Pfad folgen ~ vorbei an zwei markanten Felsen bis zur Sophienquelle.

Sophienquelle

In der Westflanke des Kickelhahns weiter dem nun wieder breiter werdenden Weg folgen ~ an einer Gabelung den linken Weg bergauf benutzen ~ an den beiden Abzweigen zur Höhle vorbei.

3 4,6 (765) Vor bis zum Großen Hermannstein.

Großer Hermannstein

Der Große Hermannstein wurde nach Ritter Hermann von Witzleben benannt und war ursprünglich Standort einer kleinen Festungsanlage, die dem Schutz der Handelsstraße zwischen Erfurt und Nürnberg diente. Wie viele andere Felsen im Thüringer Wald, besteht auch dieser aus dem typischen Porphyrgestein.

Nach einer Aussicht vom Großen Hermannstein, der über eine Leiter betreten werden kann und einer kleinen Rast, geht es gegenüber des Felsens den schmalen Steig hinauf ~ dem stetig bergan führenden Weg geradeaus folgen ~ über den wurzeligen Pfad kurvig durch den Wald ~ an der **Dachsquelle** vorbei.

Die **Dachsquelle** ist die höchst gelegene Quelle des Kickelhahns.

In Serpentinen auf dem schotterigen Pfad hinauf bis zum **Goethehäuschen**.

Goethehäuschen. Im September 1780 verewigte sich Goethe in dem hölzernen Jagdhaus, indem er das Wandrers Nachtlied mit dem Vers „Über allen Gipfeln ist Ruh…" in die Holzwand kratzt. Am Tag vor seinem letzten Geburtstag im August 1831 hält sich Goethe abermals hier auf und soll beim betrachten seiner mittlerweile 50 Jahre alten Inschrift gesprochen haben: „Ja: Warte nur, bald ruhest auch du". Am darauffolgenden Tag, seinem 82. Geburtstag, reiste er in einer Kutsche zur Elgersburg (Route 31). Das von einer Photovoltaikanlage betriebene Goethehäuschen kann betreten werden. In der oberen Etage ist das Wandrers Nachtlied in zahlreichen Sprachen aufgeführt.

Vor dem Goethehäuschen geht es links den Weg hinauf.

4 5,6 (861) Nach kurzer Zeit ist der Gipfel erreicht.

Kickelhahn (861 m)

Berggasthaus Kickelhahn, 03677/202034, ÖZ: tägl. 10-18 Uhr

Aussichtsturm. Der auf dem Hausberg von Ilmenau befindliche Turm aus Bruchstein wurde von Maria Pawlowna gestiftet und im Jahr 1855 feierlich eröffnet. Damit ist er nicht nur der älteste Aussichtsturm im Thüringer Wald, sondern auch einer der ältesten im gesamten Bundesgebiet. Der Turm, welcher kostenlos betreten werden kann, bietet eine Aussicht bis ins Gothaer Land.

Nach der Aussicht vom Kickelhahnturm geht es rechts vom Berggasthaus vorbei auf den schmalen Pfad ~ am **Transformatorhäuschen** vorbei ~ dem Schotterweg folgen und am **Aussichtspunkt Stichlingsplatz** vorbei ~ beim Schilderbaum auf den breiteren **Goethewanderweg** nach links ~ stetig bergab, an den Wald-Informationstafeln entlang ~ an der Gabelung rechts halten ~ bis zum **Jagdhaus Gabelbach**.

Stichlingsplatz

Jagdhaus Gabelbach, Waldstr. 24, ✆ 03677/202626, ÖZ: April-Okt. Di-So 10-17 Uhr, Nov.-März Di-So 10-16 Uhr. Ausstellung über Goethes naturwissenschaftliche Studien und über die Jagdgewohnheiten des Weimarer Hofes.

Gegenüber vom Jagdhaus dem Wanderweg in den Wald hinein folgen ~ stets geradeaus, dabei leicht bergab ~ an einer T-Kreuzung rechts abbiegen ~ nach einer Linkskurve dem nun kurvigen Weg bergab folgen.

5 8,2 (579) Die Landstraße queren ~ über die **Brücke** ~ links halten und parallel zur Straße hinab ~ am **Eisstockplatz** vorbei ~ an einer Gabelung links halten und an den Tennisplätzen den rechten Weg benutzen ~ die Brücke an den **Teichen** überqueren und bis zur Waldstraße wandern ~ auf der **Waldstraße** rechts abbiegen ~ am **Lessingpark** die Gleise überqueren ~ links am **Bahnhof** vorbei ~ durch die **Naumannstraße**.

1 10,5 (488) Ende der Wanderung am Parkplatz der **Festhalle** Ilmenau.

Ilmenau

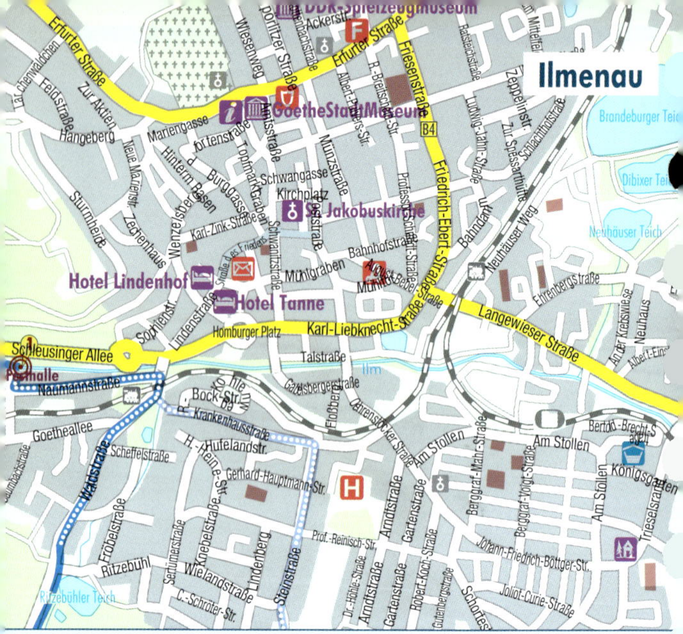

Ilmenau

PLZ: 98693; Vorwahl: 03677

Touristeninformation, Am Markt 1, ✆ 600300

GoetheStadtMuseum, Am Markt 1, ÖZ: tägl. 10-17 Uhr. Neben der Stadtgeschichte mit verschiedenen temporären Sonderausstellungen befasst sich das Museum mit dem Leben von Johann Wolfgang von Goethe.

DDR-Spielzeugmuseum, Rottenbachstr. 27, ✆ 0170/3481695, ÖZ: April-Dez. Mi-So 14-18 Uhr. Das Museum zeigt Spielzeug, welches heute kaum mehr genutzt und ohnehin nicht mehr hergestellt wird, da das Produktionsland, die DDR, nicht mehr existiert. Keine Ostalgie, sondern eine interessante Ausstellung über Spielwaren im ehemaligen Arbeiter- und Bauernstaat.

St. Jakobuskirche, die spätbarocke Kirche beherbergt eine Orgel mit über 4.000 Pfeifen und 65 Registern.

1273 wurde Ilmenau das erste Mal schriftlich erwähnt und erhielt nur 70 Jahre später bereits die Stadtrechte. Bekannt ist Ilmenau nicht nur durch die zweitgrößte Universität Thüringens, sondern auch durch die häufigen Aufenthalte von Johann Wolfgang von Goethe. So reiste er nicht weniger als 28 Mal in die Stadt um zu arbeiten und sich zu erholen. Auch seine letzte Reise, die im Jahr 2007 literarisch dokumentiert wurde, führte ihn nach Ilmenau.

leicht

Tour 28 — 4,1 km

Kleine Goethewanderung

Start/Ziel: Wanderparkplatz bei Gabelbach

Anfahrt: Ab Ilmenau der Landstraße (Waldstraße) in Richtung Neustadt am Rennsteig folgen (nicht die B88!). Nach 2 km befindet sich der Wanderparkplatz auf der linken Seite vor einer Linkskurve.

Markierung: Ein geschwungener Buchstabe G

Gehzeit: 1½ Std. **Aufstieg:** 190 m **Abstieg:** 190 m

Hartbelag: 0 % **Wanderwege:** 82 % **Wanderpfade:** 18 %

Charakteristik: Einfacher Verdauungsspaziergang auf den Spuren des Dichters Johann Wolfgang von Goethe und mit Ausblicken vom Großen Hermannstein.

Wanderparkplatz Gabelbach

1 0,0 (721) Auf dem Parkplatz an den Informationstafeln und der Landkarte vorbei und die Straße überqueren ~ auf der anderen Straßenseite in den Forstweg hinein ~ auf dem Schotterweg leicht aber stetig bergauf ~ über das Wegekreuz hinweg ~ die **Metallschranke** passieren und bis zum **Jagdhaus Gabelbach**.

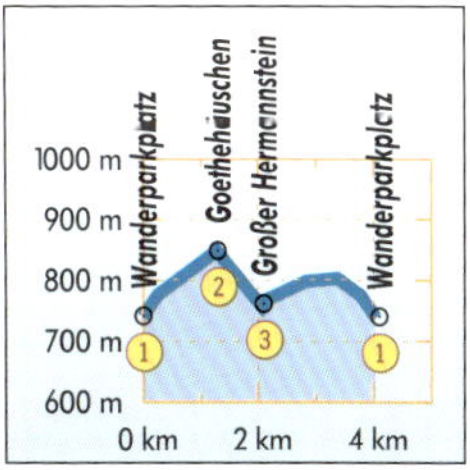

Jagdhaus Gabelbach, Waldstr. 24, ✆ 03677/202626, ÖZ: April-Okt. Di-So 10-17 Uhr, Nov.-März Di-So 10-16 Uhr. Ausstellung über Goethes naturwissenschaftliche Studien und über die Jagdgewohnheiten des Weimarer Hofes.

Das Jagdhaus links stehen lassen und weiter bergauf ~ an der Gabelung rechts halten ~ bei dem Wald-Informationstafeln auf dem Schotterweg bleiben ~ an den Sitzbänken am **Stadtilmer Platz** vorbei und weiter auf dem schotterigen Weg bergauf ~ den Abzweig zum Kickelhahnturm passieren ~ gerade-

Panorama vom Großen Hermannstein

aus bleiben, dabei kann immer wieder die Aussicht nach Westen genossen werden.

2 1,3 (843) Am **Goethehäuschen** geradeaus weiter.

Goethehäuschen. Im September 1780 verewigte sich Goethe in dem hölzernen Jagdhaus, indem er das Wandrers Nachtlied mit dem Vers „Über allen Gipfeln ist Ruh…" in die Holzwand kratzt. Am Tag vor seinem letzten Geburtstag im August 1831 hält sich Goethe abermals hier auf und soll beim betrachten seiner mittlerweile 50 Jahre alten Inschrift gesprochen haben: „Ja: Warte nur, bald ruhest auch du". Am darauffolgenden Tag, seinem 82. Geburtstag, reiste er in einer Kutsche zur Elgersburg (Route 31). Das von einer Photovoltaikanlage betriebene Goethehäuschen kann betreten werden. In der oberen Etage ist das Wandrers Nachtlied in zahlreichen Sprachen aufgeführt.

Dem schmalen Pfad in Serpentinen folgen ~ an der **Dachsquelle** vorbei.

Die **Dachsquelle** ist die höchst gelegene Quelle des Kickelhahns.

Leicht bergab ~ die beiden Fahrspuren überqueren, weiter auf dem schmalen Pfad.

3 2,1 (765) Bis zum Großen Hermannstein.

Großer Hermannstein s. S. 124

Nach dem Ausblick vom Großen Hermannstein scharf links abbiegen (Blickrichtung auf den Felsen) ~ auf den beiden Fahrspuren

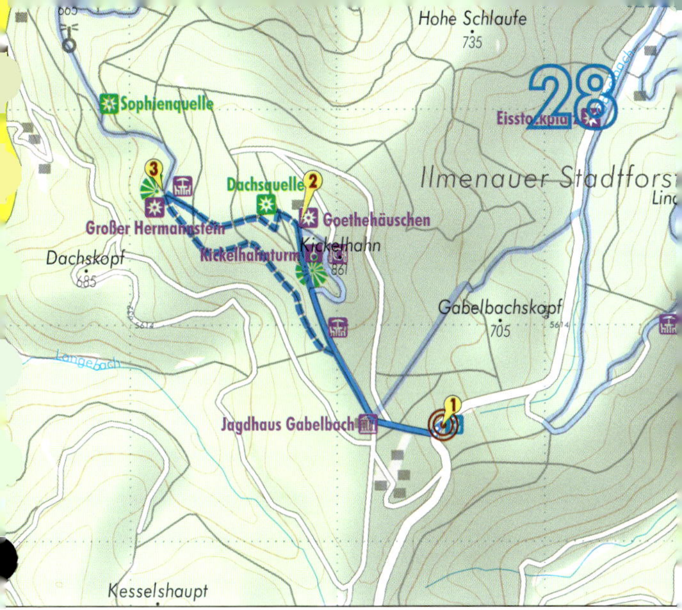

beinahe eben weiter laufen ~ S-Kurvenförmig durch die Flanke des Kickelhahns ~ bis zur T-Kreuzung ~ an der Sitzbank rechts halten ~ nun auf dem Schotterweg bergab ~ an der Weggabelung den rechten Weg benutzen ~ vorbei am **Jagdhaus Gabelbach** und auf bekanntem Weg zurück.

1 4,1 (721) Ende der Wanderung am Parkplatz.

Wanderparkplatz Gabelbach

Rastplatz beim Großen Hermannstein

leicht

Tour 29 7,7 km

Rund um die Heyda-Talsperre

Start/Ziel: Heyda, Parkplatz in der Straße An der Talsperre

Anfahrt: Ab Ilmenau nordwärts auf der Landstraße Richtung Heyda. Im Ort den touristischen Hinweisschildern zur Talsperre folgen.

Markierung: Richtungswegweiser und schwarze 3 im gelben Kreis

Gehzeit: 2 Std. **Aufstieg:** 150 m **Abstieg:** 150 m

Hartbelag: 13 % **Wanderwege:** 31 % **Wanderpfade:** 56 %

Charakteristik: Sehr angenehme und beinahe ebene Wanderung rund um die idyllisch gelegene Heyda-Talsperre. Auf dem Rundweg, der fast komplett in Ufernähe verläuft, taucht ab und zu in dem nach Kiefern duftenden Wald ein Uferabschnitt mit einem Sandstrand auf.

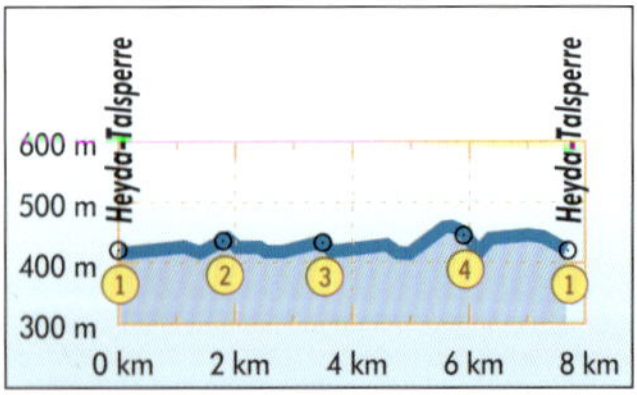

Parkplatz an der Talsperre

Gaststätte Zur Talsperre, An der Talsperre 1, ✆ 03677/86690, ÖZ: Do-Di 11-22 Uhr

Die **Talsperre** wurde in den Jahren 1988 bis 1989 errichtet und staut die 40 km lange Wipfra, welche in der Nähe von Oberpörlitz entspringt und bei Eischleben in die Gera mündet.

1 0,0 (431) Am Parkplatz links am Rastplatz vorbei ~ über die **Talsperre** hinweg ~ dabei können die ersten Ausblicke auf den See genossen werden ~ am Ende der Talsperre mündet der Asphaltweg in einen Waldweg ~ an der **grünen Schranke** vorbei ~ durch den Wald ~ an der **Infotafel** den breiten Weg nach rechts verlassen und auf den schmalen und wurzeligen

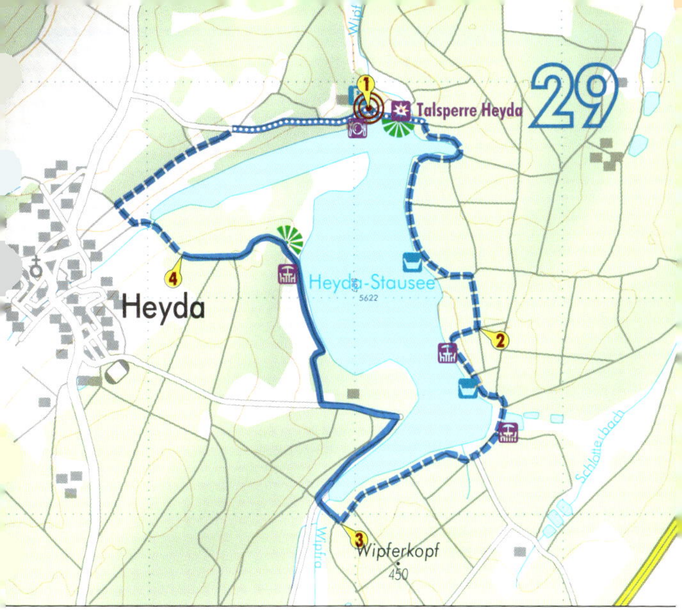

Pfad einbiegen ~ im weiten Rechtsbogen bis zum Ufer gehen ~ durch den Kiefernwald direkt am malerischen Ufer entlang ~ am Wegweiser links halten, sich dabei vom See etwas entfernen ~ nach wenigen Metern der Ausschilderung nach rechts folgen ~ auf dem breiteren Weg bis zur Kreuzung im Wald.

2 1,8 (431) An der Kreuzung rechts abbiegen ~ wieder bis zum Ufer gehen ~ an den **Rastplätzen** am **Sandstrand** vorbei ~ durch den Wald bis zu einer Kreuzung, die gleichzeitig Anlaufpunkt für Rettungsfahrzeuge ist (IK 3509) ~ an der Kreuzung rechts abbiegen ~ geradeaus über die Betonplatten hinweg ~ an einer **Sitzbank** bei einer Kreuzung weiter geradeaus ~ durch den Wald bis zu einem beschilderten Abzweig.

3 3,5 (426) Rechts abbiegen ~ an der T-Kreuzung rechts auf den Schotterweg ~ bei einer weiteren T-Kreuzung nach links ~ hinter einer Lichtung an einer Informationstafel rechts auf den schmalen Pfad ~ zunächst zwischen den Feldern und kurz darauf am Waldrand entlang ~ am Ende des Waldes rechts bis zum Seeufer ~ soweit wie möglich links am Ufer entlang, dabei dem

Erholung am Heydastausee

ausgetretenen Pfad am Feldrand folgen ~ an der Sitzgelegenheit links hoch und am Waldrand entlang ~ bei dem auf dem Weg liegenden Felsen in den Wald hinein ~ durch den Wald bis zu einem beschilderten Abzweig.

4 5,9 (444) Rechts abbiegen und mit Blick auf Heyda am Waldrand entlang ~ leicht bergab und am Ende des Waldes über die kleine **Holzbrücke** ~ zwischen den Feldern hinauf bis zum Wäldchen ~ an der Sitzbank vor dem Wald rechts abbiegen ~ am Waldrand bis zur Straße entlang ~ an der Informationstafel rechts auf die Straße ~ leicht hinab bis zur **Gaststätte**.

1 7,7 (431) Ende der Wanderung am Parkplatz an der **Staumauer**.

Parkplatz an der Talsperre

mittel

Tour 30 10,7 km

Um die Lütschetalsperre

Start/Ziel: Parkplatz an der Lütschetalsperre

Anfahrt: Auf der B 88 bis Frankenhain bei Gräfenroda. Dort auf die Landstraße Richtung Lütschetalsperre.

Markierung: Richtungswegweiser, gelber Punkt, gelber Strich

Gehzeit: 2½ - 3 Std. **Aufstieg:** 340 m **Abstieg:** 340 m

Hartbelag: 10 % **Wanderwege:** 12 % **Wanderpfade:** 78 %

Charakteristik: Ruhige Wanderung auf überwiegend breiten Wegen und mit zwei deutlich spürbaren, aber einfachen Aufstiegen. Zum Abschluss der Wanderung lädt der kleine Lütschestausee zu einer kurzen Umrundung ein.

Lütschestausee

Restaurant am Lütschesee, Am Stausee 9, ✆ 036205/76518

Der Lütschestausee wurde auf Veranlassung der Deutschen Reichsbahn in den Jahren 1935 bis 1938 errichtet. Damit konnte die Bahn auf weiches Wasser zurückgreifen, welches für die damaligen Dampflokomotiven verträglicher war. Heute wird der See zur Stromgewinnung genutzt, diese ist jedoch auf Grund der Größe des Sees äußerst gering. Gestaut wird die Lütsche, die in zwei Quellen in der Nähe von Oberhof entspringen und westlich und östlich der Schlossbergkanzel entlang fließen, bevor sie sich am Stausee vereinen. Hierbei handelt es sich um die Steinige Lutsche, die durch den Langen Grund fließt sowie um die Grasige Lütsche im Wiesengrund. Kurz hinter der Talsperre mündet die Lütsche schließlich in die Wilde Gera.

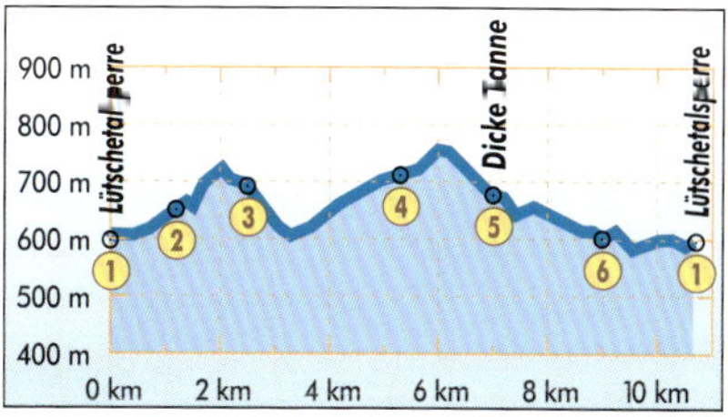

1 0,0 (591) Zum **Schilderbaum** vor dem **Parkplatz** gehen ⁓ an der rot-

Am Lütschestausee

weißen Schranke in den Forstweg hinein ⁓ an einem kleinen See vorbei ⁓ parallel zum **Bach** Steinige Lütsche wandern ⁓ den Bach überqueren ⁓ den Abzweig zur Wegscheide passieren ⁓ bis zum nach links abzweigenden Waldweg wandern.

2 **1,2 (603)** Links abbiegen ⁓ dem Schotterweg nun bergauf folgen ⁓ am Hang stets bergauf bis zur **Bergwachthütte**.

AUSSICHT Auf der Schloßbergkanzel hat man eine prächtige Aussicht auf den Lütschestausee und den benachbarten Steinbruch, den man vom weiter unten liegenden Parkplatz nicht erkennen konnte.

Nach einer kurzen Erholungspause an dem Picknicktisch neben der Bergwachthütte geht es zwischen der Holzhütte und dem moderneren Gebäude hindurch wieder in den Wald hinein und dabei bergab ⁓ auf dem wurzeligen Pfad im Hang hinab ⁓ bis zu einem breiten Grasweg.

3 **2,5 (660)** Scharf links abbiegen ⁓ auf dem grasigen Weg leicht bergab ⁓ bis zum Campingplatz.

Campingplatz

Am Rand des Campingplatzes scharf rechts abbiegen und auf dem Schotterweg wandern ⁓ parallel zum Campingplatz ⁓ den Bach Grasige Lütsche überqueren ⁓ durch den Wiesengrund hindurch ⁓ leicht bergauf ⁓ an einem Drahtzaun entlang ⁓ den Abzweig am Gabelkopf passieren ⁓ bis zu einem nach links führenden Waldweg.

4 **5,3 (698)** Nach links schwenken ⁓ auf dem breiten Schotterweg durch den Wald ⁓ steil bergauf ⁓ an einer Gabelung halbrechts halten ⁓ der gelben Strichmarkierung folgen ⁓ in Kurven leicht bergab ⁓ bis zu einer Kreuzung.

Dicke Tanne

5 **7,0 (662)** An der Kreuzung links abbiegen ~ auf dem breiten Weg bis zum Farmental ~ dort links halten ~ an der Kreuzung **Kleine Hohe Warte** rechts auf dem breiten Weg bleiben ~ im weiten Linksbogen durch den Wald und dabei leicht hinab bis zum **Stausee**.

6 **9,0 (583)** Am See scharf rechts abbiegen ~ parallel zum südlichen Ufer bis zur **Staumauer** ~ über die Mauer hinweg ~ die Stufen hoch bis zur Straße ~ links abbiegen ~ auf der Asphaltstraße neben dem Nordufer entlang ~ die rot-weiße Schranke passieren ~ an der Gabelung links halten.

1 **10,7 (591)** Ende der Wanderung am Parkplatz.

Frankenhain

mittel

Tour 31 10,0 km

Elgersburg und die Hohe Warte

Start/Ziel: Bahnhof in Elgersburg

Anfahrt: Auf der B 88 ab Ilmenau Richtung Gräfenroda. Der Bahnhof mit seinem Parkplatz liegt auf der rechten Seite kurz vor dem Ortsausgang.

Markierung: Allgemeine Ausschilderung

Gehzeit: 3½ Std. **Aufstieg:** 410 m **Abstieg:** 410 m

Hartbelag: 39 % **Wanderwege:** 47 % **Wanderpfade:** 14 %

Charakteristik: Interessante Wanderung auf den Spuren Goethes mit einer Besichtigung der Elgersburg zum Abschluss sowie der kostenlosen Nutzungsmöglichkeit eines Wassertretbeckens und eines Barfußpfades.

Elgersburg

PLZ: 98716; Vorwahl: 03677

Tourismus-Agentur „Geratal", Burgstr. 3, ✆ 792220

Elgersburg kann sich als Ort mit der ersten Kaltwasserheilanstalt bezeichnen, die der Ortschaft zeitweilig das Attribut Bad einbrachte. Älter als die Ortschaft ist jedoch die gleichnamige Burg aus dem Jahr 1088, die als Schutzburg für die Handelswege errichtet wurde und auch heute noch über die Stadt zu wachen scheint. Am Südrand von Elgersburg erhebt sich die Hohe Warte, die das Ziel in dieser Route werden soll.

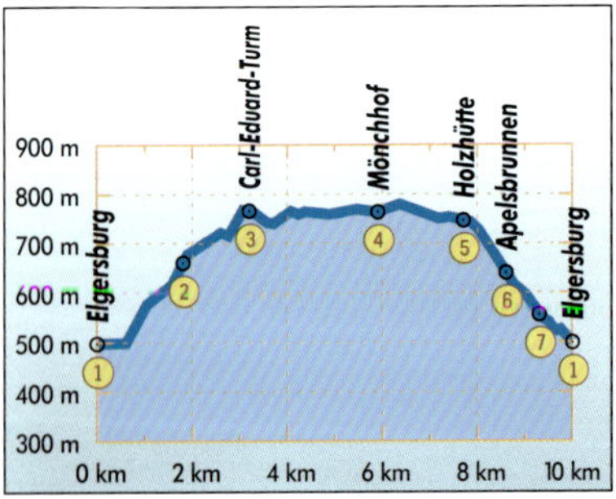

1 0,0 (514) Vor dem **Bahnhof** im Fachwerkstil betritt man an der Bushaltestelle die **Bahnhofstraße** und biegt rechts ab ~ geradeaus und leicht bergab ~ nach einer Linkskurve endet der Bürgersteig ~ für kurze Zeit neben der Landstraße gehen ~

Elgersburg

am Ortsausgangschild vorbei ⁓ die Leitplanke auf der linken Seite passieren ⁓ hinter der Leitplanke links auf den Schotterweg abbiegen ⁓ am Waldrand leicht bergauf ⁓ in das schmale Tal hinein.

Goethefelsen

Goethefelsen. Eine Hinweistafel informiert darüber, dass Goethe hier seinen letzten Geburtstag verbrachte und einer der Felsen nach ihm benannt wurde. Der gegenüber liegende Felsen trägt den Namen Dröse, nach Christian Ludwig Dröse, der als Mitbegründer einer Porzellanfabrik nach Elgersburg kam. Zwischen den beiden Felsmassiven sprudelt die Jennyquelle. Ein Mühlstein neben der Quelle erinnert an die Massemühle Elgersburg.

Zwischen den Felsen hindurch ⁓ auf dem grasigen Weg geradeaus und leicht bergauf ⁓ am plätschernden Bach entlang und an der **Liebfrauenmilchquelle** vorbei ⁓ die Sitzbänke des Freilichttheaters links liegen lassen ⁓ am Rand der Lichtung weiter hinauf ⁓ halbrechts in den Wald hinein ⁓ auf dem ausgetretenen Pfad steil bergauf und am **Häuschen des Rittmeisterbrunnens** vorbei ⁓ im Hang auf dem Pfad geradeaus bis zum **Grenzstein** mit der römischen Gravur VI ⁓ am Grenzstein rechts und steil bergauf bis zur Straße.

2 1,8 (646) An der Straße rechts abbiegen ⁓ auf der Asphaltstrecke bei leichter Steigung hinauf ⁓ durch eine Linkskurve hindurch ⁓ die beiden nach rechts abzweigenden Wanderwege passieren ⁓ bis zum **Salzmannsplatz** mit

Einkehrmöglichkeit mit Aussicht unterhalb des Carl-Eduard-Turms

der dortigen Sitzbank auf der rechten Seite ~ an der Sitzbank die Asphaltstraße verlassen ~ links hinauf auf den schmalen Pfad durch den Wald ~ am Sendemast vorbei.

3 **3,2 (761)** Bis zum **Carl-Eduard-Turm**.

Carl-Eduard-Turm

Mit dem **Carl-Eduard-Turm** hat man den Gipfel der Hohen Warte erreicht. Der Steinturm wurde im Jahr 1911 erbaut, nachdem zwei vorherige Türme den Wetterbedingungen auf dem Berg nicht entsprachen und wieder abgerissen werden mussten. Die Eintrittskarte für den Turm kann in der benachbarten Gaststätte erworben werden.

Hohe Warte, Hohe Warte 1, ✆ 03677/792240, ÖZ: Di-So 10-17.30 Uhr

Nach einer Besteigung des Turmes verlässt man die Treppen und geht geradeaus auf die Schotterstraße zu ~ dem Weg nach rechts mit leichtem Gefälle folgen ~ am **Parkplatz** links abbiegen ~ der kurvigen Asphaltstraße folgen ~ dabei geht es durchgehend eben ~ nach ca. 20 Minuten ist der Mönchhof erreicht.

Waldgasthaus Mönchhof, Mönchhof 1, ✆ 792411, ÖZ: Mo, Di 10-19 Uhr, Mi, Do, So 10-20 Uhr, Fr und Sa 10-21 Uhr.

4 **5,9 (760)** Am Wegekreuz Mönchhof geht es scharf links in den Forstweg hinein ~ auf dem Schotterweg in sanften Kurven leicht bergauf ~ an einer Gabelung halbrechts Richtung **Elgersburg** ~ bei einem weiteren Abzweig halblinks halten ~ geradeaus bis zur Marienquelle.

Marienquelle

Marienquelle. 25 Jahre leitete der Arzt Dr. Hermann Piutti die Kaltwasserheilanstalt in Elgersburg. Seine Frau Maria übernahm die Leitung der ersten Kleinkinderbewahranstalt, weshalb man ihr zu Ehren dieser Quelle ihren Namen gab. Von der Schutzhütte an der Marienquelle hat man einen wunder-

31
Arlesberg
Steingtübenteich
Geraberg
500
Kieferleite
605
B88
Hirtenberg
Elgersburg
Elgersburg
Goethefelsen
Drösefelsen
Liebfrauenmilchquelle
Wassertretbecken
Christiansbrunnen
Alexandrinnenhöhe
690
Apelsbrunnen
Carl-Eduard-Turm
Kohlbachquelle
Steiger Eck
Heidelberg
770
Rumpelsberg
800
Marienquelle
Moosbach
melreichskopf
770
Manebach
Mönchhof
B4
Leimbühl
785
Moosbachskopf
670
Hirschkopf
1
2
3
4
5
6
7

baren Ausblick auf das Manebachtal bei Ilmenau und auf den gegenüberliegenden Kickelhahn.

An der Quelle vorbei ~ ein kurzes Stück auf dem Schotterweg bis zur **Holzhütte am Steiger Eck**.

5 7,7 (749) An der Schutzhütte vorbei und geradeaus auf den Weg mit den beiden Fahrspuren ~ leicht bergab ~ dem Wandersymbol mit der **grünen Tanne** folgen ~ nach sehr wenigen Metern die Fahrspuren nach links verlassen und auf dem Grasweg wandern ~ steil bergab gehen.

Kohlbachquelle. Hier im Steigertal folgen nun mehrere Quellen. Das aus den Quellen sprudelnde Wasser kann bedenkenlos probiert werden. Die Kohlbachquelle ist eine der ältesten in der Umgebung von Elgersburg und stammt aus dem Jahr 1816.

An der Kohlbachquelle vorbei ~ weiter bergab ~ bis zum Abzweig zum Apelsbrunnen.

Apelsbrunnen

6 8,6 (631) An der Quelle links und vor dem Bach wieder rechts ~ auf dem wurzeligen Pfad weiter bergab ~ an der Liftanlage vorbei ~ auf dem wieder breiteren Waldweg bis zum Christiansbrunnen.

Christiansbrunnen

Den Christiansbrunnen, der im Jahr 1841 eingefasst wurde, passieren ~ weiter bergab ~ an der Metallschranke vorbei ~ rechts einmal barfuß durch das eiskalte aber gesunde Wassertretbecken und einen kleinen Gang über den Barfußpfad ~ weiter hinab bis zum Ortseingang.

7 9,3 (575) Am Wegekreuz halblinks halten ~ bei Beginn des Kopfsteinpflasters den rechten Weg benutzen ~ oberhalb der Häuser wandern ~ auf dem schmalen Weg am Zaun entlang ~ vor dem Metalltor links und auf dem Pfad weiter ~ am Ende des Zauns sofort rechts, die Holztreppe hinab ~ dabei den Blick auf die Elgersburg genießen und über die Straße weiter abwärts bis zur Burg.

Elgersburg

Schlossrestaurant Elgersburg, Burgstr. 3, ✆ 466880, ÖZ: Mi-Sa 11-22 Uhr, So 10-20 Uhr

Nach Besichtigung des Innenhofes und einem herrlichen Ausblick auf Elgersburg und in die Thüringer Ebene geht es wieder zur **Bergstraße** zurück ~ auf der Kopfsteinpflasterstraße geht es steil bergab ~ bis zu einem Feuerhydranten auf der rechten Seite ~ links abbiegen ~ durch die schmale Gasse ~ am Ende die **Bahnhofsstraße** queren.

1 10,0 (514) Ende der Wanderung am Bahnhof von Elgersburg.

Elgersburg

leicht

Tour 32 — 9,4 km

Langer Berg

Start/Ziel: Herschdorf, Parkplatz an der Ecke Geschwister-Scholl-Straße/Schwarzburgerstraße

Anfahrt: In Neustadt am Rennsteig auf die Landstraße in Richtung Großbreitenbach und Herschdorf. Im Ort rechts halten und auf einen der Parkplätze am Straßenrand ausweichen.

Markierung: Ausschilderung, gelber Strich, Blumensymbol, Pilzsymbol

Gehzeit: 2½ - 3 Std. **Aufstieg:** 360 m **Abstieg:** 360 m

Hartbelag: 5 % **Wanderwege:** 95 % **Wanderpfade:** 14 %

Charakteristik: Leichte Wanderung auf den Langen Berg mit Begehung eines Naturlehrpfades – daher ideal auch für Kinder. Höhepunkt ist die Besichtigung und Besteigung des Carl-Günther-Denkmals mit einem prachtvollen Ausblick auf den Thüringer Wald.

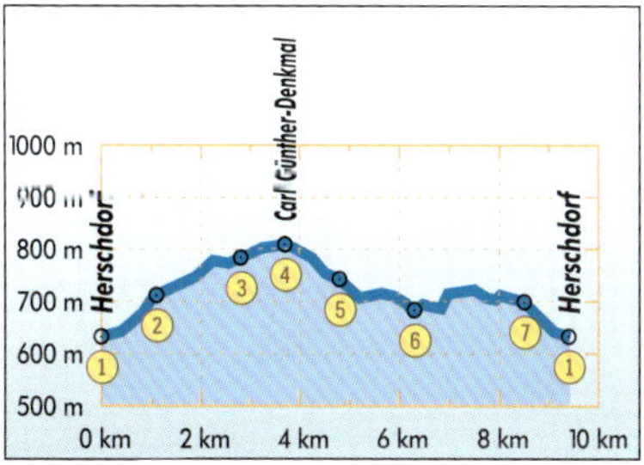

Herschdorf

PLZ: 98701; Vorwahl: 036738

Barocke Kirche mit schiefergedecktem Helm. Der Turm stammt noch von einem Vorgängerbauwerk im gotischen Stil.

1 **0,0 (514)** Durch die **Geschwister-Scholl-Straße** bis zur Kirche ~ an der Kirche rechts und auf der Straße leicht bergauf ~ auf der **Lange-Berg-Straße** links und sofort am Schilderbaum rechts hinauf ~ in einer S-Kurve bis zu einem Feld ~ zwischen den beiden Feldern auf einer Schotterpiste aufwärts bis zum Waldrand ~ hier beginnt der **Wurzelkurtpfad**, ein **Naturlehrpfad**, der mit kinderfreundlichen

Zeichnungen die Flora der Region erklärt ~ geradeaus in den Wald hinein ~ leicht bergauf ~ bis zu einer schattigen Sitzbank an einer Weggabelung.

2 1,1 (637) Links abbiegen ~ auf dem Schotterweg leicht bergauf ~ dem **gelben Strich** folgen ~ in sanften Kurven durch den Wald ~ an einer Gabelung links den Weg hinauf gehen.

3 2,8 (754) Vor einer Sitzbank an einem Schilderbaum rechts abbiegen ~ weiter dem gelben Strich folgen ~ leicht bergauf ~ an den Infotafeln des Wurzelkurtpfades vorbei ~ den Sendemast passieren ~ durch den Wald an einem Wohnhaus vorbei ~ auf der rechten Seite geht es hinter einem kleinen Steinhäuschen wenige Meter hinab zum sogenannten Fürstensitz.

Fürstensitz

Nach einer kurzen Pause am Fürstensitz geht es die wenigen Meter wieder hinauf zum Wanderweg und weiter geradeaus ~ auf der rechten Seite lichtet sich der Wald mit seinen wohl duftenden Latschenkiefern und gibt einen Ausblick auf den Thüringer Wald frei.

4 3,7 (794) Nur noch wenige Meter bis zum Carl-Günther-Denkmal.

Carl-Günther-Denkmal

Carl-Günther war der letzte Landesfürst des Fürstentums Schwarzburg-Sondershausen und bestand bis 1918. Das Carl-Günther-Denkmal auf dem Langen Berg zeigt ihn als Jäger. Der Fürst selbst wurde bei einem Jagdunfall schwer verletzt und verbrachte daraufhin die letzten drei Jahre seines Lebens im Krankenbett, bevor er 1909 ver-

Kirche von Herschdorf

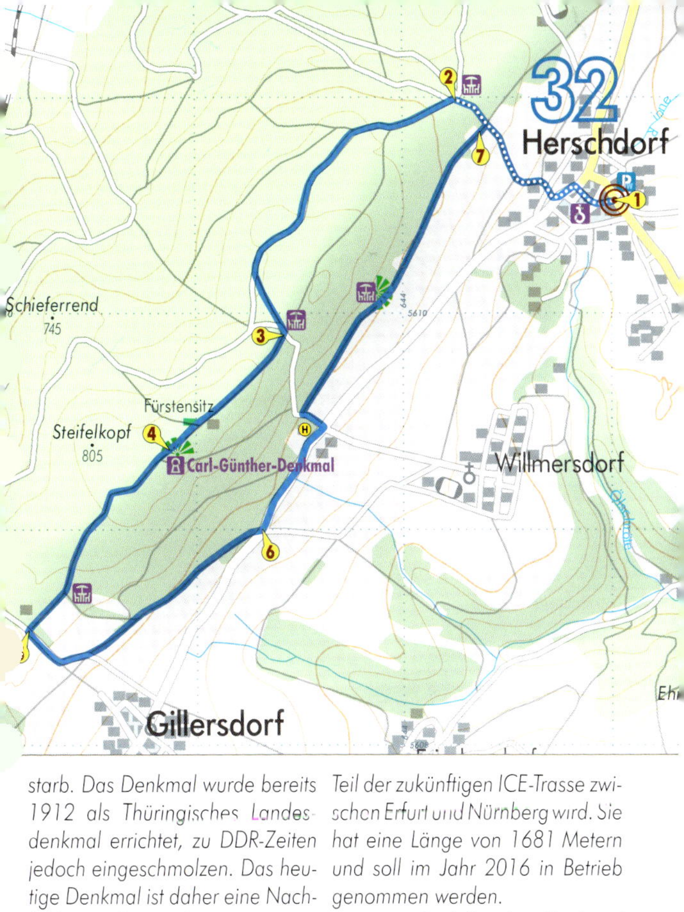

starb. Das Denkmal wurde bereits 1912 als Thüringisches Landesdenkmal errichtet, zu DDR-Zeiten jedoch eingeschmolzen. Das heutige Denkmal ist daher eine Nachbildung, aber nicht weniger eindrucksvoll. Vom Denkmal, welches gleichzeitig ein beliebter Aussichtspunkt ist, hat man einen weiten Blick über den Thüringer Wald. Gut zu erkennen ist dabei auch die längste Brücke Thüringens, die Teil der zukünftigen ICE-Trasse zwischen Erfurt und Nürnberg wird. Sie hat eine Länge von 1681 Metern und soll im Jahr 2016 in Betrieb genommen werden.

Am Carl-Günther-Denkmal geht es weiter und an der holzgeschnitzen Pilzfigur vorbei auf den **Pilzsteig** ~ direkt an der ersten Gabelung links halten ~ der Pfad führt nun leicht abschüssig durch einen Hohlweg ~ an einer

Carl-Günther-Denkmal

Sitzbank bei einer Kreuzung links vorbei und dem **Pilzsymbol** folgen ⁓ mit Blick auf die Ortschaft Gillersdorf geht es am Waldrand entlang.

5 4,8 (728) An einer T-Kreuzung vor einem Feld links abbiegen ⁓ an der nächsten Sitzmöglichkeit erneut halblinks ⁓ dem leicht abschüssigen Weg folgen und abermals links halten ⁓ zwischen den Feldern bis zum Waldrand und weiter geradeaus ⁓ an einem Holzhaus vorbei und am Waldrand entlang ⁓ geradeaus bis zur Landstraße.

6 6,3 (672) An der Landstraße links halten ⁓ leicht bergauf bis zu einer **Bushaltestelle** ⁓ vor dem Haltestellenhäuschen den Pfad nach links nehmen und kurz darauf links abbiegen ⁓ erneut leicht bergauf bis zum Wald ⁓ am Waldrand im leichten Auf und Ab entlang wandern ⁓ bei einem Rastplatz vorbei und die Aussicht auf Herschdorf genießen.

7 8,5 (686) Am Feldweg rechts abbiegen und hinab nach Herschdorf ⁓ über die **Lange-Berg-Straße** hinweg und links abbiegen ⁓ in die **Kirchstraße** hinein und an der Kirche zurück zum Parkplatz.

1 9,4 (514) Ende der Wanderung am Parkplatz in der **Geschwister-Scholl-Straße**.

Herschdorf

leicht

Tour 33 — 10,6 km

Sportstättenweg in Oberhof

Start/Ziel: Oberhof, Parkplatz am Veilchenbrunnen

Anfahrt: Ab Oberhof über die Landstraße Richtung Zella-Mehlis. Hinter der Fußgängerbrücke am sogenannten Rondell in der zweiten Linkskurve rechts auf die unbefestigte Straße abbiegen. Diese bis zum Ende fahren.

Markierung: allgemeine Richtungswegweiser

Gehzeit: 3 - 3½ Std. **Aufstieg:** 310 m **Abstieg:** 310 m

Hartbelag: 34 % **Wanderwege:** 66 % **Wanderpfade:** 0 %

Charakteristik: Vor Ihnen liegt eine interessante Wanderung, die zu den wichtigsten Sportstätten Oberhofs führt und so einen Einblick in die Wintersportgeschichte des Ortes gibt.

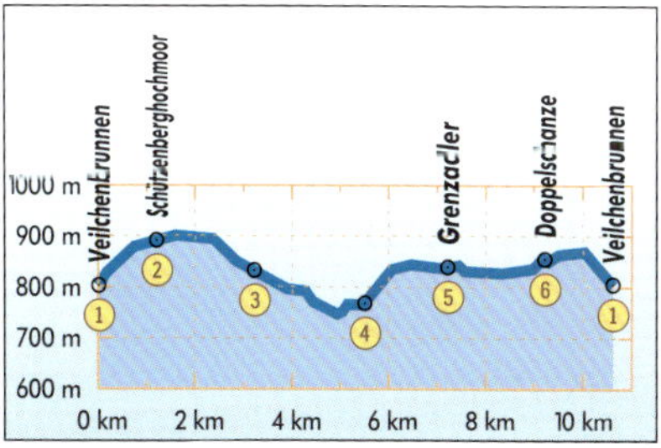

Parkplatz am Veilchenbrunnen

Bergbaude Veilchenbrunnen, Veilchenbrunnen 14, ✆ 03682/477762, ÖZ: Di-So 10.30-18 Uhr

1 **0,0 (725)** Am **Parkplatz** vor der Bergbaude links den kurzen, steilen Anstieg hinauf ~ an der Gabelung rechts halten ~ in einer Rechtskurve erscheint der **Veilchenbrunnen** ~ an der eingefassten Quelle des Veilchenbrunnens rechts vorbei ~ spürbar geht es bergauf ~ weiter geradeaus ~ nach einer Linkskurve erscheint das Hochmoor.

Schützenberghochmoor s. S. 88

2 1,2 (881) Am **Moorlehrpfad** vorbei ~ weiter leicht bergauf ~ über die Wegkreuzung **Stein 16** hinweg

Der **16. Grenzstein** zwischen dem Rennsteig und der hessischen Grenze ist legendenumwoben. Die Sagen rund um Stein 16 sind auf Infotafeln an dieser Kreuzung erläutert.

In sanften Kurven bis zu den ersten Häusern Oberhofs und zum Sportplatz.

3 3,2 (827) Am **Sportplatz** rechts in die Wohnsiedlung ~ sofort an Hausnummer 15 links in die **Neue Straße** einbiegen ~ auf der rechten Seite erscheint Haus Nummer 3, eine Ferienwohnung der beiden Wintersportler Kerstin Moring-Pietzsch (Biathlon) und Jochen Pietzsch (Rennrodeln) ~ an der folgenden Kirche vorbei ~ die **Alte Suhler Straße** hinab ~ quer über die Wiese bis zum Beginn der Fußgängerzone.

Oberhof

Nach einem kleinen Schaufensterbummel geht es über die Gräfenrodaer Straße am **Denkmal** zu Ehren des Herzogs Ernst II. vorbei ~ die Treppen hinab bis zum **Busbahnhof** ~ in die Sackgasse hinein ~ in sanften Kurven geht es leicht hergab ~ an dem aus dem Jahr 1934 stammenden **Lochbrunnen** vorbei ~ nach kurzer Zeit ist durch eine Lücke zwischen den Bäumen die Kinderschanze auf der anderen Talseite zu erkennen ~ wenig später folgen die beiden hölzernen **Jugendschanzen** ~ die Straße weiter hinab bis zu einer Gabelung ~ links an dem Durchfahrtverbotsschild vorbei ~ hinauf bis zum Tor ~ durch das Tor auf das Gelände der Bob- und Rodelstrecke ~ weiter bergauf am Auslauf der Rodelbahn vorbei.

Bob- und Rodelbahn

Die Gesamtlänge der Bob- und Rodelbahn beträgt 1.354 Meter und führt durch 15 Kurven. Die 1971 fertiggestellte Anlage wurde bereits mehrfach umgebaut, was zu verschiedenen Bahnrekorden führte und war mehrmals Austragungsort für Rennrodelweltmeisterschaften.

4 5,5 (761) An Kurve 15 geht es vorbei bis Kurve 10 ~ links halten und parallel zum Eiskanal bergauf gehen ~ oben links durch das Drehkreuz hindurch bis zur Straße ~ links abbiegen und neben der Landstraße entlang gehen ~ an der Skipiste vorbei ~ es folgt die **Skisporthalle Oberhof**, die es seit 2009 ermöglicht, ganzjährig Nordischen Skisport zu betreiben ~ weiter geht es auf der Straße mit einem Blick in die Biathlon-Arena, in der 1983 zum ersten Mal ein Wettbewerb stattfand.

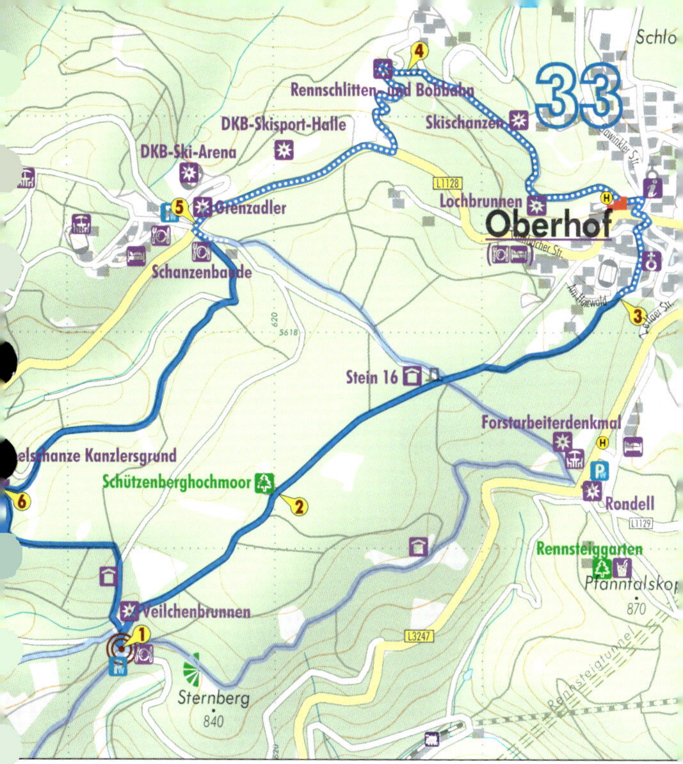

5 **7,2 (834)** Am **Parkplatz Grenzadler** über die Landstraße ⁓ am Imbiss „Bei Gustav" (gehört zur Schanzenbaude) rechts vorbei ⁓ auf den Schotterweg.

Waldgasthof Schanzenbaude, Am Grenzadler 02, ✆ 036842/22278, ÖZ: tägl. 9-22 Uhr

Rechts ist in einiger Entfernung bereits die Skischanze zu sehen ⁓ in einer langen Rechtskurve bis zu einem Abzweig ⁓ links halten.

VARIANTE Es besteht auch die Möglichkeit rechts zum Auslauf der Schanze hinab zu gehen. Allerdings muss man dann an der Schanze den kompletten Schanzenberg steil bergauf gehen.

In sanften Kurven auf dem breiten Waldweg leicht bergauf ⁓ am Abzweig mit der Leitplanke links hoch bis zur Skischanze.

Eiskanal in Oberhof

Doppelschanzenanlage

Die Doppelschanzenanlage im Kanzlersgrund besteht aus der kleineren Rennsteigschanze, die in den 1980er Jahren erbaut wurde und der großen Hans-Renner-Schanze, welche 1961 nach zwei Jahren Bauzeit fertig gestellt wurde. Sie war die größte Skisprungschanze der DDR und gilt auch heute noch als eine der größten Schanzen der Welt. Der Schanzenrekord (Stand: 2010) liegt bei 147 Metern, die im Jahr 2005 vom Finnen Anssi Koivuranta erzielt wurde. Bemerkenswert hierbei: Der Schanzenrekord wurde an diesem Tag drei Mal aufgestellt.

6 9,2 (848) Am Schanzenturm geht es links wieder in den Wald hinein ~ auf den beiden Fahrspuren nach einer weiten Linkskurve geradeaus ~ nach einem Rechtsknick an der von links kommenden Einmündung weiter geradeaus ~ leicht hinab ~ an der **Schutzhütte Veilchenbrunnen** vorbei ~ an der Wegverzweigung abwärts bis zur Veilchenbaude.

1 10,6 (725) Ende der Wanderung am Parkplatz Veilchenbrunnen.

Parkplatz am Veilchenbrunnen

leicht

Tour 34 — 9,1 km

Große Schneekopftour

Start/Ziel: Parkplatz an der Landstraße zwischen Oberhof und Schmücke

Anfahrt: Am Rondell bei Oberhof auf die Landstraße Richtung Schmücke abbiegen. Kurz vor Schmücke befindet sich der Parkplatz nach einer Linkskurve auf der linken Seite.

Markierung: Ausschilderung, Symbol in Form des Schneekopfturms mit der Ziffer 2

Gehzeit: 3 Std. **Aufstieg:** 300 m **Abstieg:** 300 m

Hartbelag: 0 % **Wanderwege:** 100 % **Wanderpfade:** 0 %

Charakteristik: Wanderung entlang des Schneekopfs bis hinab in die nächstgelegene Ortschaft Gehlberg und abschließend auf den Gipfel des zweithöchsten Thüringer Berges mit einer fantastischen Aussicht.

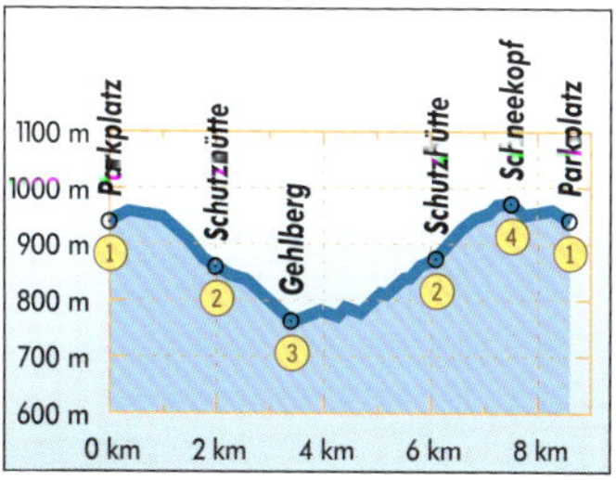

Parkplatz an der L 1129

1 0,0 (916) Am Parkplatz an der Infotafel rechts vorbei in den Wald hinein ~ auf dem breiten Wanderweg an der von rechts kommenden Einmündung vorbei ~ am kurvigen Weg entlang ~ beim Schilderbaum und der Infotafel kurz vor dem Gipfelplateau rechts abbiegen ~ wieder in den Wald hinein ~ steil in Kurven bergab bis zur Landstraße ~ ab nun folgen einige Tafeln mit Geschichten und Legenden über Joel, dem legendären Wirt aus dem nahe gelegenen Wirtshaus Schmücke ~ neben der Straße links bis zur Haltestelle.

Neue Gehlberger Hütte

2 2,0 (858) Rechts an der **Schutzhütte Güldene Brücke** vorbei ~ parallel zur Landstraße wandern ~ stetig bergab ~ an einer Gabelung den rechten Weg benutzen ~ das **Gehlberger Wasserwerk** passieren.

3 3,4 (756) Bis zum Wasserhydranten.

Gehlberg

PLZ: 98559; Vorwahl: 036845

Fremdenverkehrsverein Gehlberg, Hauptstr. 41, ✆ 50500

Am Hydranten bzw. an der ersten Wasserleitung Gehlbergs links in den Weg **Am Brand** ~ am Waldrand oberhalb der Ferienhäuser entlang ~ in Kurven auf dem ebenen Waldweg bleiben.

2 6,1 (858) An der Haltestelle rechts vorbei ~ wieder in den Wald hinein ~ in Kurven bergauf gehen ~ am Schilderbaum und der Infotafel kurz vor dem Gipfel rechts.

4 7,5 (978) Sogleich ist das Gipfelplateau des Schneekopfes erreicht.

Schneekopf (978 m)

Neue Gehlberger Hütte, Am Schneekopf 1, ✆ 49911, ÖZ: tägl. 10-17 Uhr

Aussichtsturm, ÖZ: Mai-Sept. 9-18 Uhr, Okt.-Apr. 10-16 Uhr. Als Höhepunkt der Tour erwartet Sie der Ausblick auf einen großen Teil Thüringens. Richtung Westen geht der Blick zum nahe gelegenen Großen Beerberg, dessen abgeflachter Gipfel nur unwesentlich höher ist als jener des Schneekopfes. Rechts daneben ist der Wintersportort Oberhof deutlich zu erkennen und abermals rechts davon die größte Bogenbrücke Deutschlands, die Talbrücke Wilde Gera als Teil der Autobahn 71.

Jägerstein. Am östlichen Rand des Gipfelplateaus erhebt sich ein kleiner Stein mit einer Inschrift. Daneben erklärt eine Infor-

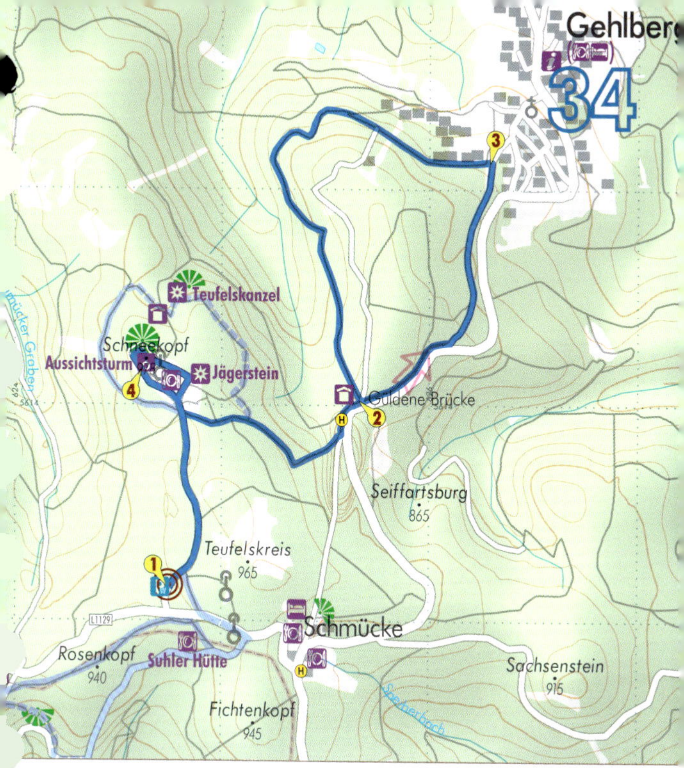

Aussicht aus 1.001 m Höhe vom Turm auf dem Schneekopf

Rastplatz mit Aussicht auf den Schneekopf

mationstafel die Sage vom Jägerstein, der alljährlich im September bei einem Treffen auf dem Schafkopf gedacht wird.

Der Schneekopf ist nach dem benachbarten Großen Beerberg der zweithöchste Berg Thüringens und bringt es auf eine Höhe von 978 Metern. Dennoch wird er von der Gemeinde Gehlberg seit dem Jahr 2008 als „Thüringens Tausender" bezeichnet. Denn zu diesem Zeitpunkt wurde ein Aussichtsturm fertiggestellt, dessen Aussichtsplattform sich in 1.001 Metern Höhe befindet und gegen eine Gebühr erklommen werden kann. Einen ersten Aussichtsturm gab es aber bereits im 19. Jahrhundert.

Während der DDR-Zeit war das Gipfelplateau des Schneekopfes militärisches Sperrgebiet und wurde von den Sowjets zur Fernmeldeaufklärung genutzt. Erst mit dem Abzug im Jahr 1994 begann langsam die touristische Erschließung des Berges. Zunächst stand dabei eine Renaturierung des durch einen Orkan verursachten baumlosen Gipfels. Seit 2009 findet der Wanderer zudem ein Berggasthaus vor, welches die ehemalige Gehlberger Hütte ersetzt, die bis zur Sperrung im Jahr 1960 auf dem Berg stand.

Nach einem kleinen Rundgang über den Gipfel und um den Aussichtsturm herum geht es wieder an der Neuen Gehlberger Hütte vorbei ~ leicht hinab bis zur Wandertafel ~ geradeaus auf dem breiten Wanderweg ~ an der Gabelung rechts halten bis zum Parkplatz.

1 8,6 (916) Ende der Wanderung am **Wanderparkplatz**.

Parkplatz an der L 1129

leicht

Tour 35 — 9,5 km

Auf den Großen Beerberg

Start/Ziel: Parkplatz an der Landstraße zwischen Oberhof und Schmücke

Anfahrt: Am Rondell bei Oberhof auf die Landstraße Richtung Schmücke abbiegen. Kurz vor Schmücke befindet sich der Parkplatz nach einer Linkskurve auf der linken Seite.

Markierung: allgemeine Richtungswegweiser

Gehzeit: 3 Std. **Aufstieg:** 270 m **Abstieg:** 270 m

Hartbelag: 0 % **Wanderwege:** 94 % **Wanderpfade:** 6 %

Charakteristik: Ein Streifzug über den höchsten Gipfel einer Region ist immer etwas Besonderes. Erst recht, wenn die Wanderung keine steilen Aufstiege zu verzeichnen hat und die Tour verhältnismäßig flach verläuft, dabei dennoch einen wunderbaren Fernblick zulässt.

Wanderparkplatz an der L1129

1 0,0 (916) Am **Parkplatz** geht es zunächst an der Informationstafel vorbei in den Wald hinein ~ nach wenigen Metern dem Abzweig scharf nach rechts folgen ~ auf dem Schotterweg leicht bergauf bis zur Straße ~ die Landstraße überqueren ~ auf der anderen Seite die Stufen hinab und auf dem Rennsteig nach links ~ an der **Wetterstation** des Umweltbundesamtes vorbei bis zum Schilderbaum ~ rechts abbiegen und leicht bergab in den Wald hinein gehen ~ in einem Rechtsbogen bis zur Suhler Hütte.

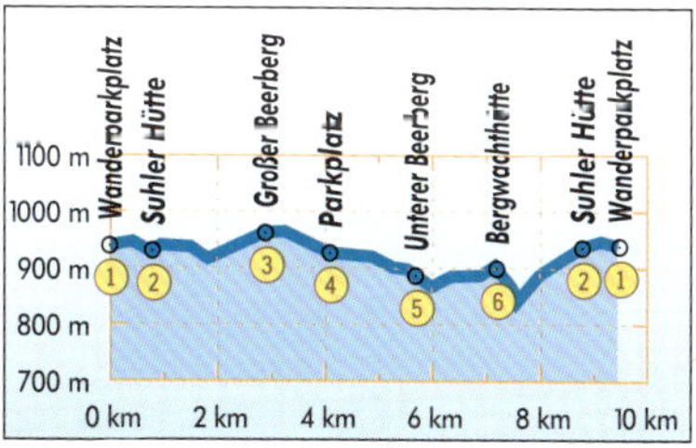

Suhler Hütte

Suhler Hütte, 036845/50418, ÖZ: Di-So 10-16 Uhr

2 0,8 (917) An der Suhler Hütte die Treppen

Vielfältige Fauna entlang der Wanderwege im Thüringer Wald

aufwärts ⁓ neben dem Holzgeländer weiter hinauf ⁓ auf dem wurzeligen Pfad wieder bis zum Rennsteig ⁓ Am Schilderbaum Rosenkopf links halten ⁓ an den zahlreichen ehemaligen **Grenzsteinen** entlang und auf dem Rennsteig bleiben ⁓ die **Schutzhütte am Adler** mit dem Rastplatz wird passiert ⁓ für ein kurzes Stücke auf dem schmalen, wurzeligen Weg durch den Wald ⁓ am Ende links und auf einer langgezogenen Steigung geradeaus.

Plänckners Aussicht

Dieser Aussichtspunkt wurde nach Julius von Plänckner benannt, der als Pionier der Rennsteigforschung betrachtet wird und auf einer Bronzetafel als Justus bezeichnet wurde. Plänckners Aussicht gibt den Blick gen Westen frei, wobei man beinahe die komplette Stadt Suhl überblicken und bis in die Rhön schauen kann.

Der Große Beerberg

Der aus Porphyrgestein bestehende Große Beerberg ist nicht nur der höchste Berg Thüringens, sondern zugleich ein erloschener Vulkan. Er verfügt jedoch nicht über einen spitzen Gipfel, sondern nur über eine abgeflachte Kuppe. Diese darf jedoch nicht betreten werden, da sie aus einem naturgeschützten Hochmoor besteht. Das tut der Erwanderung des Großen Beerbergs keinen Abbruch, denn nur wenige Meter unterhalb des höchsten Punktes wurde an der sogenannten Plänckners Aussicht eine kleine hölzerne Plattform errichtet.

3 **2,9 (953)** Nach einer kurzen Pause geht es auf dem Rennsteig weiter ⁓ auf dem schotterigen Weg bis zu einer Gabelung ⁓ dort rechts halten ⁓ bis zu einem Parkplatz an der Landstraße.

4 **4,1 (910)** Am **Parkplatz** links ⁓ an der nächsten Gabelung erneut links ⁓ bis zur Schutzhütte.

Suhler Ausspanne

An der roten Schutzhütte vorbei ⁓ die Lichtung dabei rechts liegen lassen ⁓ an der Weggabelung die zweite Möglichkeit nach rechts benutzen und auf dem breiten Schotterweg leicht bergab gehen ⁓ in weiten Kurven an

einem weiteren Aussichtspunkt bis zum Schilderbaum.

Unterer Beerberg

5 5,7 (876) Am Unteren Beerberg weiter geradeaus ~ den Bach am großen Brunnen überqueren ~ am Rastplatz vorbei und links hinauf ~ auf den beiden Fahrspuren bis zum Hohen Geiersberg ~ dort links und nach kurzer Zeit an der **Bergwachthütte** vorbei.

6 7,2 (900) Wenige Meter hinter der Bergwachthütte zweigt ein schmaler, verwurzelter Pfad vom Schotterweg nach rechts ab ~ auf diesem durch den bewaldeten Hang ~ dem ausgetretenen Pfad folgen und an einem idyllisch gelegenen Aussichtspunkt vorbei ~ über den Weg bis zum breiten Wanderweg ~ hier links abbiegen ~ stets leicht bergauf gehen ~ nach einer weiten Rechtskurve auf der **Rosenkopfstraße** bis zur Suhler Hütte.

2 8,8 (917) An der **Suhler Hütte** vorbei ~ durch die Linkskurve bis hinauf zur Straße ~ links abbiegen und hinter der Wetterstation die Straße überqueren ~ auf dem Schotterweg bis zum Abzweig zum Schafkopf ~ links abbiegen.

1 9,5 (916) Ende der Wanderung am **Wanderparkplatz**.

Wanderparkplatz an der L1129

leicht

Tour 36 — 5,1 km

Kleine Schneekopftour

Start/Ziel: Parkplatz an der Landstraße zwischen Oberhof und Schmücke

Anfahrt: Am Rondell bei Oberhof auf die Landstraße Richtung Schmücke abbiegen. Kurz vor Schmücke befindet sich der Parkplatz nach einer Linkskurve auf der linken Seite.

Markierung: Ausschilderung, Symbol in Form des Schneekopfturms mit der Ziffer 1

Gehzeit: 1½ Std. **Aufstieg:** 140 m **Abstieg:** 140 m

Hartbelag: 0 % **Wanderwege:** 75 % **Wanderpfade:** 25 %

Charakteristik: Kleiner Spaziergang um den Gipfel des zweithöchsten Berges im Thüringer Wald – ideal als Verdauungsspaziergang oder für eine kleine Runde am Sonntagnachmittag. Waldreiche Tour mit schönen Ausblicken über das Umland, welche mit einem herrlichen Panorama vom Schneekopfturm oder der Einkehr in die Neue Gehlberger Hütte belohnt wird.

Parkplatz an der L 1129

1 **0,0 (916)** Am Parkplatz an der Wanderkarte rechts vorbei in den Wald hinein ~ auf dem breiten Wanderweg an der von rechts kommenden Einmündung vorbei ~ am kurvigen Weg entlang ~ beim Schilderbaum und der Infotafel kurz vor dem Gipfelplateau rechts abbiegen ~ wieder in den Wald hinein ~ nach einem kurzen Abstieg bis zu einem nach rechts führenden Abzweig.

2 **1,2 (925)** Dem wurzeligen Pfad nach links folgen ~ im leichten Auf und Ab durch den dichten Wald ~ an einer Gabelung den rechten Weg benutzen ~ bei einem Fahnenmast rechts zur Teufelskanzel.

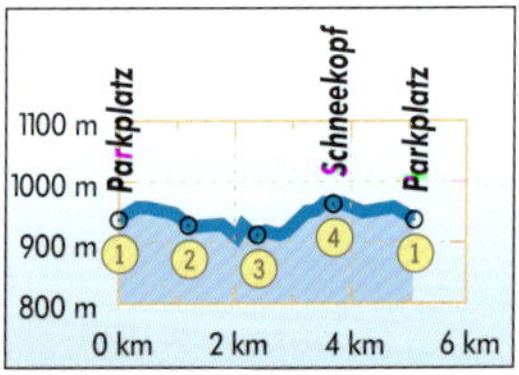

Die **Teufelskanzel** ist ein beliebter und durch seine Abgeschiedenheit etwas ruhigerer Aussichtspunkt. Zu sehen sind in Blickrichtung Norden zahlreiche kleinere Hügel des mittleren Thüringer Waldes.

An der Teufelskanzel weiter geradeaus

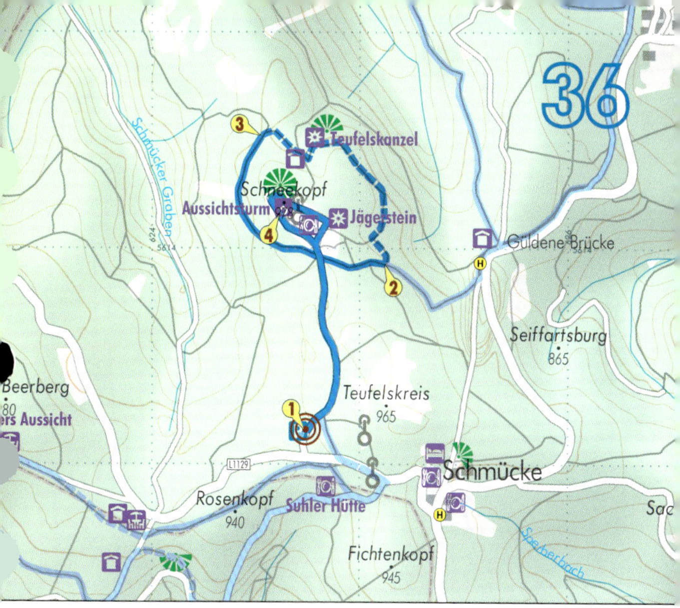

~ auf dem schmalen Pfad durch den Hang bis zur **Schutzhütte Hölle** ~ an der Schutzhütte vorbei ~ im weiten Linksbogen bis zu einer Gabelung ~ links halten bis der Fußpfad auf einen etwas breiteren Weg trifft.

3 **2,4 (911)** Links abbiegen ~ in der Westflanke des Schneekopfs stetig aber sanft bergauf wandern ~ im großen Bogen geht es zur **Informationstafel** und Wanderkarte unterhalb des Gipfelplateaus ~ links abbiegen

4 **3,7 (978)** Sogleich ist das Gipfelplateau des Schneekopfes erreicht.

Schneekopf (978 m) **s. S. 150**

Nach einer Runde am **Gipfelrundweg** wieder zurück zum Schilderbaum und der Infotafel kurz vor dem Gipfel ~ von dort im leichten Auf und Ab auf dem breiten Weg wieder zurück zum Parkplatz.

1 **5,1 (916)** Ende der Wanderung am Wanderparkplatz.

Parkplatz an der L 1129

Abenddämmerung auf dem Schneekopf

leicht

Tour 37 — 8,9 km

Das Vessertal

Start/Ziel: Suhl-Vesser, Parkplatz am Offenstall

Anfahrt: Über die Bundesstraße nach Schmiedefeld am Rennsteig. Von dort der Ausschilderung nach Vesser folgen. Vesser ist zwar nach Suhl eingemeindet, liegt jedoch abseits des Hauptortes.

Markierung: Ausschilderung, grüner Strich

Gehzeit: 2½ - 3 Std. **Aufstieg:** 240 m **Abstieg:** 240 m

Hartbelag: 24 % **Wanderwege:** 67 % **Wanderpfade:** 9 %

Charakteristik: Angenehme Rundwanderung durch einen Teil des idyllischen Vessertals, welches sich als schönstes Tal Mitteldeutschlands bezeichnet. Auf dem Weg besteht zudem die Möglichkeit das Besucherbergwerk Schwarzer Crux zu besichtigen.

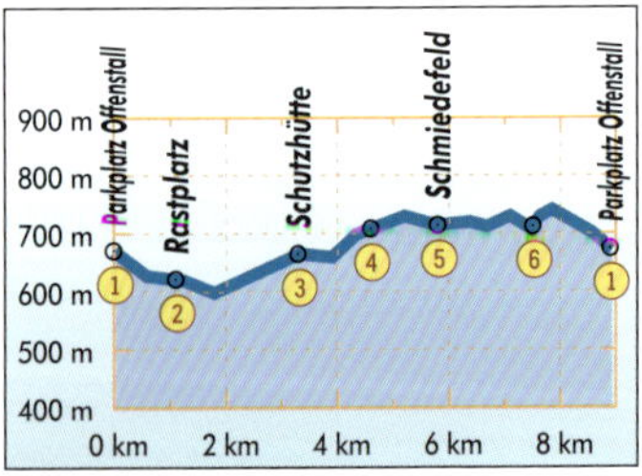

Vesser

PLZ: 98711; Vorwahl: 036782

Touristeninformation, Schmiedefelder Str. 11, ✆ 61300

Vesser Kirche. Kulturdenkmal im Fachwerkstil, errichtet in den Jahren 1710-1711

Herbert-Roth-Ausstellung, Schmiedefelder Str. 11, ✆ 70453, ÖZ: Mo-Do 10-12 Uhr und 13-15 Uhr, Fr 10-12 Uhr. Ausstellung über den Suhler Komponisten Herbert Roth, der neben dem legendären Rennsteiglied über 300 weitere Thüringer Volkslieder komponierte.

Vesser wurde im Jahr 900 zum ersten Mal unter dem Namen Uezzerun erwähnt. Prägend für den Ort ist der Bach Vesser, der bereits im Mittelalter einige Eisenhämmer antrieb. Der in einem abgelegenen Tal befindliche Ort wurde auf Wunsch der Bevölkerung 1994 nach Suhl eingemein-

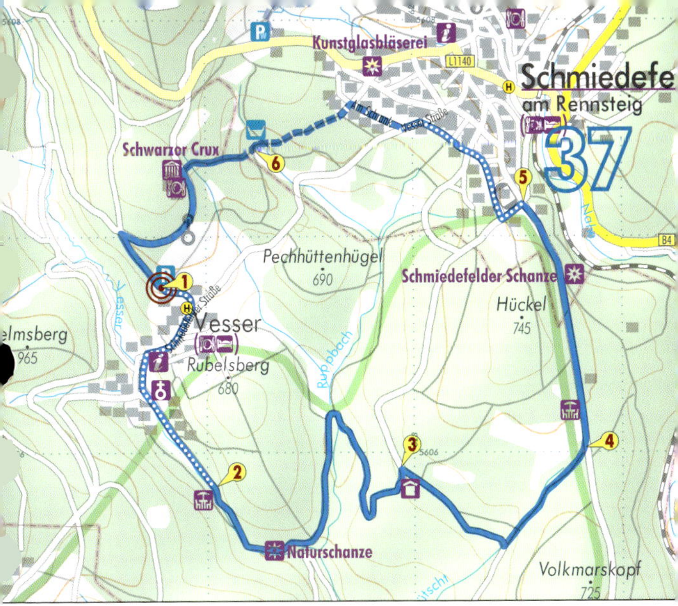

det. Doch das Suhler Stadtzentrum ist rund 15 Kilometer entfernt und so konnte sich Vesser seinen idyllischen Dorfcharakter mit rund 250 Einwohnern bewahren.

Parkplatz Offenstall

1 0,0 (702) Am Parkplatz und Wohnmobilstellplatz Offenstall geht es die Straße hinab in Richtung Ortskern ~ auf dem **Naturlehrpfad** bis zum Haltestellenhäuschen ~ rechts abbiegen und weiter hinab ~ auf Kopfsteinpflaster weiter und an der Touristeninformation mit dem öffentlichen WC vorbei ~ links herum an der **Kirche** vorbei ~ in die Sackgasse ~ auf der Asphaltpiste bis zu den letzten Häusern.

2 1,1 (602) Am **Rastplatz** vorbei in das Untere Vessertal ~ die rot-weiße Schranke passieren ~ neben dem plätschernden Bach entlang ~ an der Brücke vorbei ~ durch den **Tunnel** der Naturschanze hindurch.

Naturschanze. Die zu unterquerende Naturschanze in Vesser ist eine der größten ihrer Art in Deutschland.

An der Gabelung hinter dem Tunnel links ~ in einem weiten Linksbogen stetig bergauf ~ an zwei weiteren Abzweigungen nach rechts auf dem breiten Waldweg bleiben ~ nach einer scharfen

Kirche in Vesser

Linkskehre hinauf bis zu einer **Schutzhütte** bei einem Abzweig.

3 3,3 (661) Am Abzweig rechts abbiegen ~ weiter durch den Wald ~ leicht bergauf ~ an der nächsten Einmündung nach links, dem grünen Strich bergauf folgen ~ in einer Rechtskurve einen kleinen **Teich** passieren und bis zur Kreuzung.

4 4,6 (699) Links auf den breiten Wanderweg abbiegen ~ an der Lichtung **Schöne Wiese** und dem darauf folgenden Rastplatz vorbei ~ im leichten Auf und Ab auf der sogenannten I-Linie geradeaus, dabei eine Scheune passieren ~ an der **Schmiedefelder Schanze** vorbei.

Schmiedefelder Schanze. Schon in den 1930er Jahren stand an dieser Stelle die erste Sprungschanze von Schmiedefeld. Die Anlage in ihrer heutigen Form wurde im Jahr 2008 modernisiert.

Den Wohnmobilstellplatz auf der linken Seite passieren und bis zum Sportplatz.

5 5,8 (712) Am **Sportplatz** links abbiegen ~ vor dem **Kurpark** rechts ~ an der Sportanlage vorbei ~ auf der Asphaltstraße in die Wohnsiedlung hinein ~ am Ende der **Waldstraße** an der T-Kreuzung links in die **Vesserstraße**.

Schmiedefeld am Rennsteig

Vor dem Ortsausgangsschild rechts in die Schotterstraße **Am Schrank** ~ durch die Kleingartenanlage bis zur Kreuzung mit dem Schilderbaum ~ links

Schmiedefelder Schanze

abbiegen ~ an der rot-weißen Schranke in den Wald hinein ~ leicht kurvig.

6 7,5 (699) Am **Waldbad** vorbei auf den Forstweg ~ oberhalb der Lichtung bis zu einer Gabelung ~ dort auf den wurzeligen Pfad halbrechts wandern ~ an einem **Grenzstein** vorbei und an einer weiteren Gabelung erneut halbrechts ~ bis zu einer Informationstafel über den hiesigen Bergbaupfad ~ auf dem **Bergbaupfad** bergauf bis zum breiten Waldweg.

Waldgasthaus Schwarzer Crux, Crux-str. 1, ✆ 60606, Fr-Mi ab 10 Uhr

Bergbaumuseum Schwarzer Crux, Crux-Str. 1, ✆ 60606, ÖZ: Fr-Mi 40-minütige Führungen ab 10 Uhr, Magnetitgruppe in 36 m Tiefe.

Auf dem breiteren Waldweg vor dem Bergwerk links ~ in einer weiten Rechtskurve mit Blick auf Vesser an einer Lichtung vorbei ~ bis zum Schilderbaum **Cruxstraße** ~ scharf links abbiegen ~ unter der Hochspannungsleitung hindurch ~ auf dem Schotterweg bergab.

1 8,9 (702) Ende der Wanderung am Parkplatz Offenstall.

Vesser

schwer

Tour 38 — 14,5 km

Schmalwassertalsperre

Start/Ziel: Parkplatz unterhalb des Staudamms, Oberhofer Straße in Tambach-Dietharz

Anfahrt: In Tambach-Dietharz auf die Oberhofer Straße, der Ausschilderung zur Schmalwassertalsperre folgen.

Markierung: Ausschilderung, gelber Punkt

Gehzeit: 4 - 4½ Std. **Aufstieg:** 490 m **Abstieg:** 490 m

Hartbelag: 31 % **Wanderwege:** 61 % **Wanderpfade:** 8 %

Charakteristik: Wanderung mit zahlreichen Aussichtspunkten auf den Stausee und einem ständigen Auf und Ab. Höhepunkt ist die Begehung einer malerischen Klamm, die jedoch nur in gutem konditionellen Zustand erfolgen sollte.

Tambach-Dietharz

PLZ: 99897; Vorwahl: 036252

Wie der Name es schon vermuten lässt, besteht die Kleinstadt aus den beiden Gemeinden Tambach und Dietharz. Beide wurden im 13. Jahrhundert erstmalig erwähnt, wobei Dietharz als älterer Ort gilt. Tambach-Dietharz ist ein sehr ruhiges, unspektakuläres Städtchen und kann sich damit rühmen, Aufenthalts- und Genesungsort von Martin Luther gewesen zu sein, als dieser auf einer Reise aus gesundheitlichen Problemen Halt in Tambach-Dietharz machte. Ein Gedenkstein vor seiner Unterkunft an der Hauptstraße erinnert an das Ereignis.

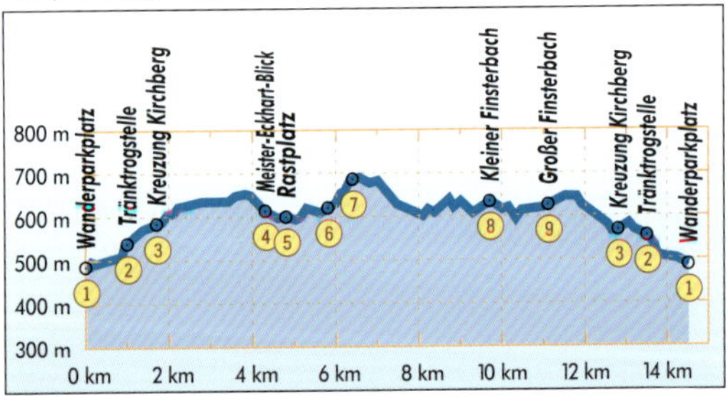

38

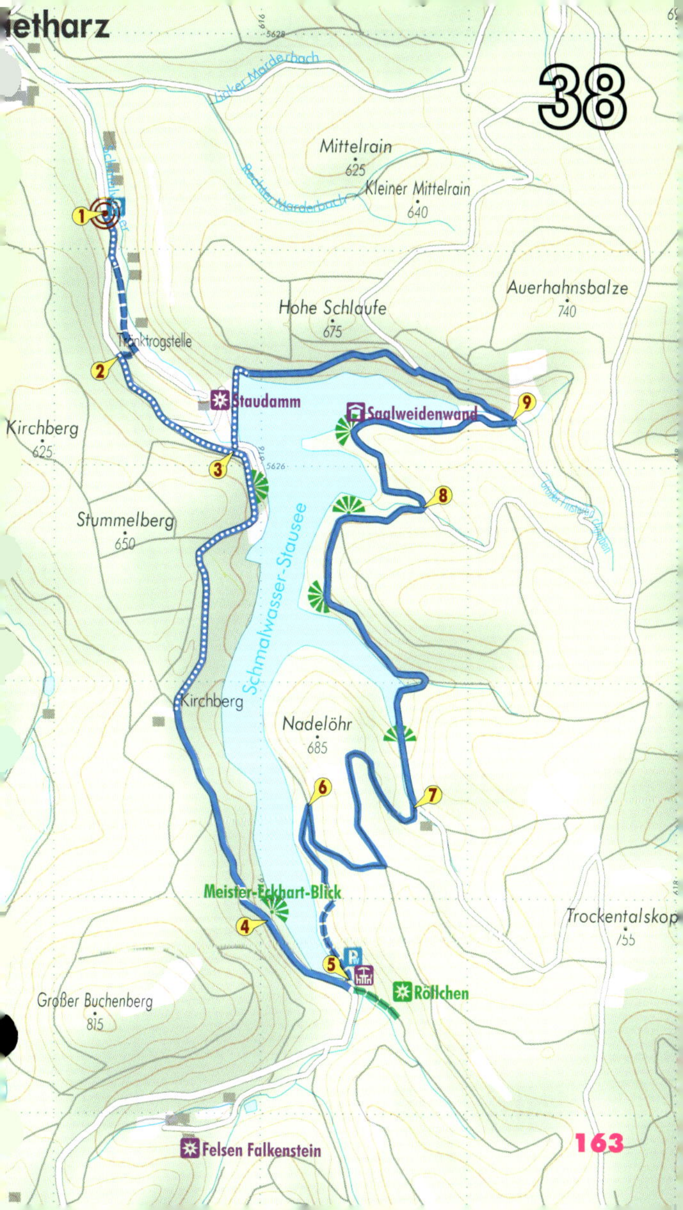
Linker Marderbach
Mittelrain
625
Rechter Marderbach
Kleiner Mittelrain
640
Auerhahnsbalze
740
Hohe Schlaufe
675
Tränktrogstelle
Staudamm
Saalweidenwand
Kirchberg
625
Stummelberg
650
Schmalwasser-Stausee
Kirchberg
Nadelöhr
685
Meister-Eckhart-Blick
Trockentalskop
755
Röllchen
Großer Buchenberg
815
Felsen Falkenstein
1
2
3
4
5
6
7
8
9

1 0,0 (477) Am **Parkplatz** die Brücke über den Schmalwasserbach überqueren ~ direkt dahinter links auf den ausgetretenen Pfad ~ am frei stehenden Haus vorbei und weiter parallel zum Bach ~ hinter dem eingezäunten Brunnen und dem Trafohäuschen auf den befestigten Weg bis ~ vor dem Zaun und dem Schacht rechts über die Holzbrücke ~ auf dem wurzeligen Pfad in Serpentinen steil den Hang hinauf.

Tränktrogstelle

2 1,0 (523) Oben angekommen geht es links auf der Asphaltstraße weiter bergauf ~ in sanften Kurven neben der Leitplanke bis zu einer Gabelung ~ rechts bergauf ~ dabei den ersten Blick auf den Staudamm genießen ~ am Haus rechts vorbei ~ oberhalb des Stausees an zahlreichen **Aussichtspunkten** vorbei ~ bis zur Kreuzung.

3 1,7 (609) An der **Kreuzung Kirchberg** rechts weiter auf der Asphaltstrecke ~ durch den Wald ~ nun ohne Sichtkontakt zum See stetig bergab ~ am markanten Felsen namens Wolfszahn vorbei ~ neben der Leitplanke zum Meister-Eckhart-Blick.

Meister-Eckhart-Blick

4 4,3 (599) Nach einem wunderbaren Ausblick auf den südlichen Abschnitt des Sees geht es weiter hinab ~ in sanften Kurven bis zum Rastplatz an der südlichsten Stelle des Sees.

AUSFLUG Von hier besteht die Möglichkeit einen Abstecher zum Falkenstein zu machen. Er ist der größte frei stehende Felsen des Thüringer Waldes und ein beliebter Ausgangspunkt zum Klettern. Allerdings sind es Hin und zurück beinahe noch zwei Kilometer, was angesichts der ohnehin schon anstrengenden Seeumrundung zu überlegen ist. Weitaus interessanter und auch näher ist hingegen das sogenannte Röllchen, weshalb hier zu diesem Abstecher zu raten ist.

Über die schmale Brücke ~ auf dem wurzeligen Pfad stetig bergauf ~ neben dem plätschernden Bach entlang ~ in die immer enger werdende Schlucht hinein.

Röllchen. Wie weit man in die Schlucht hinein wandert und auf den glatten Steinen hinauf klettert, muss jeder für sich selbst entscheiden. Es ist aber auf jeden Fall möglich, die komplette Schlucht zu durchqueren. Dabei muss zweimal der Bach, der zwischen den Felsen wild hinab stürzt, überquert werden. Allerdings ist der Blick von oben weitaus weniger spektakulär als die Anwesenheit direkt in der Klamm.

Vom Röllchen geht es neben dem Bach wieder zurück zur Brücke.

Entnahmeturm im Schmalwasserstausee

5 4,8 (564) Am **Parkplatz** rechts zum **Rastplatz** ~ am südlichen Ende des Sees rechts halten ~ den Schotterweg mit den beiden Fahrspuren steil bergauf ~ unterhalb des sich weiter oben erhebenden Felsens entlang ~ auf dem kurvigen Weg bis zu einer T-Kreuzung.

6 5,8 (619) Rechts halten und weiter bergauf ~ auf dem Schotterweg durch einige Kurven hindurch ~ an einer T-Kreuzung links ~ einen Hochsitz passieren ~ im Wald zwei Mal scharf rechts abbiegen, dabei auf den **gelben Punkt** achten ~ nun steil bergab bis zu einem breiteren Forstweg.

7 6,4 (600) Geradeaus und leicht bergauf ~ in einer weiten Kurve um einen der Seearme herum ~ nach der Kehrtwende steil bergauf ~ oben angekommen hat man wieder einen herrlichen Ausblick auf den See und auch der Staudamm ist in seiner ganzen Breite erkennbar ~ rechts herum und wieder bergab bis zum zweiten Seearm.

Kleiner Finsterbach

8 9,7 (609) Erneut geht es auf dem steilen Schotterweg bergauf ~ in sanften Kurven hinauf bis zur **Schutzhütte**.

Saalweidenwand

Nach einer verdienten Pause an dem **Rastplatz** und weiteren schönen Ausblicken auf den See geht es zum Endspurt rechts um die Felsen herum ~ der dritte Seearm ist zu umrunden, wofür es wieder bergab geht.

Idyllische Engstelle namens Röllchen

nahm. Bis zu 21.000.000 m³ Wasser können durch den Schmalwasserbach gestaut werden. Bei dem Staudamm (nicht Staumauer), handelt es sich mit 81 m Höhe um den zweithöchsten Damm Deutschlands. Ein höherer ist nur noch im bayerischen Frauenau zu finden.

Über den Staudamm hinweg ~ auf der anderen Seite rechts halten ~ am Gedenkstein zum Dammbau vorbei ~ geradeaus die Asphaltstraße hinab ~ an der **Tränktrogsdelle** rechts auf den Waldweg ~ in Serpentinen steil bergab ~ über die Holzbrücke ~ links halten und auf dem schmalen Pfad wieder talabwärts.

Großer Finsterbach

9 **11,1 (600)** Ab der letzten Kehrtwende geht es ein letztes Mal im Hang steil bergauf ~ auf dem Schotterweg bleiben und an einer Gabelung links halten ~ ab hier nun bergab und geradewegs hinab bis zum Staudamm.

Staudamm. Die Schmalwassertalsperre ist noch verhältnismäßig jung und wurde erst im Jahr 1998 in Betrieb genommen, nachdem der notwendige Probestau 4 Jahre in Anspruch

1 **14,5 (477)** Ende der Wanderung am Parkplatz unterhalb des Staudamms.

Tambach-Dietharz

Tour 39 — 9,4 km

Zum Schloss Tenneberg

Start/Ziel: Schloss Reinhardsbrunn, Parkplatz bei den Teichen

Anfahrt: In Friedrichroda die Bundesstraße 88 in Richtung Waltershausen verlassen. Am Schloss Reinhardsbrunn vorbei und hinter der Rechtskurve links auf den Wanderparkplatz.

Markierung: allgemeine Richtungswegweiser

Gehzeit: 2½ - 3 Std. **Aufstieg:** 266 m **Abstieg:** 266 m

Hartbelag: 0 % **Wanderwege:** 100 % **Wanderpfade:** 0 %

Charakteristik: **Angenehme Waldwanderung durch einfaches Terrain mit anschließender Besichtigung des Schloss Tenneberg in Waltershausen.**

Parkplatz an den Reinhardsbrunner Teichen

1 0,0 (385) Am Parkplatz geht es an der Zufahrt zur Fleischereiberufsgenossenschaft Reinhardsbrunn vorbei in den Wald ~ ein Bach wird überquert ~ an einem Rastplatz vorbei ~ bis zur **Brücke am Weidnerteich** ~ über die Brücke geht es hinweg und an der Informationstafel über die philantropischen Kulturstätten rechts vorbei ~ an der Gabelung halblinks und leicht hinauf ~ auf dem **Zöglingsweg** durch den Wald ~ stets bergauf bis zum **Komstkochsteich** und der dortigen Schutzhütte ~ durch den Hohlweg geradeaus weiter bis zur Kreuzung.

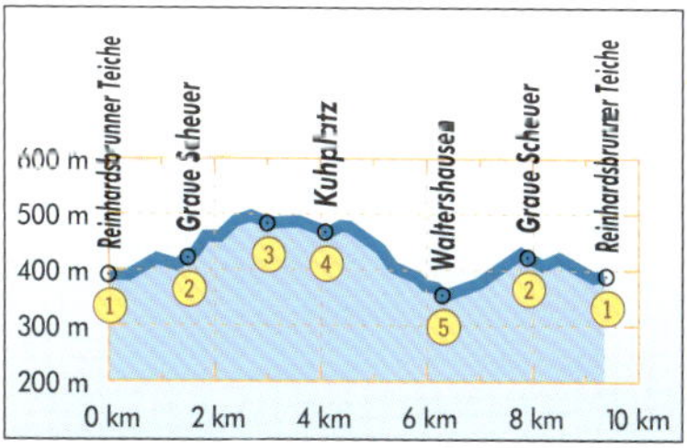

Graue Scheuer

2 1,5 (423) An der Schutzhütte links abbiegen ~ nach wenigen Metern direkt an der ersten Gabelung den rechten Weg benutzen ~ es geht auf dem Schotterweg steil bergauf ~ an der wind-

Der idyllisch gelegene Komstkochsteich

schiefen Schutzhütte vorbei und dahinter an der Gabelung links halten ~ beim nächsten Abzweig dann den rechten Weg benutzen ~ an der **August-Trinius-Bank** vorbei, hier hat man eine Fernsicht auf das spätere Ziel Schloss Tenneberg ~ im weiten Bogen bis zu einer Kreuzung.

3 3,0 (479) Links abbiegen und an der nach rechts abzweigenden Piste ebenfalls links halten ~ durch den dichten Wald bis zu einem großen Platz, hier rechts weiter wandern ~ auf dem ebenen Weg bis zum Kuhplatz.

ANSCHLUSS An dieser Stelle haben Sie eine Anschlussmöglichkeit zur Wanderung rund um Tabarz (Tour 8).

4 4,1 (460) Am **Kuhplatz** rechts abbiegen ~ durch den Wald leicht hinauf ~ am Zaun vorbei zu einer Gabelung ~ links halten ~ am Grenzstein vorbei ~ den Abzweig zur Laitenbaude passieren, dort rechts bleiben ~ am folgenden überdachten **Schilderbaum** wiederum links vorbei gehen ~ stetig bergab wandern ~ an einem Teich und den ersten Häusern von Waltershausen vorbei bis zu einem weiteren **Teich** bei einer T-Kreuzung.

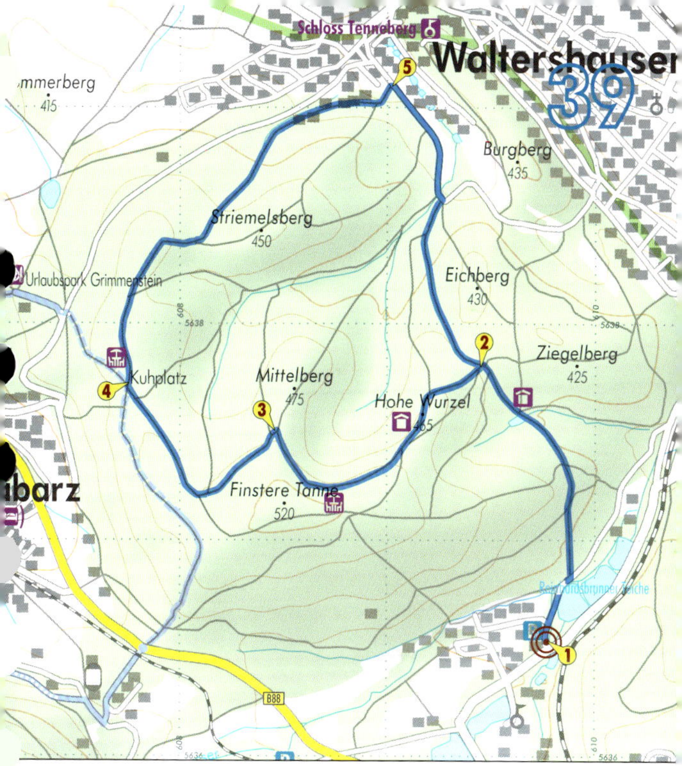

TIPP Hier besteht zum ersten Mal die Möglichkeit nach Waltershausen und zum Schloss Tenneberg zu gelangen, wofür man links abbiegen müsste.

Waltershausen

PLZ: 99880; Vorwahl: 03622

Stadtinformation, Brauhausg. 2, ✆ 630113

Schloss Tenneberg, ✆ 69170, ÖZ: Apr.-Okt. Mi-So 10-17 Uhr, Nov.-März Mi-So 10-16 Uhr. Das Schloss mit seinem hufeisenförmigen Grundriss ist nur wenig älter als die Ortschaft. Mehrere Umbauten wurden im Laufe der Jahrhunderte an dem einstigen Regierungssitz vorgenommen, bis heute sind drei sehenswerte Barockräume erhalten geblieben. Seit dem Jahr 1929 befindet sich im Schloss Tenneberg das städtische Heimatmuseum, welches auch über die bereits erwähnte Puppentradition von Waltershausen informiert.

Historisches Rathaus im Fachwerkstil aus dem Jahr 1441, mit imposantem Gewölbekeller.

Futterkrippe am Kühplatz

Der bereits im 13. Jahrhundert gegründete Ort wurde ab dem Jahr 1815 für die Produktion von Puppen bekannt. Zahlreiche Puppenmanufakturen wurden gegründet, die zum Teil sehr anspruchsvolle Puppen herstellten. Doch mit dem Ende der DDR wurde auch das Ende der Puppentradition in Waltershausen eingeläutet. Heute zeugt nur noch das Museum im Schloss Tenneberg über die Zeit als Puppenstadt.

5 6,3 (352) An der T-Kreuzung rechts abbiegen ~ in die Anliegerstraße einkehren ~ eine Holzbrücke erscheint, auf der man nach links über den Burghügel hinweg ebenfalls zum Schloss gelangt ~ geradeaus durch den Wald ~ in den Forstweg ~ in sanften Kurven und leicht bergauf bis zur **Grauen Scheuer** (**2**) ~ dort links abbiegen und am **Komstkochsteich** vorbei, leicht hinab bis zu den **Reinhardsbrunner Teichen** ~ über die Brücke und geradeaus am Rastplatz vorbei.

1 9,4 (385) Ende der Wanderung am Parkplatz.

Parkplatz bei den Reinhardsbrunner Teichen.

mittel

Tour 40 — 12,0 km

Marienglashöhle

Start/Ziel: Parkplatz an der Marienglashöhle bei Friedrichroda

Anfahrt: Die Bundesstraße 88 ab Friedrichroda in Richtung Tabarz befahren. Kurz hinter dem Ortsausgang nach links auf den Parkplatz der Marienglashöhle.

Markierung: allgemeine Richtungswegweiser, gelbes Quadrat, grüner Punkt

Gehzeit: 3½ Std. **Aufstieg:** 410 m **Abstieg:** 410 m

Hartbelag: 11 % **Wanderwege:** 80 % **Wanderpfade:** 9 %

Charakteristik: Ruhige Waldwanderung mit Aussicht von der Schauenburgruine und Kombinationsmöglichkeit mit Tour 10. Zu Beginn oder auch am Ende der Wanderung besteht die Möglichkeit, die interessante Marienglashöhle zu besichtigen.

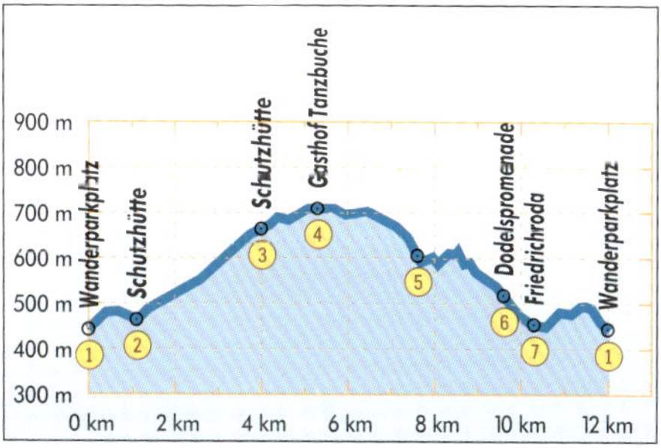

Friedrichroda s. S. 54

PLZ: 99892-99894, 99898; Vorwahl: 03623

Touristeninformation Friedrichroda, Kirchgasse, ✆ 33200

1 **0,0 (428)** Am Parkplatz die Gleise der Thüringer Waldbahn überqueren ~ auf dem befestigten Weg am Gasthaus vorbei.

Waldgasthaus St. Marien, An der B 88, ✆ 304853, ÖZ Mai-Sept. tägl. 9-21 Uhr, Okt.-Apr. Fr-Mi 10-19 Uhr

Vor dem Zugang zur Höhle rechts halten.

Marienglashöhle, ✆ 311667, ÖZ: Apr.-Okt. 9-17 Uhr, Nov.-März 9-16 Uhr. Die Marienglashöhle zwischen Tabarz und Friedrichroda

Mariaquelle oberhalb des Schauenburgteichs

ist nicht natürlichen Ursprungs, sondern entstand durch den Bergbau. Geplant war im 18. Jh. die Förderung von Kupfer, man fand jedoch Gipskristalle, die mit dem sogenannten Marienglas ausgekleidet waren. Die Bezeichnung Marienglas rührt daher, weil diese Kristalle überwiegend als Glasersatz für Marienbilder oder für Reliquienbehälter genutzt wurden. Als der Gipsabbau 1903 eingestellt wurde, wurde die Höhle umgehend touristisch erschlossen und für den Besucherverkehr freigegeben.

Wenige Meter leicht bergauf bis zur Kreuzung ~ in den schmalen Wanderweg Richtung **Tabarz** hinein ~ leicht kurvig bis dieser auf einen breiteren Waldweg trifft ~ links, den Schilderbaum passieren ~ über den Bach und an der Lichtung bis zur Schutzhütte.

2 **1,1 (445)** An der Schutzhütte links auf den Weg mit den beiden Fahrspuren ~ in den Wald hinein ~ an der rot-weißen Schranke vorbei ~ an einer Gabelung links ~ stets bergauf und neben dem plätschernden Bach durch den **Ungeheuren Grund** entlang ~ in sanften Kurven hinauf bis zu einem **Grenzstein** mit der Aufschrift Friedrichforst, dort rechts abbiegen ~ an den Sitzbänken vorbei ~ lang anhaltend bergauf bis zu einer der **Badewasserquellen** ~ wenige Meter hinter der Badewasserquelle an der Spitzkehre scharf nach rechts abbiegen ~ dem **gelben Quadrat** Richtung **Tanzbuche** folgen ~ weiter deutlich

bergauf bis zum **Fünfarmigen Wegweiser**.

3 4,0 (645) An der Schutzhütte scharf links abbiegen ~ zunächst noch leicht bergauf, nach wenigen Metern geht es aber deutlich ebener zu ~ an einer Gabelung befindet sich ein Gedenkstein zum 150. Geburtstag des Wanderers August Trinius ~ dort links vorbei ~ in einem Linksbogen durch den Wald ~ über eine Wiese.

4 5,3 (702) Vor dem Berggasthof Tanzbuche links abbiegen.

Berggasthof Tanzbuche, Auf dem Höhenberg, ✆ 369900, ÖZ: tägl. 14-21.30 Uhr

An der Schranke vorbei in den Forstweg hinein ~ auf diesem ebenen **Burgweg** genannten Wanderweg rechts halten ~ in einer Rechtskurve mit Gefälle an einer Schutzhütte vorbei ~ kurz dahinter in einen schmaleren Waldweg hinein ~ kurvig hinab bis zum Schilderbaum Burgweg/ Landgrafenweg.

5 7,6 (579) Scharf rechts abbiegen ~ weiter hinab ~ hinter einer Linkskurve bis zur Mariaquelle.

Mariaquelle

Nach einer kurzen Rast an der idyllischen Quelle mit Blick auf den weiter unten liegenden Schauenburgteich geht es geradeaus weiter ~ an der nächsten Möglichkeit links abbiegen ~ dem **grünen Punkt** folgen ~ an einer Gabelung links, deutlich bergauf wandern ~ auf dem schmalen Pfad bis zu einer Treppe ~ oberhalb der Treppe befindet sich die Schauenburg

Ruine Schauenburg

Die **Schauenburg**, gegründet von Graf Ludwig dem Bärtigen, kann lediglich auf eine 200-jährige Geschichte zurückblicken. Der Wohnort des Ludowingers wurde mit dem Bau der Wartburg und der nahe gelegenen Burg Tenneberg bedeutungslos und diente nach seinem Tod nur noch für kurze Zeit als Schutzburg des Klosters Reinhardsbrunn. Heute sind von der im 13. Jh. zerstörten Burg nur noch wenige Überreste vorhanden.

Nach dem Genuss der Aussicht links unterhalb der Felsen auf dem schmalen Pfad entlang ~ dabei weiter dem **grünen Punkt** folgen ~ In Serpentinen bis zu einem grünen Sicherungsgeländer ~ dort in einer Spitzkehre steil und geradeaus hinab bis zum Schauenburgteich.

Schauenburgteich

Am Teich über die Holzbrücke ~ links über die Lichtung kann man weiter oben die Mariaquelle erkennen ~ hinter der Brücke rechts ~ auf dem schmalen Pfad bis zum breiteren Waldweg ~ auf dem **Burgweg** geradeaus bis zur **Dodelspromenade**.

6 9,6 (514) Auf der Promenade weiterhin talabwärts ~ an einer Schranke vorbei ~ bis zu den ersten Häusern von Friedrichroda ~ auf dem Asphaltweg links abbiegen ~ weiter bergab ~ an den Häusern entlang ~ über den Herzogsweg bis zur T-Kreuzung.

7 10,3 (454) Hinter der Seniorenstätte am **Kurpark** links abbiegen ~ in der Rechtskurve der Straße jedoch geradeaus in die Straße **Büchig** einkehren ~ auf dem Asphaltweg am Kleingartenverein vorbei ~ bis zum Ende der Sackgasse ~ in den Forstweg hinein ~ in langgestreckten Kurven durch den Wald ~ bis zur **Marienglashöhle** ~ vor der Höhle die Treppen nach rechts hinab ~ auf bekanntem Weg zurück.

1 12,0 (428) Ende der Wanderung am Parkplatz an der Marienglashöhle.

Friedrichroda

s. S. 54

mittel

Tour 41 15,0 km

Talsperre Schönbrunn

Start/Ziel: Schönbrunn, Parkplatz unterhalb der Staumauer in der Gabeler Straße

Anfahrt: Über die Autobahn 73 bei Schleusingen auf die Bundesstraße 4 bis Nahetal-Waldau. Auf der Landstraße über Waldau und Schleusegrund bis Schönbrunn. Im Ort links auf die Gabeler Straße und der Beschilderung zur Talsperre folgen.

Markierung: Allgemeine Richtungswegweiser

Gehzeit: 3 - 3½ Std. **Aufstieg:** 470 m **Abstieg:** 470 m

Hartbelag: 64 % **Wanderwege:** 36 % **Wanderpfade:** 0 %

Charakteristik: Angenehme Wanderung, die zu zahlreichen Aussichtspunkten rund um die Schönbrunner Talsperre führt. Durch die Seitenarme sind einige Höhenmeter zu überwinden.

Blick auf die Talsperre Schönbrunn

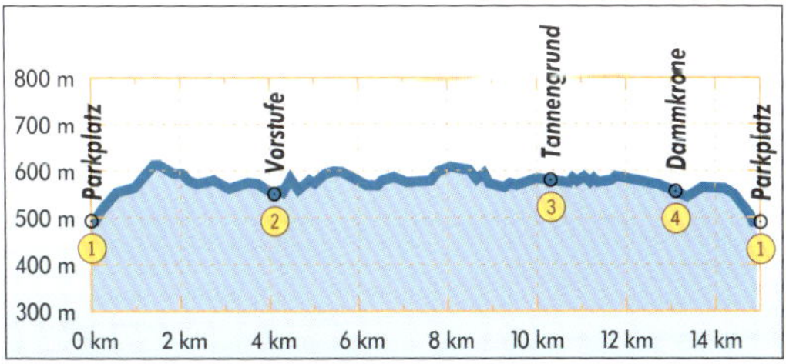

Schleusegrund

1 0,0 (483) Am Parkplatz links in die Sackgasse und die Straße hinauf ~ nach einer Rechtskurve in den Forstweg ~ stetig und steil bergauf bis zu einer Gabelung ~ nach einem ersten Blick auf den Stausee und einer ersten kleinen Pause an dem dort befindlichen **Rastplatz** geht es links weiter bergauf ~ an der rot-weißen Schranke vorbei ~ den Abzweig nach **Frauenwald** passieren ~ in den Forstweg hinein ~ auf dem Asphaltweg bleiben ~ nach dem westlichen Seitenarm des Sees leicht bergab ~ bis zur **Vorstufe**.

2 4,1 (543) Rechts über die Staumauer der Vorstufe hinweg ~ auf der anderen Seite erneut rechts ~ an dem kleinen Gebäude vorbei ~ nach einer Rechtskurve bis zum Ende der Asphaltpiste ~ der Asphaltweg mündet in eine Schotterpiste ~ dieser am Seeufer weiter folgen ~ leicht bergauf bis zu einer Gabelung ~ dort links halten ~ in sanften Kurven und einem steten Auf und Ab durch das dicht bewaldete Ufer ~ nach dem ersten östlichen Arm des Sees und weiteren Aussichtspunkten und Rastplätzen geht es bis **Tannengrund**.

3 10,3 (539) Nach Überquerung des Baches Tanne scharf rechts abbiegen und dem Asphaltweg folgen ~ leicht bergauf ~ an einer Sitzbank vorbei ~ den Abzweig zum Schwefelwanderweg passieren und nach einer Linkskurve bis zum Staudamm.

TIPP: Schon kurz vor dem Staudamm hat man einen guten Ausblick auf den Entnahmeturm, der mittels einer Brücke mit dem Ufer verbunden ist. Er hat eine Höhe von 74 m.

4 13,1 (536) Auf der Dammkrone mit Ausblicken auf die Talseite geradeaus ~ am Ende rechts halten ~ durch das grüne Tor ~ leicht bergauf und in einer Kurve bis zum ersten Aussichtspunkt ~ links abbiegen und auf dem asphaltierten Forstweg hinab ~ nach einer Linkskurve bis zum Parkplatz.

1 15,0 (483) Ende der Wanderung am Parkplatz unterhalb des Staudamms.

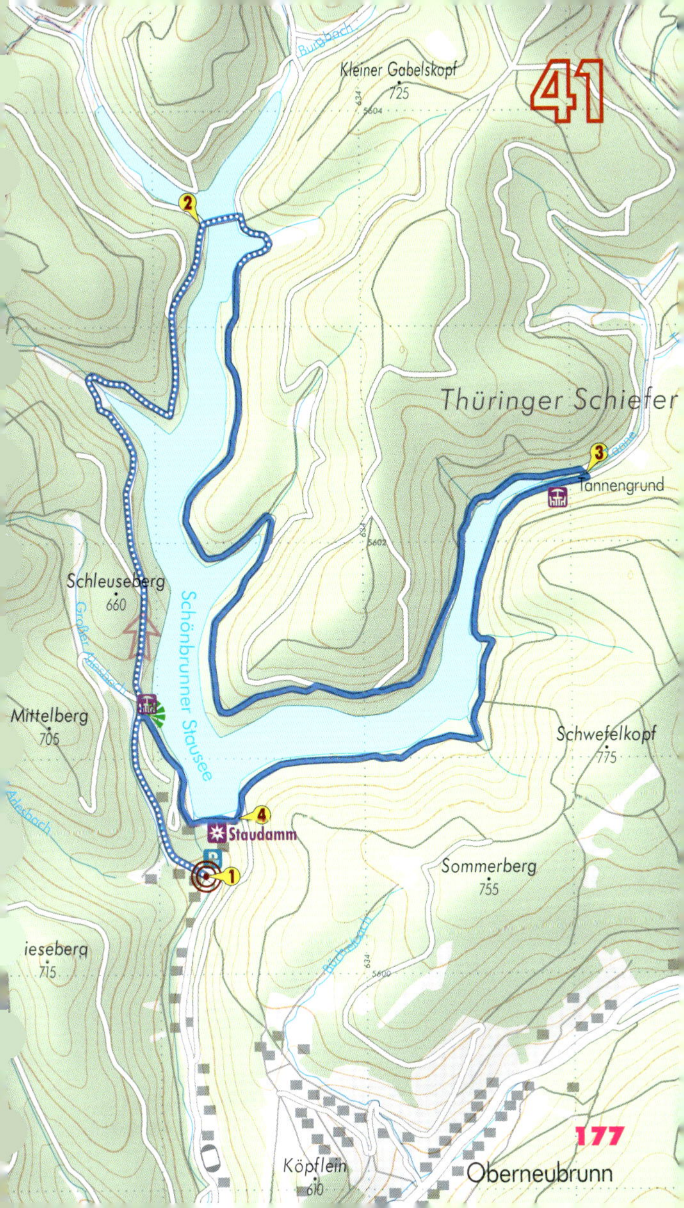
41
Kleiner Gabelskopf
725
Thüringer Schiefer
Tannengrund
Schleuseberg
660
Schönbrunner Stausee
Mittelberg
705
Staudamm
Schwefelkopf
775
Sommerberg
755
ieseberg
715
Köpflein
610
Oberneubrunn

Schleusegrund

PLZ: 98667; Vorwahl: 036874

Touristinformation Schleusegrund, Neustädter Str. 20, 98667 Schönbrunn, ✆ 38255

Gewürzmuseum, Neustädter Str. 20, 98667 Schönbrunn, ✆ 38255, ÖZ: Mo 9-12 Uhr, Di-Fr 9-12 Uhr und 13-16 Uhr, Sa 9-12 Uhr, So 13-16 Uhr. In einer kleinen Ausstellung wird über die Geschichte der Gewürze informiert, anschließend können im Gewürzwerk verschiedene Gewürze erworben werden.

Schönbrunn bildet zusammen mit Steinbach, Langenbach, Biberau, Gießübel und weiteren kleineren Weilern die Gemeinde Schleusegrund, wobei Schönbrunn als zentraler Punkt gilt und dort auch die Gemeinde ihren Sitz hat. Seit dem Jahr 2001 darf sich Schleusegrund als „Staatlich anerkannter Erholungsort" bezeichnen.

Die Talsperre Schönbrunn besteht seit 1977 und dient der Trinkwasserversorgung, weshalb Wassersport auf dem Gewässer nicht erlaubt ist. Der über 60 Meter hohe aufgeschüttete Staudamm kann bis zu 23 Millionen Kubikmeter Wasser stauen. Gespeist wird der See überwiegend vom 34 Kilometer langen Fluss Schleuse, der später in die Werra mündet. Aber auch die Bäche Tanne, Gabel und Trenkbach fließen in den See.

Entnahmeturm im Schönbrunner Stausee

Tour 42 8,6 km

Bertholdsburg

Start/Ziel: Nahetal-Waldau, Ortsteil Hinternah, Parkplatz und Wohnmobilstellplatz an der Ilmenauer Straße

Anfahrt: Die Autobahn 73 in Schleusingen verlassen und auf der Bundesstraße 4 bis Hinternah. Der Parkplatz befindet sich auf der rechten Seite am Brandsköppshaus.

Markierung: keine

Gehzeit: 2½ - 3 Std. **Aufstieg:** 210 m **Abstieg:** 210 m

Hartbelag: 79 % **Wanderwege:** 21 % **Wanderpfade:** 0 %

Charakteristik: Wanderung mit kaum spürbaren Steigungen und dem Besuch der Schleusinger Bertholdsburg als kulturellen Höhepunkt.

Nahetal-Waldau/OT Hinternah

PLZ: 98553; Vorwahl: 036841

Fremdenverkehrsamt Schleusingerneundorf, Neue Hauptstr. 123, 98553 Nahetal-Waldau, ✆ 47721

Dorfkirche aus dem Jahr 1614 mit zahlreichen Schnitzarbeiten im Inneren.

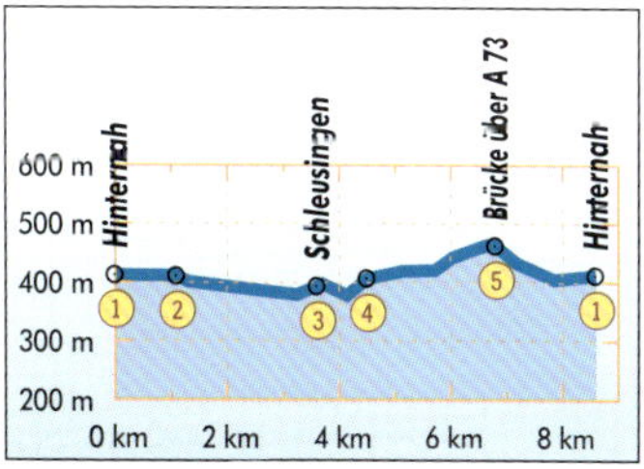

Brandtsköppshaus. Das Hinternaher Brandtsköppshaus wurde 1607 im Fachwerkstil errichtet und in den Jahren 2005 bis 2007 umfangreich restauriert. 2010 erhielt Hinternah für das malerische Gebäude, in dem sich ein Kulturzentrum befindet, den Thüringer Denkmalpreis.

1 **0,0 (418)** Auf dem Parkplatz am **Brandtsköppshaus** vorbei und nach links ~ auf dem Bürgersteig neben der Bundesstraße westwärts gehen ~ den Bach Nahe überqueren – an der folgenden Einmündung links die Treppe mit dem roten Geländer hinab.

Wassergraben. Auf einer Länge von 4 km verbindet der hiesige Wassergraben die Ortschaften Schleusingen und Hinternah. Angelegt wurde er 1353 von Mönchen des Klosters Veßra.

Turm von Schloss Bertholdsburg

Auf dem schmalen Pfad neben dem Graben entlang ~ eben weiter zwischen Graben und Bahngleis ~ bis zur Asphaltpiste. **2** **1,1 (408)** Links abbiegen ~ über das Bahngleis hinweg ~ rechts halten und auf der Asphaltstrecke bleiben ~ die **Autobahnbrücke** unterqueren ~ durch den folgenden Tunnel der Bundesstraße 4 ebenfalls hindurch ~ am Hundesportplatz vorbei ~ am **Schwimmbad** von Schleusingen vorbei ~ an der Gabelung den linken Weg namens **Häfnersberg** benutzen ~ von links erscheint nun die Nahe, neben dem plätschernden Bach weiter ~ durch die Wohnsiedlung ~ bis zur Hauptstraße ~ geradeaus weiter ~ hinter dem Fachwerkhaus am Ende der Straße rechts ~ die Treppen hinauf und über die Straße bis zum Schloss Bertholdsburg.

Schleusingen

PLZ: 98553; Vorwahl: 036841

i Touristinformation Schleusingen, Markt 6, ✆ 31561, www.schleusingen.de

Naturhistorisches Museum, Burgstr. 6, ✆ 5310, ÖZ: Di-Fr 9-17 Uhr, Sa-So 10-18 Uhr. Naturkundliche Ausstellung mit über 100.000 Exponaten innerhalb der Burgmauern.

6 **Schloss Bertholdsburg** und Schleusingen. Das vierflügelige Schloss umfasst ebenso viele Türme und einen Innenhof sowie einen Schlossgarten auf der Westseite der Anlage. Die Burg wurde in der ersten Hälfte des 13. Jh. errichtet. Das Schloss wurde im Laufe der Zeit von größeren Schäden verschont, selbst zwei Brände im 17. und im 18. Jhs. konnten rechtzeitig gelöscht werden. So ist das Schloss bis heute sehr gut erhalten. Seit 1988 beherbergt es das Naturhistorische Museum, welches zu den modernsten in Thüringen zählt. Lohnenswert ist zudem die Besteigung des Hauptturmes, welcher in 38 m Höhe eine schöne Aussicht auf Schleusingen bereit hält. Gleich neben dem Schloss befindet sich die Stadtkirche.

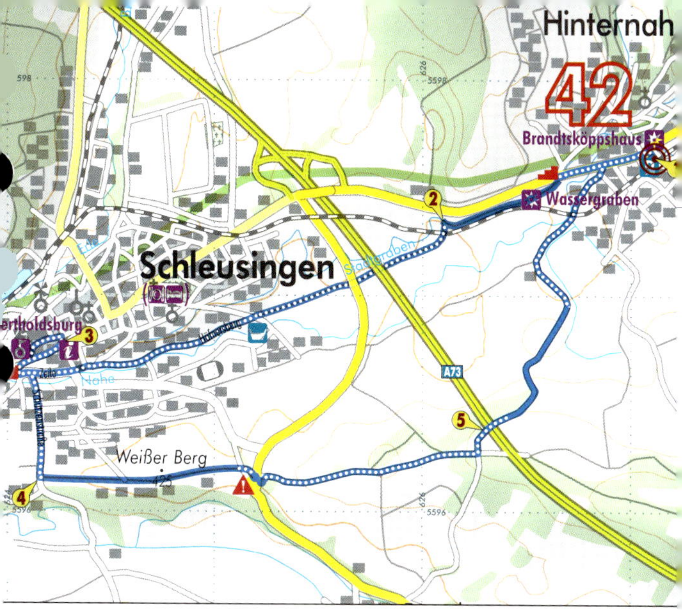

Schleusingens Geschichte begann mit dem Bau des Schlosses Bertholdsburg. Der Markplatz wird von hübschen Bürgerhäusern sowie dem Rathaus umrahmt, während der zentral gelegene Brunnen mit seinen Skulpturen zum Verweilen einlädt. Schleusingen liegt im Tal des 18 Kilometer langen Flusses Nahe, nicht zu Verwechseln mit der Nahe, die in den Rhein mündet.

Vor der Burg an der Stadtkirche vorbei ~ durch die **Kirchstraße** bis zum Marktplatz.

3 **3,6 (398)** Links neben dem Rathaus in die **Klosterstraße** ~ diese hinab und über die Treppe zur Straße namens **Zeile** ~ links und die nächste Möglichkeit wieder rechts, dabei der Beschilderung zum **Gelsenhöhn** folgen ~ über die Nahe und auf der Asphaltpiste deutlich bergauf.

4 **4,5 (410)** An der Weggabelung auf der Kuppe nach links abbiegen ~ oberhalb von Schleusingen zwischen den Feldern entlang ~ bis zum Ende des Weges gehen.

ACHTUNG Leider hat die Stadt Schleusingen es beim Ausbau der neuen Bundesstraße 4 versäumt, an die Wanderer zu denken. Auf den im Ort angebrachten Stadtplänen ist an dieser Stelle noch ein Wander-

Historisches Brandsköppshaus

weg eingezeichnet, doch wird es dem Wanderer an dieser Stelle etwas schwer gemacht.

Die Wanderung geht an dieser Stelle leider weiter geradeaus, d. h. den Hang durch die Engstelle hinab bis zum quer verlaufenden Weg, der ehemaligen Landstraße ~ auf der gegenüber liegenden Seite auf dem breiteren Pfad wieder hinauf ~ ⚠ die Bundesstraße 4 überqueren ~ auf der anderen Straßenseite links ~ bis zur asphaltierten Einmündung ~ auf asphaltiertem Weg geradeaus ~ dabei bergauf gehen ~ an einem Häuschen vorbei ~ bis zur Autobahnbrücke.

5 6,8 (459) Auf der Brücke geht es über die Autobahn hinweg ~ fortan auf der Schotterpiste leicht talabwärts ~ nach einer Linkskurve bis zur erneuten Asphaltpiste ~ in weiten Kurven auf der Asphaltstrecke in Richtung Hinternah ~ über die Bahngleise ~ an den Wohnhäusern bis zur T-Mündung der Bundesstraße ~ rechts abbiegen auf den Bürgersteig neben der Bundesstraße ~ an der Bank vorbei ~ vor dem Brandtsköppshaus rechts abbiegen.

1 8,6 (418) Ende der Wanderung auf dem Parkplatz am Brandtsköppshaus.

Nahetal-Waldau/OT Hinternah

leicht

Tour 43 — 8,6 km

Rund um Frauenwald

Start/Ziel: Frauenwald, Nordstr. 96, Parkplatz an der Touristinformation

Anfahrt: Die Bundesstraße 4 zwischen Schmiedefeld am Rennsteig und Stützerbach verlassen und der Beschilderung nach Frauenwald folgen. Beim markanten Monument in den Ort hinein und schon nach wenigen Metern einen der Parkplätze am Seitenrand aufsuchen.

Markierung: Allgemeine Richtungswegweiser

Gehzeit: 2½ Std. **Aufstieg:** 230 m **Abstieg:** 230 m

Hartbelag: 37 % **Wanderwege:** 54 % **Wanderpfade:** 9 %

Charakteristik: Einfache Waldwanderung mit einem Spaziergang durch den staatlich anerkannten Erholungsort Frauenwald und einem abschließenden Besuch im Bunkermuseum.

Frauenwald

PLZ: 98711; Vorwahl: 036782

Touristinformation, Nordstr. 96, ✆ 61925, gleichzeitig auch Informations- und Bildungszentrum des Biosphärenreservates Vessertal

Frauenwalder Bauernstube, Südstr. 10, ✆ 61256, ÖZ: Mo-Fr 8-17 Uhr, So 10-14 Uhr

Gasthaus Waldfrieden, Nordstr. 71, ✆ 61467, ÖZ: Fr-Mi 8-23 Uhr

Bunkermuseum, Am Rothenberg 1, Bunkeranlage nördlich von Frauenwald, ✆ 62200, ÖZ: April-Sept. tägl. 10-17 Uhr, jedoch nur bei einer der stündlichen Führungen

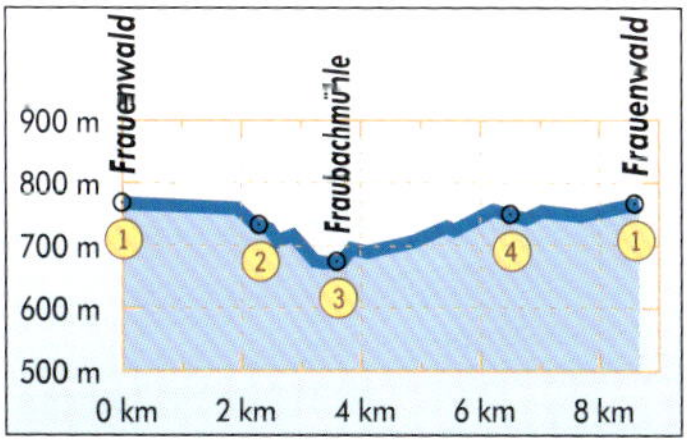

Das langgestreckte Frauenwald liegt auf einem Bergrücken, weshalb es fast nur aus der Hauptstraße mit einigen kurzen Seitenstraßen besteht. Entstanden ist die Ortschaft dadurch, dass auf eben diesem Höhenrücken die Verbin-

dungsstraße Erfurt-Würzburg verlief und dort eine Kapelle errichtet wurde. Heute lebt die Ortschaft vom Tourismus, auf Grund der Lage von über 700 Metern über dem Meeresspiegel wird hier überwiegend Wintersport betrieben.

1 **0,0 (828)** Vom Parkplatz an der Touristeninformation vorbei ~ leicht aufwärts Richtung **Waldbad** ~ vor dem **Monument des röhrenden Hirsches** an der Haltestelle links abbiegen ~ auf dem asphaltierten Weg durch den Wald ~ am Sportplatz vorbei ~ den Asphaltweg geradeaus verlassen ~ am Waldrand entlang in den Forstweg hinein ~ die Pferdekoppel und den anschließenden Sendemast passieren ~ auf dem kurvigen Schotterweg bis zu einer größeren Kreuzung im Wald.

2 **2,3 (722)** Links abbiegen ~ am Rastplatz rechts den Hang leicht hinab ~ auf dem ausgetretenen Pfad bis zum Bach ~ den Bach überqueren.

VARIANTE Nach starken Regenfällen kann es passieren, dass die Überquerung nicht möglich ist. Dann einfach links hinauf gehen und nach rund 100 m die Brücke benutzen, anschließend an der Kreuzung rechts halten.

Auf dem schmalen Pfad hinab ~ am Schotterparkplatz nach rechts schwenken ~ auf dem Asphaltweg am Waldcafé vorbei.

Waldcafé Fraubachmühle, Fraubachmühle 1, ✆ 036782/61431, ÖZ: tägl. ab 13 Uhr

3 **3,6 (663)** An der Gabelung die asphaltierte Straße nach links hinauf verlassen ~ an dem **Pferderastplatz** vorbei ~ in einer Rechtskurve den **Märchenbrunnen** passieren ~ auf dem **Herz- und Nervenweg** in der Bergflanke durch den Wald ~ die Schutzhütte passieren ~ leicht bergauf bis zu einer T-Kreuzung vor einer kleinen Kuppe ~ links abbiegen und bis zur Straße.

4 **6,5 (758)** An der Straße links halten ~ rechts in den Schotterweg, der sich in der Rechtskurve befindet ~ sofort den ersten Abzweig nach links benutzen ~ mit Blick auf Frauenwald auf den Ort zugehen.

Wanderungen im Thüringer Wald halten gesund.

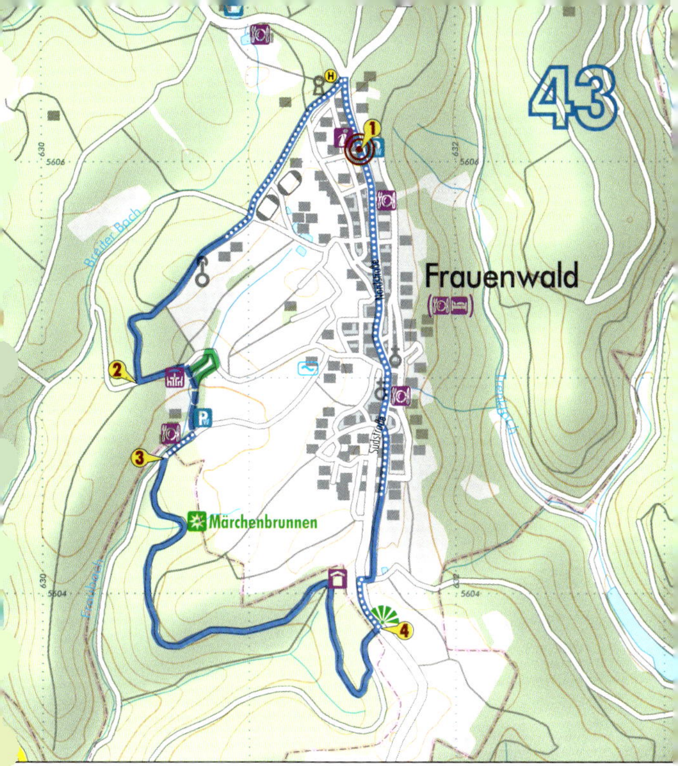

Frauenwald

Am Ortseingang von Frauenwald sieht man deutlich das ehemalige Erholungsheim der Nationalen Volksarmee. Es handelt sich um das mittlerweile leer stehende Gebäude in Form einer Sprungschanze. An dieser Stelle befindet sich der höchste Punkt von Frauenwald, der Große Riesenhaupt. Er ist zugleich der nördlichste Gipfel des Kalten Staudenkopfes. Dieser wiederum ist ein 8 Kilometer langer Bergrücken, der sich bis Waldau zieht.

An den schiefergedeckten Häusern vorbei ~ an der **Südstraße** rechts ~ die Kirche passieren ~ im langgestreckten Ort immer geradeaus.

1 **8,6 (828)** Ende der Wanderung am Parkplatz bei der Touristeninformation.

Frauenwald

Tour 44 — 10,8 km

Pumpspeicherwerk Goldisthal

Start/Ziel: Parkplatz unterhalb der Staumauer des Unterbeckens in Goldisthal

Anfahrt: Die Bundesstraße 281 zwischen Sachsenbrunn und Neuhaus am Rennweg in Limbach verlassen und der Ausschilderung zum Unterbecken bei Goldisthal folgen.

Markierung: allgemeine Richtungswegweiser, Turbine als Symbol

Gehzeit: 3½ - 4 Std. **Aufstieg:** 520 m **Abstieg:** 520 m

Hartbelag: 1 % **Wanderwege:** 27 % **Wanderpfade:** 72 %

Charakteristik: Sehr interessante und landschaftlich schöne Tour rund um das Unterbecken des Pumpspeicherwerks Goldisthal, die überwiegend auf schmalen Pfaden verläuft und einige Steigungen beinhaltet.

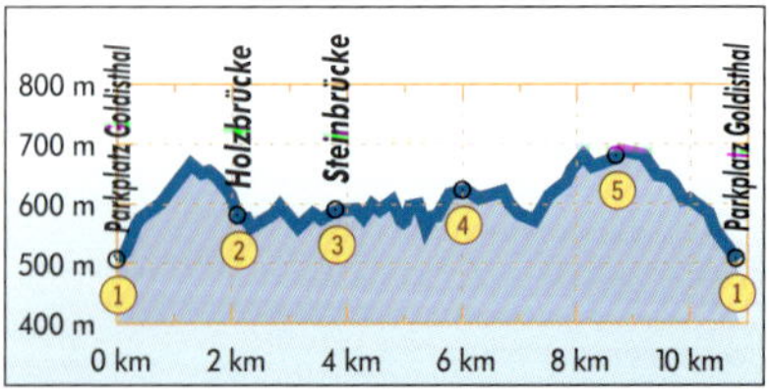

Parkplatz Goldisthal

1 0,0 (517) Am Parkplatz der Beschilderung des Rundweges nach links folgen ~ dabei auf dem Schotterweg stark bergauf ~ in den Wald hinein ~ weiterhin bergauf ~ bis zur Baustellenstraße ~ die Straße überqueren ~ auf dem schmalen Pfad wieder in den Wald hinein ~ bergauf durch eine Spitzkehre wandern ~ bis zum **Rastplatz** Goldberg, von wo aus man einen ersten prächtigen Blick auf das Unterbecken und auf den Staudamm hat ~ auf dem schmalen Weg durch den Hang ~ die Hoch-

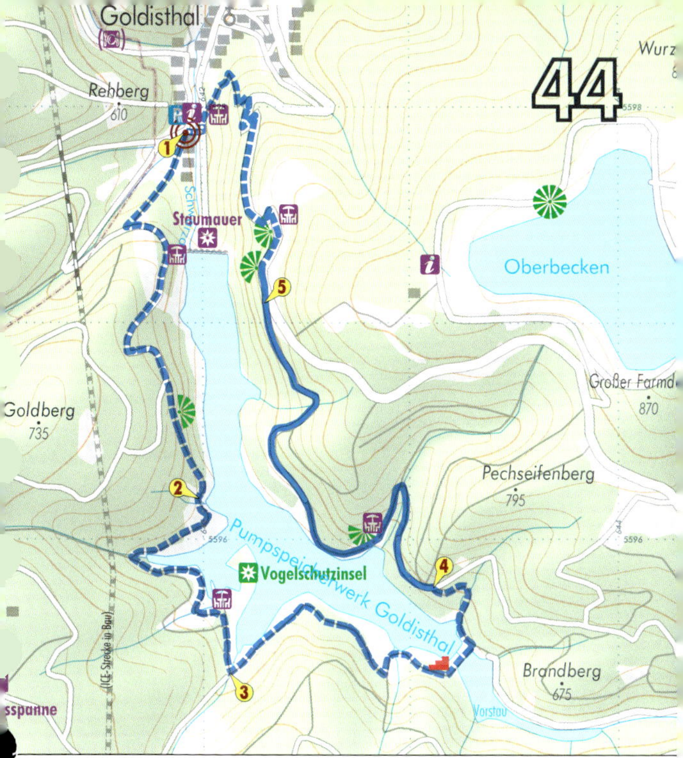

spannungsleitung unterqueren ~ bis zur **Metalltreppe** ~ die Baustellenstraße erneut überqueren und nun unterhalb der Fahrstraße durch den Wald ~ die Aussicht genießend bergab bis zu einer kleinen Holzbrücke.

Liebevoll geschnitzte Rastplätze laden zum Verweilen ein

Fast wie am Meer: Das gefüllte Oberbecken bei Goldisthal

2 2,1 (587) Über die Brücke, weiter auf dem Pfad ~ in einem weiten Bogen um einen der Ausläufer des Sees herum ~ vor der ICE-Brücke, die zwischen zwei Tunneln errichtet wurde, links über den Holzsteg ~ unterhalb der Straße mit Blick auf den See weiter ~ nach einer weiteren Brücke die Treppe hinauf bis zur Baustellenstraße ~ links halten und sofort wieder links in den Wald hinein ~ am Rastplatz vorbei und die Treppe hinab ~ neben dem laut rauschenden Bach bis zur **Steinbrücke**.

Von hier aus ist die **Vogelschutzinsel** im See gut erkennbar. Je nachdem, wie hoch gerade der Wasserspiegel ist, liegt die Insel sogar fast trocken und könnte betreten werden. Dies ist jedoch aus verständlichen Gründen streng verboten, da sich der Wasserspiegel binnen Minuten deutlich ändern kann. Ebenfalls gut zu erkennen ist auf der anderen Seeseite das Oberbecken, welches sich durch seinen Grasbewuchs mittlerweile gut in die Landschaft eingepasst hat. Lediglich durch die obere flache Abkantung ist das Becken erkennbar.

3 3,8 (578) An der Steinbrücke links und den Weg hinauf ~ über eine weitere Holzbrücke hinweg ~ am Geländer leicht bergab ~ auf dem schmalen Pfad durch den Hang bis zu einer steilen Treppe ~ links die Stufen hinab ~ über den **Vorstau** hinweg und links hinter dem Geländer wieder in den Wald hinein ~ auf dem wurzeligen Weg erneut über Treppen und Stege entlang bis zu einem breiteren Waldweg.

4 6,0 (618) Links halten ~ in einem weiten Bogen um den plätschernden Pechseifenbach herum ~ bis zum Rastplatz ~ nach einer kurzen Pause am **Rastplatz Pechseifenbach** mit Blick auf das Unterbecken an der rot-weißen Schranke vorbei ~ auf dem breiten Weg im Hang steil bergauf ~ bis zur Landstraße.

5 8,7 (686) Die Landstraße überqueren ~ auf der anderen Seite links den Pfad hinauf ~ neben dem Geländer bis zum Wanderweg Goldpfad und dem dortigen Aussichtspunkt.

AUSFLUG Hier besteht die Möglichkeit zum Oberbecken zu gelangen – dafür der Beschilderung nach rechts weiter hinauf folgen.

Wanderer, die das Oberbecken lieber im Anschluss an diese Tour besichtigen wollen, halten sich geradeaus ~ von nun an geht es nur noch talabwärts ~ am idyllischen Rastplatz Schwarzatalblick vorbei ~ durch zwei Serpentinen an einem weiteren **Aussichtspunkt** mit Blick auf den Staudamm vorbei ~ bergab bis zur Straße ~ rechts halten ~ wenige Meter neben der Landstraße wandern ~ über den Steg und den schmalen Pfad ~ kurz darauf die Landstraße überqueren ~ hinter der Leitplanke links hinab ~ über die Stufen in den Wald hinein ~ deutlich hinab und links halten ~ an einer Sitzbank vorbei bis zur Straße in Goldisthal ~ links abbiegen ~ neben der Schwarza entlang ~ bis zur Haltstelle und links abbiegen ~ über die Brücke und das Informationszentrum der Deutschen Bahn passieren.

1 10,8 (517) Ende der Wanderung am Parkplatz.

Parkplatz Goldisthal

Blick vom Vorstau auf das Unterbecken

Goldisthal

PLZ: 98746; Vorwahl: 036781

- **Deutsche Bahn Informationszentrum,** Goldberg 1, ✆ 253085, ÖZ: Mi-So 12-19 Uhr
- **Infozentrum des Pumpspeicherwerks,** Oberbecken, ✆ April-Sept. tägl. 9-18 Uhr

Die kleine Ortschaft Goldisthal befindet sich im Schwarzatal und ist eine Sackgasse. Am südlichen Ende der Ortschaft verhindert der Staudamm des Unterbeckens die Weiterfahrt. Geprägt wird Goldisthal vom Pumpspeicherwerk, welches aus einem Oberbecken und einem Unterbecken besteht. Das Oberbecken befindet sich auf dem Hausberg von Goldisthal, dem Farmdenkopf und wurde im Jahr 2003 in Betrieb genommen. Es hat die Form eines dreiblättrigen Kleeblattes und einen Umfang von 3,4 Kilometern. Das Becken kann zu Fuß zwar nicht umrundet werden, doch nach oder während einer Wanderung rund um das Unterbecken lohnt sich die Besichtigung des Oberbeckens allemal. Beide Becken sind mittels unterirdischer Druckwasserstollen miteinander verbunden, in denen sich vier Pumpturbinen befinden. Unter Volllast können diese Turbinen ganz Thüringen acht Stunden lang mit Energie versorgen. Dabei hebt und senkt sich in beiden Becken der Wasserspiegel innerhalb kürzester Zeit um mehrere Meter, weshalb im Unterbecken kein Wassersport betrieben werden darf.

Zudem wird Goldisthal von den Bauarbeiten zur ICE-Strecke zwischen Nürnberg und Erfurt geprägt. Direkt neben dem Parkplatz unterhalb der Staumauer hat die Deutsche Bahn ein Informationszentrum eingerichtet, welches über die Baumaßnahme entlang des Schwarzatals unterrichtet. Da die Bahnstrecke voraussichtlich erst im Jahr 2017 fertiggestellt sein wird, ist bis dahin auf der Westseite des Stausees noch mit Baustellenverkehr zu rechnen. Warnschilder weisen jedoch während der Wanderung auf diesen Umstand hin.

leicht

Tour 45 5,9 km

Mit Paul und Paula zur Schwarzaquelle

Start/Ziel: Steinheid-Limbach, Parkplatz und Wohnmobilstellplatz an der Touristeninformation

Anfahrt: Auf der Bundesstraße 281 Richtung Sigmundsburg. Die Touristeninformation und der große Schotterparkplatz erscheinen in einer weiten Linkskurve auf der rechten Seite.

Markierung: keine

Gehzeit: 2 - 2½ Std. **Aufstieg:** 200 m **Abstieg:** 200 m

Hartbelag: 7 % **Wanderwege:** 78 % **Wanderpfade:** 15 %

Charakteristik: Einfache Wanderung, besonders durch die einzelnen Stationen des Wissens- und Spielewanderweges ideal für Kinder. Hierfür ist in der Touristeninformation ein Rucksack mit verschiedenen Gegenständen erhältlich, die von den Kindern auf den Stationen genutzt werden können. Bei der Rückgabe erhalten die Kleinen eine Urkunde.

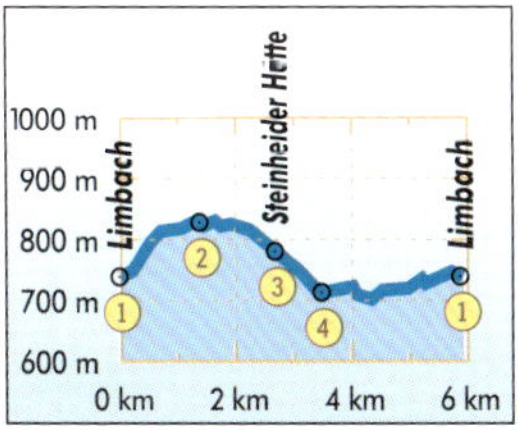

Steinheid/OT Limbach

PLZ: 98749; Vorwahl: 036704

Touristinformation im Haus des Gastes, Scheibener Str. 2, ✆ 80500

Limbach ist noch ein sehr junger Ort, der erst im Jahr 1731 gegründet wurde und über eine Porzellanmanufaktur verfügte. Von dieser ist heute jedoch nichts mehr vorhanden. Mittlerweile ist das kleine Limbach ein Ortsteil des rund einen Kilometer entfernt liegenden Steinheid.

1 **0,0 (733)** Vom Parkplatz an der Touristeninformation in Richtung Skilift gehen ~ links zum Waldrand ~ an der Wegekreuzung rechts hinauf wandern ~ an der Greinergruft vorbei weiter hinauf.

Thüringische Holzschnitzereien

❖ **Greinergruft**. Die neogotische Gruft bzw. Kapelle wurde von den Erben des Ortsgründers aus Dankbarkeit errichtet.

Auf dem wurzeligen **Rennsteig** entlang ~ den Abzweig zum Märchen- und Sagenpfad passieren ~ geradeaus bis zum Sportplatz ~ links halten.

2 1,4 (831) Auf dem Asphaltweg weiter durch den Wald ~ stets hinauf und an der **Schutzhütte** vorbei ~ dem sandigen Pfad durch den Wald folgen ~ an mehreren Stationen des Wissens- und Spielewanderweges Pause einlegen ~ durch den Hohlweg.

3 2,7 (782) In mehreren engen Kurven bis zur Steinheider Hütte.

Steinheider Hütte

Vor der Hütte links halten und der Beschilderung zur **Schwarzaquelle** folgen ~ dabei auf den Schotterweg leicht hinab gehen ~ nach wenigen Metern links auf den schmalen Grasweg abbiegen ~ auf dem wurzeligen Pfad hinab bis zur Schwarzaquelle.

❖ Die **Schwarzaquelle** wurde 1855 eingefasst und gilt als die tiefste Spaltenquelle des Kontinents. Dabei steigt das Wasser sowohl im Winter als auch im Sommer mit einer konstanten Temperatur von 6° C empor. Die Schwarza durchfließt zunächst das Unterbecken des Pumpspeicherwerks Goldisthal (s. Tour 44) und später die Talsperre Leibis-Lichte, bevor sie nach 53 km in die Saale mündet.

Nach einer Pause im ruhigen Wald an der Quelle dem Bachlauf folgen ~ dabei talabwärts über den Wurzelpfad wandern ~ bis zum breiteren Waldweg, der

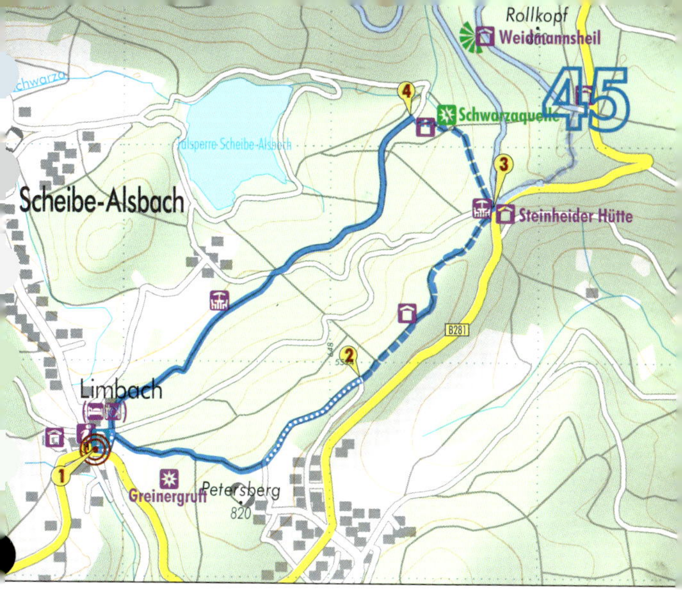

als **Panoramaweg Schwarzatal** ausgeschildert ist.

4 3,5 (705) Links abbiegen ~ dem breiten Fahrweg folgen ~ in weiten Kurven durch den ebenen Wald ~ an dem kleinen Häuschen der Wasserwirtschaft vorbei ~ nach einem Rastplatz weiter am Waldrand entlang ~ zurück bis Limbach.

1 5,9 (733) Ende der Wanderung am Parkplatz der Touristeninformation.

Steinheid/OT Limbach

mittel

Tour 46 14,7 km

Neuhaus am Rennweg

Start/Ziel: Neuhaus am Rennweg, Marktplatz

Anfahrt: Neuhaus liegt an der Bundesstraße 281, direkt auf der Hälfte zwischen Saalfeld und Eisfeld. Der Marktplatz befindet sich im Zentrum, nur wenige Meter von der B281 entfernt.

Markierung: allgemeine Richtungswegweiser

Gehzeit: 2½ - 3 Std. **Aufstieg:** 300 m **Abstieg:** 300 m

Hartbelag: 13 % **Wanderwege:** 87 % **Wanderpfade:** 0 %

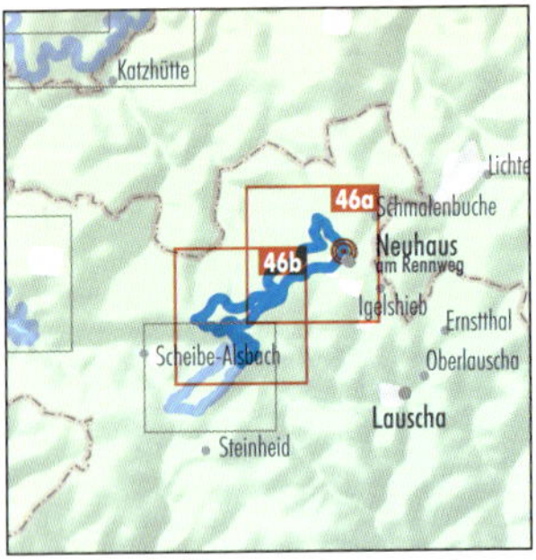

Charakteristik: Angenehme Waldwanderung auf überwiegend ebenen Wegen mit Berührung des Rennsteigs und einigen Ausblicken auf den südlichen Thüringer Wald.

Neuhaus am Rennweg

PLZ: 98724; Vorwahl: 03679

- **Touristinformation**, Marktstr. 3, ✆ 722061
- Eine der größten **Holzkirchen** des Thüringer Waldes befindet sich in Neuhaus am Rennweg. Sie ist komplett schiefergedeckt und stammt aus dem Jahr 1892.
- **Museum Geißlerhaus**, Sonneberger Str. 106, ✆ 723143, ÖZ: Di-Sa 10-16 Uhr, So 14-16 Uhr. Das Museum wurde nach dem Begründer der modernen wissenschaftlichen Glasinstrumententechnik, Dr. Heinrich Geißler, benannt. Zahlreiche geblasene Glasunikate sind im Museum zu sehen.

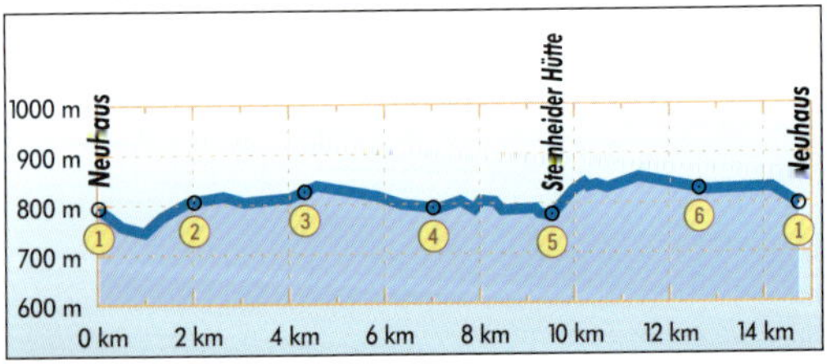

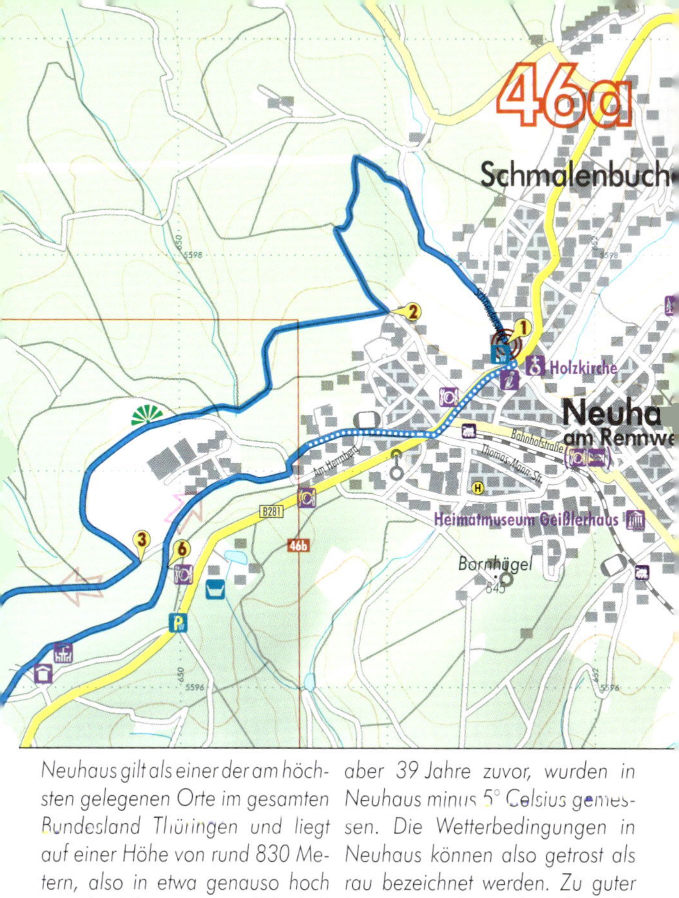

Neuhaus gilt als einer der am höchsten gelegenen Orte im gesamten Bundesland Thüringen und liegt auf einer Höhe von rund 830 Metern, also in etwa genauso hoch wie der Wintersportort Oberhof. Bekannt geworden ist die Ortschaft durch einen Rekord im Dauernebel. Vom 7. Mai bis zum 17. Mai 1996 herrschte durchgehend Nebel in Neuhaus, was bisher keine andere Ortschaft in Deutschland erreicht hat. Ebenfalls im Mai, aber 39 Jahre zuvor, wurden in Neuhaus minus 5° Celsius gemessen. Die Wetterbedingungen in Neuhaus können also getrost als rau bezeichnet werden. Zu guter Letzt sei noch erwähnt, dass der Rennsteig im Bereich der Ortschaft auch als Rennweg bezeichnet wird, denn Steigungen sind hier in dieser Höhe kaum noch zu überwinden.

1 0,0 (792) Am **Schneidersweg** zunächst leicht bergab ~ auf der Allee an der Kleingartenan-

Lichtspiele im Thüringer Wald

lage vorbei ~ in den Wald bis zum **Wulstteich** ~ links halten und stetig bergauf ~ nach einer scharfen Linkskurve weiter bergauf bis zum Waldrand.

2 2,0 (803) Den Wald nicht verlassen, sondern vor der Klinik scharf rechts abbiegen ~ die Kreuzung überqueren ~ nach einer langgezogenen Rechtskurve den Wald verlassen und weiter geradeaus ~ dabei kann nach rechts ein schöner Ausblick genossen werden ~ an einer Gabelung den rechten Weg benutzen.

3 4,3 (823) An der nächsten Möglichkeit rechts abbiegen und auf dem breiten Forstweg weiter bergan ~ auf dem kurvigen Weg bis zum Abzweig zur **Steinheider Hütte** nach links.

4 7,0 (792) Wieder in den Wald hinein ~ am Hang entlang ~ den Schwarzatal-Panoramaweg kreuzen.

5 9,5 (778) Weiter zur Steinheider Hütte.

Steinheider Hütte

ANSCHLUSS An der Steinheider Hütte, auch als Rastplatz Sandwieschen bekannt, hat man eine Kombinationsmöglichkeit mit Tour 45.

Ohne Abstecher zur Schwarzaquelle bzw. nach Limbach geht es scharf links ~ für wenige Meter parallel zur Landstraße ~ wieder in den Wald hinein und leicht bergauf ~ an einem Rastplatz auf der linken Seite eröffnen sich weite Blicke bis nach Scheibe-Alsbach und auf den kleinen Stausee.

6 12,6 (832) Weiter bis zum Abzweig zur Rennsteigbaude und an dieser vorbei.

Rennsteigbaude, Bernhardsthal 2, 03679/722078, ÖZ: Di-Fr 11-20 Uhr, Sa 11-21 Uhr, So 11-20 Uhr

Rechts auf den breiten Waldweg ~ am Waldrand entlang ~ die Straße überqueren ~ auf der anderen Straßenseite an der Gabelung rechts halten ~ am **Sportplatz** vorbei ~ bis zur Bundesstraße ~ links halten und geradeaus bis zur Touristeninformation ~ rechts zum **Marktplatz**.

1 14,7 (792) Ende der Wanderung am Marktplatz in Neuhaus am Rennweg.

Neuhaus am Rennweg

mittel

Tour 47 — 8,4 km

Gießübler Schweiz

Start/Ziel: Gießübel, Parkplatz am Kulturhaus

Anfahrt: Ab Nahetal-Waldau auf die Landstraße Richtung Masserberg. Im Ort Gießübel rechts auf die Masserberger Straße. Der Parkplatz vom Kulturhaus erscheint nach wenigen Metern auf der linken Seite.

Markierung: grüner Schrägstrich, allgemeine Richtungswegweiser

Gehzeit: 3 Std. **Aufstieg:** 420 m **Abstieg:** 420 m

Hartbelag: 19 % **Wanderwege:** 44 % **Wanderpfade:** 37 %

Charakteristik: Ruhige Wanderung auf einem gut ausgeschilderten und interessanten Naturlehrpfad mit mehreren markanten Felsformationen.

Gießübel

PLZ: 98667; Vorwahl: 036874

Wie bereits Schönbrunn (Route 41) ist auch das kleine Dorf Gießübel Ortsteil von Schleusegrund. Der kleine Ort wurde bereits im Jahr 1317 zum ersten Mal schriftlich erwähnt. Hauptattraktion in Gießübel ist die „Gießübler Schweiz" genannte Naturlandschaft rund um das Dorf. Sie besteht aus mehreren aus Konglomeraten bestehenden Gesteinsformationen. Der bekannteste und zugleich markanteste Felsen, das Nadelöhr, wurde sogar in das Wappen der Gemeinde aufgenommen.

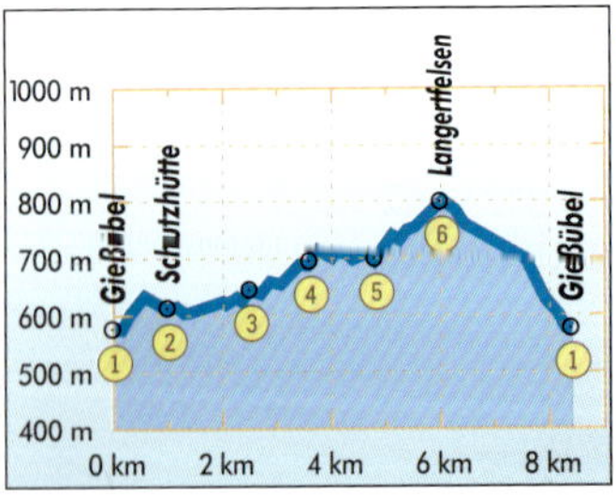

1 0,0 (564) Am Kulturhaus den Parkplatz verlassen auf der Straße nach links und ein kurzes Stück bergauf vor dem Ortsausgang rechts in die **Löffelbergstraße** den steilen Weg bergauf und vor dem schiefergedeckten

Das Nadelöhr im Winter

Haus links halten ~ auf dem Privatweg (Durchgang erlaubt) stetig und steil bergan ~ bis zum Rastplatz an der Kreuzung ~ rechts abbiegen ~ durch die Ferienhaussiedlung hindurch ~ über den Parkplatz und am Ende rechts ~ sofort links und am frei stehenden Haus links auf den Feldweg ~ geradeaus auf den überdachten Rastplatz zugehen.

Löffelberg

AUSSICHT Von diesem Aussichtspunkt hat man eine wunderbare Sicht, aber auch das einzige Panorama auf den Ort Gießübel, welches zwischen den sanften Hügeln eingebettet ist.

2 1,0 (621) Vor dem Rastplatz scharf links abbiegen ~ dem Naturlehrpfad mit seinen zahlreichen Informationstafeln folgen ~ leicht bergauf und dabei in den Wald hinein ~ am Hang entlang und mehrere Sitzbänke passieren ~ nach einer Linkskurve bis zu einem Bach.

3 2,5 (623) Links neben dem Bach den schmalen Wanderpfad hinauf ~ über die **Holzbrücke** ~ links bis zum Geländer ~ am Geländer hat man einen schönen Blick auf den kleinen Wasserfall.

VARIANTE Wer möchte, kann hier den Wanderweg abkürzen und folgt rechts neben dem Wasserfall dem schmalen Pfad bis hinauf zum Wanderweg. Dort links abbiegen und ab Wegpunkt **5** der weiteren Beschreibung folgen.

Für die größere Runde geht man wieder zurück über die Brücke ~ bergab bis zum breiten Waldweg, dann links ~ auf dem kurvigen, aber ebenen Weg bis zu einer Wegekreuzung.

4 3,6 (668) An der Kreuzung scharf links und den breiten Waldweg verlassen ~ auf dem schmalen Pfad nun stetig bergauf ~ zunächst durch zwei Spitzkehren ~ im dichten Wald der Beschilderung folgen ~ unter einem markanten Felsvorsprung hindurch ~ wenige Meter weiter bis zur Dachsbachkanzel.

Die **Dachsbachkanzel** ist ebenfalls eine der bereits erwähnten Gesteinsformationen und kann bestiegen werden. Sie bietet jedoch durch den dicht gewachsenen Wald kaum Aussichtsmöglichkeiten.

An der Dachsbachkanzel vorbei ~ stets weiter bergauf ~ am Köhlersberg vorbei.

5 4,8 (690) An der Gabelung rechts halten ~ zwischen den Felsen hindurch ~ bis zu dem Bach, der später zum Wasserfall wird ~ über die Brücke und an einem weiteren Felsen vorbei, dabei weiter bergauf zum Schröderfelsen.

Schröderfelsen. Die hiesigen Felsen wurden nach Georg Schröder benannt, einem ehemaligen Rennsteigforscher, der zudem für die Einfassung der Werraquelle (Route 49) verantwortlich zeichnet.

An den Felsen vorbei ~ steil bergauf ~ die kleine Kreuzung überqueren ~ weiter auf dem schmalen Pfad entlang ~ bis zum nahegelegenen Nadelöhr.

Nadelöhr. Wie bereits erwähnt, ist das markante Nadelöhr ein Teil des Gießübler Wappens, welches die Bedeutung als Wahrzeichen der Gießübler Schweiz veranschaulicht. Eine Schutzhütte etwas oberhalb des steinernen Torbogens lädt zu einer Rast ein.

Links von der **Schutzhütte** weiter bergauf ~ nach einer langgezogenen Rechtskurve bis zur Landstraße ~ die Straße überqueren und auf der anderen Seite wieder geradewegs in den Wald hinein ~ durch den dichten Wald bis zum Langertfelsen.

Mit dem **Langertfelsen** hat man den höchsten Punkt der Wanderung erreicht. Nach einer vorsichtigen Besteigung über die metallene Treppe gelangt man auf den Felsblock und kann die Aussicht über die bewaldeten Hügel genießen. Auch hier existieren eine Schutzhütte sowie ein Rastplatz.

6 6,0 (811) Über den schmalen Weg geht es wieder hinab bis zur Landstraße ~ die Straße überqueren ~ an der Weggabelung, an der man zuvor von links kam, geht es geradeaus weiter (**gelbes Dreieck**) ~ dem Pfad bis zu einer Kreuzung folgen ~ nicht der Beschilderung nach Gießübel geradeaus folgen, sondern rechts auf den breiteren Waldweg ~ über eine Lichtung hinweg ~

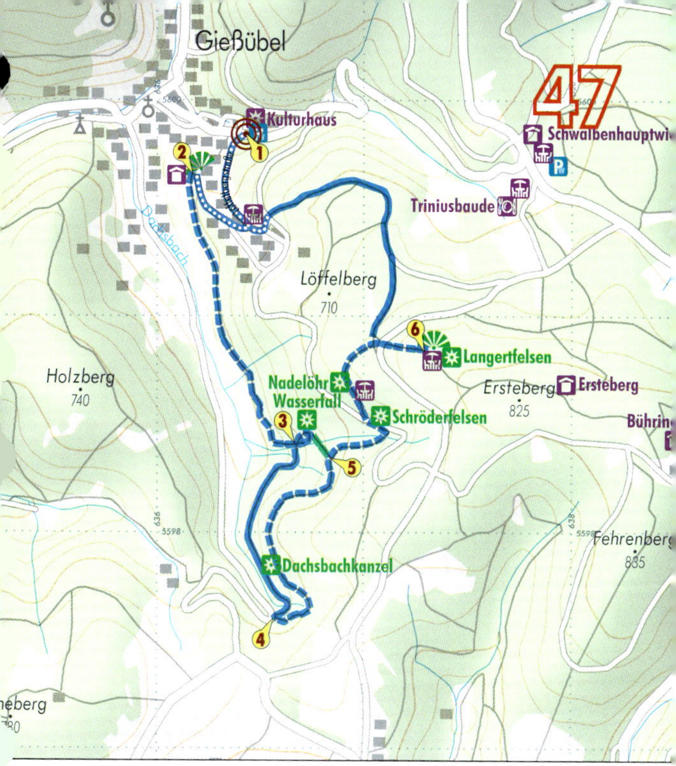

wieder in den Wald hinein ~ am **Wolfsloch** vorbei, wo 1819 der letzte Wolf geschossen wurde ~ weiter auf dem **Naturlehrpfad** ~ leicht bergab ~ nach einer langgezogenen Linkskurve bis zu einer kleinen Straße ~ die Straße überqueren und halblinks hinab zu den Bungalows ~ nach einer Rechtskurve bis zur Kreuzung ~ geradeaus und steil hinab bis zur Landstraße ~ links abbiegen und nach wenigen Metern rechts zum Kulturhaus.

1 **8,4 (564)** Ende der Wanderung am Parkplatz vom Kulturhaus.
Gießübel

mittel

Tour 48 16,8 km

Rund um den Vitzberg

Start/Ziel: Großbreitenbach, Wiesenweg

Anfahrt: Die Bundesstraße 88 in Gehren verlassen und in südliche Richtung der Ausschilderung bis Großbreitenbach folgen. Im Ort hinter dem Bahnhof rechts auf die Schulstraße. Diese bis zum Ende fahren.

Markierung: allgemeine Richtungswegweiser

Gehzeit: 3½ - 4 Std. **Aufstieg:** 180 m **Abstieg:** 180 m

Hartbelag: 0 % **Wanderwege:** 100 % **Wanderpfade:** 0 %

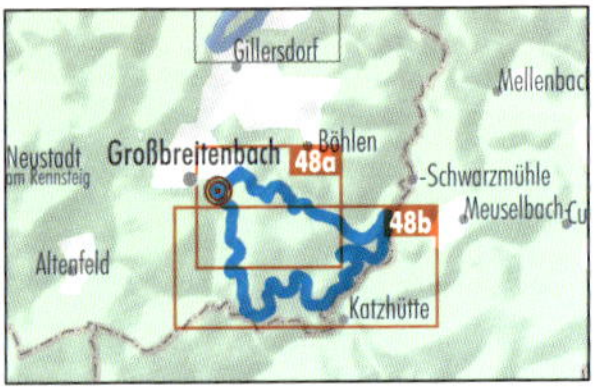

Charakteristik: Einfache, aber weite Wanderung um die sanfte Kuppe des Vitzberges herum. Dabei kann man immer wieder tolle Ausblicke auf die umliegenden Ortschaften wie Böhlen und Katzhütte genießen.

Großbreitenbach

PLZ: 98701; Vorwahl: 036781

Stadt Großbreitenbach, Markt 11/13, ✆ 48125, www.stadt-grossbreitenbach.de

Thüringer Wald-Kreativ-Museum, Myliusstr. 6, ✆ 41815, ÖZ: Di-Fr 10-16 Uhr, Sa und So 13-16 Uhr. Neben der Heimatgeschichte von Großbreitenbach ist hier auch das erste Kloßpressenmuseum Deutschlands untergebracht und informiert über die traditionellen Thüringer Klöße.

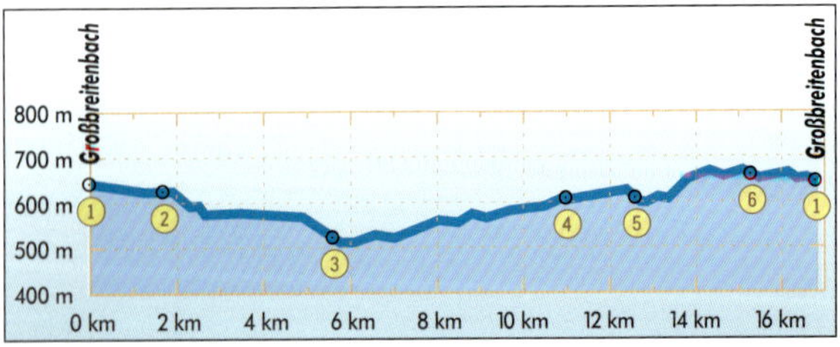

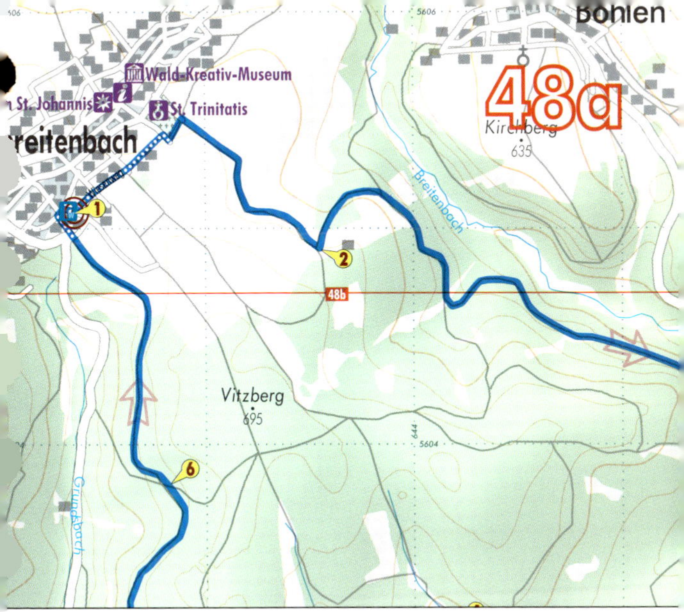

St. Trinitatis. Die Kirche stammt aus dem Ende des 17. Jhs. und ist die größte Kirche im Fachwerkstil innerhalb Thüringens.

Glockenturm. Sehenswert ist auch der sogenannte Alte Turm bzw. der **Johannisturm**, der beim Einsturz der einstigen Johanniskirche im Jahr 1753 stehen blieb.

Großbreitenbach mit seinen rund 2.700 Einwohnern erhielt im Jahr 1855 die Stadtrechte, wurde jedoch schon im ausgehenden 14. Jahrhundert namentlich erwähnt. Heute hat der Ort eine überregionale Bekanntheit errungen durch einige Erfolge im Wintersport. So wuchs beispielsweise die Doppel-Olympiasiegerin und Weltmeisterin im Biathlon, Andrea Henkel, in Großbreitenbach auf sowie die ehemalige Europameisterin Janet Klein. Auf dieser Route wird man ihre Wirkungsstätte, das Biathlonzentrum zwischen Großbreitenbach und der Vitzbergkuppe, passieren.

1 0,0 (645) Vom Parkstreifen an der **Schulstraße** ein kleines Stück Richtung Ortsausgang ~ sofort links in den **Wiesenweg** ~ zwischen den Häusern hindurch ~ an der T-Kreuzung vor der Baumgruppe des Friedhofes rechts halten ~ an der Baumgruppe entlang und anschließend rechts über den Feldweg bis zu einer Kreuzung.

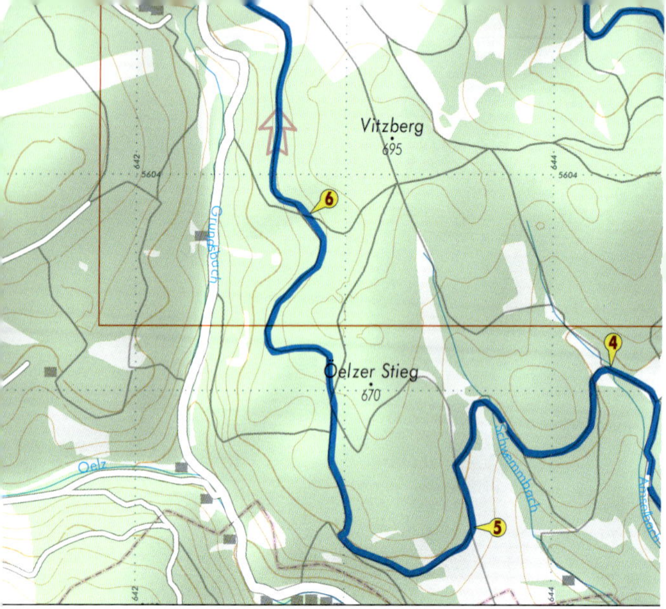

2 1,7 (634) An der Kreuzung links halten ~ in den Wald hinein ~ nach einer Rechtskurve am Hang entlang ~ leicht bergab bis zu einem Abzweig, dort links halten ~ im steten Auf und Ab durch den Wald bis zu einer großen Kreuzung oberhalb des Sägewerks.

3 5,6 (505) Scharf rechts abbiegen und in Richtung **Katzhütte** wandern ~ der Wanderweg verläuft nun in der südöstlichen Flanke des Vitzbergs oberhalb des oberen Schwarzatals ~ nach einer langgezogenen S-Kurve bis zu einem Teich ~ links abbiegen und sofort wieder links halten ~ dem waldigen Weg ein langes Stück bis zu einer Lichtung folgen, dabei auf dem Hauptweg bleiben.

4 11,0 (612) An der Lichtung links abbiegen ~ abermals eine S-Kurve bewandern ~ an der T-Kreuzung erneut links halten ~ rechts neben der Wiese am Waldrand entlang gehen.

5 12,6 (597) Am Ende des Waldes rechts einkehren ~ im Anschluss einer Rechtskurve an einer Gabelung erneut rechts ~ durch den Wald bis zu einer großen Kreuzung.

6 15,3 (657) Über die Kreuzung hinweg ~ aus dem Wald hinaustreten ~ das Biathlonzentrum

passieren ⁓ am Waldrand entlang ⁓ durch die Siedlung bis zur **Geschwister-Scholl-Straße** ⁓ rechts abbiegen.

1 **16,8 (645)** Ende der Wanderung am Parkstreifen an der Schulstraße.

Großbreitenbach

Wanderungen im Thüringer Wald sind auch im Winter reizvoll

mittel

Tour 49 16,8 km

Zur Werraquelle

Start/Ziel: Bundesstraße 281 bei Schwarzenbrunn

Anfahrt: Auf der Bundesstraße 281 von Eisfeld Richtung Siegmundsburg durch Sachsenbrunn bis zum Ortsteil Schwarzenbrunn. In einer Rechtskurve halblinks in die Sophienauer Straße und dort parken.

Markierung: allgemeine Richtungswegweiser

Gehzeit: 5 Std. **Aufstieg:** 490 m **Abstieg:** 490 m

Hartbelag: 23 % **Wanderwege:** 77 % **Wanderpfade:** 0 %

Charakteristik: Angenehme Waldwanderung entlang des unteren Werratales bis zum Rennsteig. Von dort zur Werraquelle und über die Höhen wieder zurück in das Werratal.

Sachsenbrunn

PLZ: 98678; Vorwahl: 03686

Murmelmuseum, Hauptstr. 157, ✆ 615262, ÖZ: n. tel. Absprache. Das Murmelmuseum ist eine private Ausstellung in der ehemaligen Märbelmühle, in der Murmeln bzw.Tonkugeln hergestellt wurden.

Tanzlinde in Sachsenbrunn, Hauptstraße. Mitte des 17. Jhs. wurde die Linde gepflanzt, die heute 13 m hoch ist und einen Kronendurchmesser von rund 12 m hat. Ihre Äste wurden während des Wachstums derart gezogen, dass eine Konstruktion um den Stamm gebaut werden konnte, die als

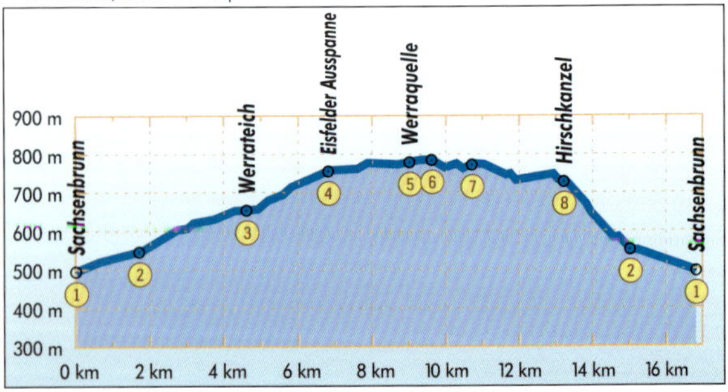

Werraquelle

Tanzfläche benutzt werden kann. Das Tanzpodium wird über eine Holztreppe erreicht.

1 **0,0 (488)** In Schwarzenbrunn auf der **Sophienauer Straße** leicht bergauf gehen ~ auf der Asphaltpiste in das enger werdende Werratal hinein ~ nach einer langgezogenen Kurve bis zu einer Informationstafel bei einer Gabelung.

2 **1,7 (526)** An der Gabelung rechts halten und weiter neben der rauschenden Werra entlang ~ einen Bach überqueren und weiter auf dem breiten Wanderweg leicht bergauf ~ eine Wildfutterstelle passieren ~ an einer Brücke links halten und auf dem Schotterweg bleiben ~ bis zum Werrateich.

3 **4,6 (639)** Nach einer kleinen Rast auf den Sitzbänken am Werrateich scharf rechts gehen ~ Richtung Eisfelder Ausspanne wandern ~ am **Goldwäscheplatz** vorbei ~ mit einer Linkskurve verlässt man vorläufig das Werratal und geht stets bergauf bis zu einer großen Kreuzung.

4 **6,8 (750)** An der **Eisfelder Ausspanne** trifft man auf den Rennsteig im Bereich zwischen Masserberg und Limbach ~ hier nun scharf links ~ auf dem breiten Waldweg leicht bergauf ~ parallel zum Rennsteig ~ an einer Gabelung den linken leicht abschüssigen Weg benutzen ~ bis zur Werraquelle.

Werraquelle

Gasthaus Zur Werraquelle, 98666 Masserberg, ✆ 036870/25626, ÖZ: Di-So 10-17 Uhr

Hier zwischen Sachsenbrunn und Masserberg entspringt die Werra auf einer Höhe von 797 Metern. Die Quelle wurde im Jahr 1897 vom Rennsteigforscher und Förster Georg Schröder eingefasst und gilt als die „Wahre Werraquelle". Es existiert nämlich noch eine weitere Quelle, die oftmals als solche in Karten eingezeichnet ist. Sie entspringt nur sieben Kilometer weiter südöstlich, wird aber als Saar bezeichnet. Dennoch gab es zu Zeiten der Quellfassung Streit darüber, welche Quelle denn nun die Richtige ist. Beide Bäche vereinen sich im südlich gelegenen Schwarzenbrunn und fließen dann zunächst in südwestliche Richtung nach Eisfeld und Hildburghausen, wo sich die Werra dann langsam Richtung Norden wendet. Nach ihr ist das Tal zwischen der Rhön und dem Thüringer Wald benannt, wo sie auf Meiningen und Bad Salzungen trifft. Später fließt sie durch Treffurt, Eschwege und Bad Sooden-Allendorf, bevor sie bei Hann. Münden auf die Fulda trifft und mit ihr die Weser bildet.

5 **9,0 (797)** An der Quelle geht es vorbei und nach links ~ in Kurven durch den Wald.

6 **9,6 (778)** Links abbiegen und leicht bergab gehen ~ an der folgenden Lichtung links vorbei und dahinter rechts halten ~ bevor es wieder in den Wald geht, an der Gabelung links leicht bergauf ~ mit Blick auf die Gemeinde Fehrenbach geht es am Waldrand links um die Kurve ~ durch ein kurzes bewaldetes Stück bis zu einem Abzweig, dort halblinks bzw. geradeaus weiter.

7 **10,7 (769)** An der nur wenige Meter folgenden Gabelung den linken Weg benutzen und weiter neben der links liegenden Lichtung entlang ~ in den Wald hinein und nach zwei langen Kurven über eine Brücke ~ dem breiten Weg geradeaus folgen.

Bei der **Hirschkanzel** handelt es sich um ein Felsmassiv, welches einen schönen Ausblick in das tiefe Werratal offenbart.

8 **13,2 (714)** Nach einer kurzen Rast geht es auf dem Waldweg nun langsam wieder abwärts ~ an einer Wildfutterstelle vorbei ~ dabei nähert man sich der lauter werdenden Werra weiter unterhalb.

2 **15,0 (526)** An der Gabelung geradeaus auf die Asphaltstraße gehen ~ in einer langgestreckten Rechtskurve bis Schwarzenbrunn.

1 **16,8 (488)** Ende der Wanderung in der **Sophienauer Straße**.

Sachsenbrunn

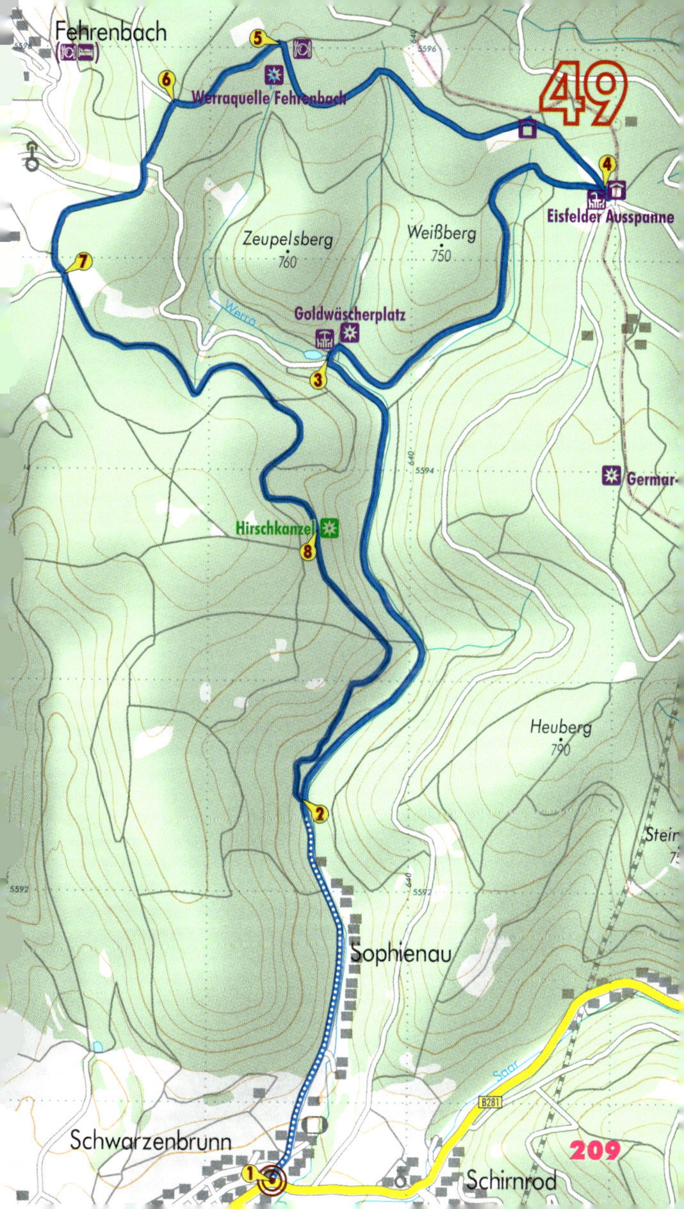

49
Fehrenbach
Werraquelle Fehrenbach
Eisfelder Ausspanne
Zeupelsberg
760
Weißberg
750
Werra
Goldwäscherplatz
Germar-
Hirschkanzel
Heuberg
790
Stein
Sophienau
Saar
B281
Schwarzenbrunn
Schirnrod
5596
5594
5592
640
1
2
3
4
5
6
7
8

mittel

Tour 50 — 10,9 km

Auf dem ehemaligen Grenzstreifen

Start/Ziel: Marktplatz in Gräfenthal

Anfahrt: Die Bundesstraße 281 bei Schmiedefeld verlassen und über die Landstraße nach Gräfenthal. Diese führt automatisch zum Marktplatz von Gräfenthal, wo sich auf dem Platz und in den benachbarten Straßen Parkplätze befinden.

Markierung: Ausschilderung als Schieferpfad mit Bergbausymbol Schlägel und Eisen in blau

Gehzeit: 4 Std. **Aufstieg:** 460 m **Abstieg:** 460 m

Hartbelag: 48 % **Wanderwege:** 52 % **Wanderpfade:** 0 %

Charakteristik: Sehr ruhige und abgeschiedene aber historisch sehr interessante Wanderung zum Teil auf dem ehemaligen Grenzstreifen der innerdeutschen Grenze bis zur Thüringer Warte, die als Aussichtspunkt in die DDR galt.

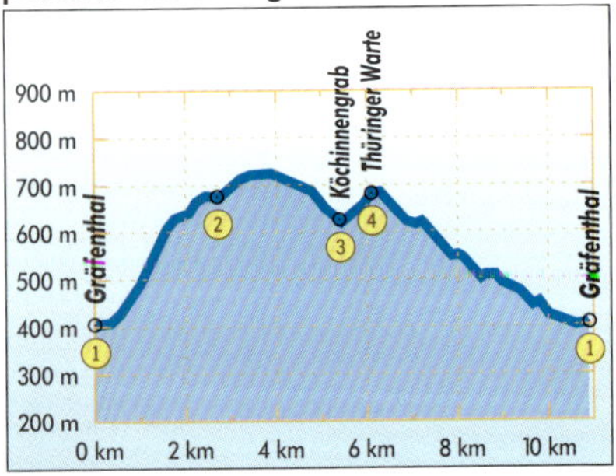

Gräfenthal

PLZ: 98743; Vorwahl: 036703

Touristinformation Gräfenthal, Marktpl. 1, ✆ 8890

Schloss Wespenstein, Schloßberg 1, ✆ 0171/5082223. Schlossführungen: n. V., Sa und So um 11 und 15 Uhr. Die Höhenburg liegt auf einem Sporn oberhalb der Ortschaft und befindet sich heute in Privatbesitz. Erbaut wurde sie vermutlich Mitte des 13. Jhs. als Zollhaus. Nach einem verheerenden Brand im Jahr 1686 wurde es nur teilweise wieder aufgebaut.

Grenz- und Heimatmuseum, Obere Coburger Str. 15,

Entlang des ehemaligen Grenzstreifens

✆ 70675, ÖZ: Mo-Do 12-16 Uhr, Fr 11-15 Uhr, Sa und So 14-16.30 Uhr. Neben der Stadt- und Schlossgeschichte informiert die Ausstellung schwerpunktmäßig auch über die Situation Gräfenthals als ehemaliger grenznaher Ort.

Gräfenthal liegt direkt am sogenannten Grünen Band. Ein Korridor, der von der Ostsee bis zur tschechischen Grenze einmal quer durch Deutschland verläuft und Überbleibsel trauriger deutscher Teilung ist. Dort, wo sich jahrzehntelang außer DDR-Grenzposten niemand aufhalten durfte, konnte sich die Natur weitestgehend entfalten. Und auch nach Öffnung der Grenze gibt es noch viele ehemalige Grenzabschnitte, in der der Mensch nur als kurzzeitiger Besucher vorzufinden ist. Der Grenzabschnitt bei Gräfenthal ist so ein Bereich. Die Route verläuft über mehrere Kilometer auf dem ehemaligen Kolonnenweg, der nur den Grenzbeamten vorbehalten war. Allerdings ist das Laufen auf diesen löchrigen Betonplatten nicht immer einfach, weshalb auch hier unbedingt festes Schuhwerk zu empfehlen ist.

1 **0,0 (415)** Am Gräfenthaler Marktplatz die **Marktstraße** hinab ~ über den Bach hinweg bis zum Ende der Straße ~ rechts auf die **Coburger Straße** abbiegen.

Viadukt. Das 81 m lange und über 17 m hohe Viadukt war ein Teil der Eisenbahnlinie zwischen Sonneberg und Probstzella. Die Einstellung des Bahnverkehrs fand im Jahr 2006 statt, doch bemühen sich die Anliegergemeinden um die Wiedererrichtung einer Bahnstrecke.

Unter dem Viadukt hindurch und sogleich links den Weg hinauf ~ bis zur Straße Am Staupbesenfleck ~ links weiter steil bergauf ~ an einer Gabelung links halten und in den Forstweg hinein ~ bis zu einer Kreuzung ~ links abbiegen und in den Wald hinein ~ über ein Feld bis zu einer von rechts kommenden Straße ~ geradeaus gehen ~ mit Blick auf das Dörfchen Lichtenhain an einer T-Kreuzung rechts halten ~ nur wenige Meter darauf an einer Sitzbank scharf links abbiegen und Lichtenhain den Rücken kehren.

2 2,7 (678) Zwischen den Feldern bis zur nächsten Wegkreuzung ~ dort halblinks und fortan auf den Betonplatten des ehemaligen Kolonnenweges wandern ~ auf der rechten Seite befindet sich nun Bayern, also der ehemalige „Westen" ~ am Abzweig zu den Wetzsteinbrüchen vorbei ~ weiter bis zum Fröbeleck.

Fröbeleck. Die hier errichtete Schutzhütte dient als Begegnungsort und wurde vom Bad Blankenburger Friedrich-Fröbel-Gymnasium erbaut, womit man die Erinnerung an die Grenze aufrecht erhalten möchte.

Auf dem **Kolonnenweg** weiter geradeaus ~ steil hinab ~ bis zu einer Wegekreuzung ~ nach rechts den Grenzweg verlassen.

3 5,4 (619) Am Köchinnengrab geht es links weiter.

Köchinnengrab

Mit Verlassen des einstigen Grenzweges befindet man sich nun auf bayerischem Boden. Kurioserweise liegt Bayern an dieser Stelle östlich von Thüringen, womit eine Flucht aus der DDR an diesem Punkt nach Osten hätte führen müssen. Die Zeiten sind jedoch glücklicherweise vorbei und abgesehen von den Betonplatten ist nichts mehr von der Grenze zu erkennen. Jedoch verläuft hier noch eine ganz andere Grenze: An das Thüringer Schiefergebirge grenzt an dieser Stelle der Frankenwald, der sich nun von hier aus nach Süden erstreckt.

An der Weggabelung den linken Pfad benutzen ~ steil bergauf und an der nächsten Möglichkeit rechts ~ weiter bis zur Thüringer Warte.

Thüringer Warte

Die **Thüringer Warte** (ÖZ: Apr.-Okt. tägl. 9-17 Uhr) ist ein auf dem Ratzenberg errichteter Aussichtsturm, der seit 1963 von westdeutschen Bürgern gerne benutzt wurde, um einen Blick in die DDR zu werfen. Trotz offener Grenzen ist ein Blick vom 26 m hohen Turm auch heute noch spektakulär, gibt er doch einen wunderbaren Rundumblick preis. Im Erdgeschoss ist eine kleine Ausstellung zur innerdeutschen Grenze untergebracht.

4 6,1 (676) Von der Thüringer Warte wieder bergab ~ zurück zum **Köchinnengrab** ~ an der Wegkreuzung rechts und über den Kolonnenweg hinweg ~ hinter dem Kolonnenweg links halten und in einer scharfen Rechtskurve sanft bergab ~ am **Kalten Brünnle** vorbei ~ kurz darauf an

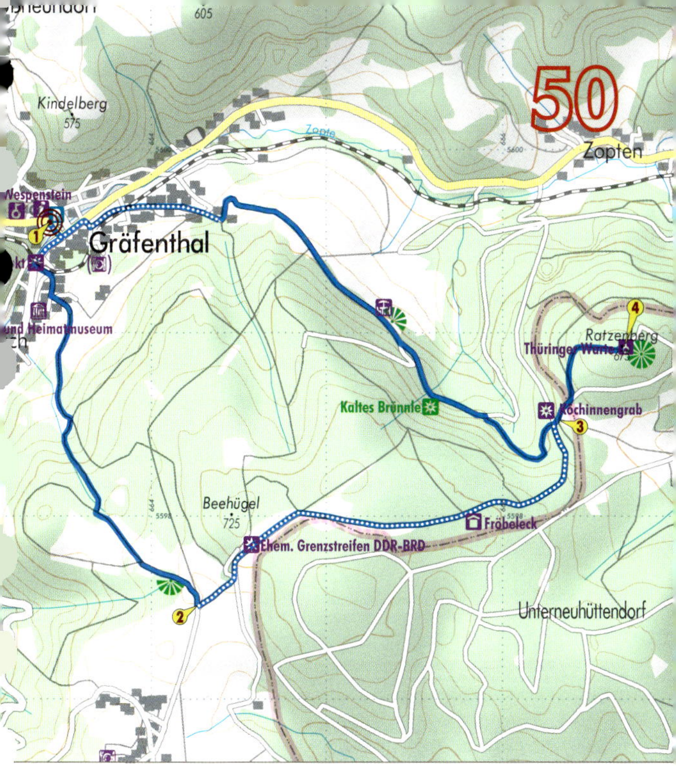

einer Gabelung rechts wandern ~ am Startplatz für Drachenschirmflieger geradeaus ~ stetig am Waldrand bergab ~ hinter einer Kurve über ein altes Fabrikgelände ~ die Straße hinab und den **Bahnhof** von Gräfenthal passieren ~ hinter dem Brunnen links auf die **Coburger Straße** ~ rechts in die **Marktstraße**.

1 10,9 (415) Ende der Wanderung am **Marktplatz** von Gräfenthal.

Ortsindex